福建省社会科学研究基地财务与会计研究中心系列丛书

经营分部信息披露的价值效应

THE VALUE EFFECT OF
INFORMATION DISCLOSURE
IN BUSINESS SEGMENTS

杜亚飞◎著

中国财经出版传媒集团

经济科学出版社
Economic Science Press

·北 京·

图书在版编目（CIP）数据

经营分部信息披露的价值效应／杜亚飞著． -- 北京 ：
经济科学出版社，2025.1. -- ISBN 978 - 7 - 5218 - 6654 - 4

Ⅰ．F279. 23

中国国家版本馆 CIP 数据核字第 2025VZ5052 号

责任编辑：杜　鹏　张立莉　常家凤
责任校对：齐　杰
责任印制：邱　天

经营分部信息披露的价值效应

JINGYING FENBU XINXI PILU DE JIAZHI XIAOYING

杜亚飞　著

经济科学出版社出版、发行　新华书店经销
社址：北京市海淀区阜成路甲 28 号　邮编：100142
总编部电话：010 - 88191217　发行部电话：010 - 88191522
网址：www. esp. com. cn
电子邮箱：esp@ esp. com. cn
天猫网店：经济科学出版社旗舰店
网址：http://jjkxcbs. tmall. com
固安华明印业有限公司印装
710 ×1000　16 开　18. 75 印张　280000 字
2025 年 1 月第 1 版　2025 年 1 月第 1 次印刷
ISBN 978 - 7 - 5218 - 6654 - 4　定价：116. 00 元
（图书出现印装问题，本社负责调换。电话：010 - 88191545）
（版权所有　侵权必究　打击盗版　举报热线：010 - 88191661
QQ：2242791300　营销中心电话：010 - 88191537
电子邮箱：dbts@ esp. com. cn）

前　言

　　提高上市公司经营分部信息披露质量，对发挥市场资源配置功能、完善社会主义市场经济体制意义重大。党的十九大报告指出，在完善社会主义市场经济体制进程中，我国需充分发挥市场在资源配置中的决定性作用，提高金融服务实体经济质效。其中，着力提升上市公司信息披露水平，使投资者能精确作出价值判断，是改善市场资源配置效率的重要抓手。为此，2020年3月起实施的《中华人民共和国证券法》特别强调，上市公司"应当充分披露投资者作出价值判断和投资决策所必需的信息"。近年来，我国上市公司多元化经营现象普遍，业务通常横跨几个性质、风险、盈利能力迥异的行业或市场，合并报表财务信息已无法满足投资者价值判断需要。对此，财政部于2009年发布《企业会计准则解释第3号》，要求上市公司从分部划分确定性、会计信息完整性和经济特征差异性三个递进的维度披露经营分部信息，向投资者阐明其多元化经营的基本布局、财务状况以及不同业务间的差异，改善投资者价值判断过程。目前，我国上市公司的披露现状存在明显的"犹抱琵琶半遮面"问题，各维度披露质量均与制度要求相距甚远，有悖政策初衷。究其原因在于，实现自身价值最大化是上市公司进行自愿性披露的根本目的，当前经营分部信息披露的价值效应研究极为匮乏，管理层披露动机较弱。

　　鉴于此，本书基于企业价值理论，以权益资本成本、债务融资成本、经营性现金流三个方面为切入点，首先，构建理论模型来分析经营分部信息披露对企业价值的影响机制，并以我国制造业上市公司2014～2019年数据为样本,利用固定效应模型进行实证检验,旨在为企业的披露决策提供依据,提升其披露积极性,助力完善社会主义市场经济体制。其次,在上市公司进行高质量信息披露的基础上,投资者能否对信息作出全面、及时的反映,是信息披露能否显著影响企业价值的重要条件,对市场资源配置功能的发挥同样意义重大。为厘清经营分部信息披露影响企业价值的外部调节因素,得到进一步调动上市公司披露积极性、提升资本市场效率的启示,本书引入组织可见度的概念,并从分析师关注和媒体关注两个维度对其进行刻画,检验组织可见度对经营分部信息披露与企业价值关系的调节作用。再次,企业组织作为开放的系统,其所处的行业及地区特征均会对信息披露的经济后果造成影响,为细化研究结论,本书依据企业是否属于产能过剩行业以及企业所在地区市场化水平高低将样本分组进行异质性检验。最后,除披露本身的分部划分确定、会计信息完整以及经济特征差异外,经营分部的具体盈利能力也应该具备重要的分析价值。在不改变合并报表盈余的情况下,操控各分部间利润及费用分配的分部间盈余管理行为(即将本属于经营分部的费用划分至其他分部,或将本属于其他分部的利润划分至经营分部)成为管理层寻租的新方式,正严重干扰资本市场健康发展进程,本书就如何对此采取有效的内外部治理措施也将进行补充分析。

研究发现:(1)经营分部信息披露的三个质量维度均无法直接影响当期权益资本成本,进而作用于企业价值;以分析师关注衡量组织可见度时,组织可见度可协助分部划分确定性、会计信息完整性以降低权益资本成本,却使经济特征差异性提升权益资本成本。(2)会计信息完整性和经济特征差异性可降低未来一期债务融资成本,提升未来一期企业价值;以媒体关注衡量组织可见度时,组织可见度会增强会计信息完整性、经济特征差异性降低债务融资成本的效果。(3)仅经济特征差异性会恶化企业未来两期经营性现金流量,但这并不会对未来两期企业价值造成不利影响;以分析师关注或媒体关注衡量组织可见度时,组织可见度均不会对经营分部信息披露与经营性现金流的关系起到显著调节作用。(4)异质性研究发现,企业是否属于产能过剩行业以及企业所在地市场化水平差异会对经营分部信息披露与权益资本成本、债务融资成本、经营性现金流的关系造成一定影响。（5）在经营分部盈余质量的内外部治理方面，机构投资者持股对经营分部盈余质量具有正向影响；股权激励治理作用的发挥依赖于机构投资者对该公司的持股水平，只有当机构投资者持股比例达到特定门槛时，管理层股权激励才能提升经营分部盈余质量。一方面，说明在我国尚不发达的资本市场背景下，机构投资者在上市公司治理实践中的作用不容忽视；另一方面，说明公司治理水平的改善是多种机制联动的结果。

本书的边际贡献主要体现在三个方面：（1）有机融合我国制度要求与国外研究基础，创新性地构建出一套更为科学且落地的经营分部信息披露质量评价体系。搭建出由分部划分确定性、会计信息完整性、经济特征差异性逐层深入的经营分部信息披露质量评价体系，使评价结果更紧密地贴合政策初衷。其中，在会计信息完整性评价方面，也重新构建了符合我国国情的新评分框架。（2）从深度与广度两个方面弥补了经营分部信息披露与企业价值相关研究的不足。在深度方面，本书不仅构建了理论模型，分析了经营分部信息披露质量与企业价值间的关系，还从经济特征差异性维度实证检验了经营分部信息披露以权益资本成本、债务融资成本以及经营性现金流影响企业价值的机制；在广度方面，本书基于我国资本市场经验全方位探究了经营分部信息披露对企业价值的影响，并从行业和地区两个层面进行了异质性检验，形成了极具中国特色的情境研究。（3）完善了组织可见度主题的研究成果，不仅丰富了组织可见度与信息披露经济后果的关系，还将现有研究局限于社会责任信息或环境信息披露的视角进行了拓展。建议有关部门继续加快职能转变，简政放权，创新监管等相关进程，提高国有企业经营决策以及持股机构投资者市场行为的自主性，使机构投资者的外部治理效果得以充分发挥。

本书在具有一定学术意义的同时，还可为监管部门修订政策、企业优化行动决策等提供参考。首先，有关部门应加快制度完善进程，既要细化会计信息完整性披露形式及内容，还应进一步明确经济特征差异性的尺度，同时加强披露监管力度。其次，上市公司应在经营分部信息披露中积极提升分部划分确定性和会计信息完整性，并结合自身情况优化经济特征差异性披露决策，同时加强与分析师、媒体合作力度。最后，不同行业类型的企业可积极探索符合自身情况的经营分部信息披露策略，国家也应加速推进各地市场化建设进程。

目　录 CONTENTS

第1章　绪论 ……………………………………………………… 1

   1.1　研究背景 ………………………………………………… 1

   1.2　研究内容 ……………………………………………… 14

   1.3　结构安排、研究方法与技术路线 …………………… 16

   1.4　创新点与研究意义 …………………………………… 20

第2章　理论基础与文献综述 ……………………………… 26

   2.1　理论基础 ……………………………………………… 26

   2.2　文献综述 ……………………………………………… 34

   2.3　本章小结 ……………………………………………… 61

第3章　制度背景、质量评价体系及披露现状 …………… 63

   3.1　经营分部信息披露制度背景综述 …………………… 63

   3.2　我国经营分部信息披露的准则要求 ………………… 69

   3.3　经营分部信息披露质量评价体系构建 ……………… 75

   3.4　我国上市公司经营分部信息披露现状分析 ………… 82

   3.5　本章小结 ……………………………………………… 85

第4章　经营分部信息披露对权益资本成本的影响 ……… 87

   4.1　数理模型分析 ………………………………………… 88

4.2 研究假设提出 ·· 91

4.3 实证研究设计 ·· 95

4.4 实证结果与分析 ·· 100

4.5 本章小结 ·· 120

第5章 经营分部信息披露对债务融资成本的影响 ·········· 122

5.1 数理模型分析 ·· 123

5.2 研究假设提出 ·· 125

5.3 实证研究设计 ·· 129

5.4 实证结果与分析 ·· 133

5.5 本章小结 ·· 151

第6章 经营分部信息披露对经营性现金流的影响 ·········· 153

6.1 数理模型分析 ·· 154

6.2 研究假设提出 ·· 160

6.3 实证研究设计 ·· 164

6.4 实证结果与分析 ·· 167

6.5 本章小结 ·· 186

第7章 异质性研究 ·· 187

7.1 基于行业层面的异质性分析 ·························· 187

7.2 基于地区层面的异质性分析 ·························· 210

7.3 本章小结 ·· 234

第8章 经营分部盈余质量的内外部治理 ·················· 238

8.1 研究背景 ·· 238

8.2 理论模型及研究假设 ·································· 239

8.3 实证研究设计 ·· 245

8.4 实证结果分析 ·· 249

8.5　进一步研究及稳健性检验 ⋯⋯⋯⋯⋯⋯⋯⋯⋯⋯⋯⋯ 253

8.6　本章小结 ⋯⋯⋯⋯⋯⋯⋯⋯⋯⋯⋯⋯⋯⋯⋯⋯⋯⋯⋯ 257

第 9 章　结论、启示与展望 ⋯⋯⋯⋯⋯⋯⋯⋯⋯⋯⋯⋯⋯⋯⋯ 259

9.1　结论 ⋯⋯⋯⋯⋯⋯⋯⋯⋯⋯⋯⋯⋯⋯⋯⋯⋯⋯⋯⋯⋯ 259

9.2　启示 ⋯⋯⋯⋯⋯⋯⋯⋯⋯⋯⋯⋯⋯⋯⋯⋯⋯⋯⋯⋯⋯ 262

9.3　展望 ⋯⋯⋯⋯⋯⋯⋯⋯⋯⋯⋯⋯⋯⋯⋯⋯⋯⋯⋯⋯⋯ 265

参考文献 ⋯⋯⋯⋯⋯⋯⋯⋯⋯⋯⋯⋯⋯⋯⋯⋯⋯⋯⋯⋯⋯⋯ 266

后记 ⋯⋯⋯⋯⋯⋯⋯⋯⋯⋯⋯⋯⋯⋯⋯⋯⋯⋯⋯⋯⋯⋯⋯⋯ 291

第 1 章

绪　　论

1.1　研究背景

1.1.1　选题背景

在社会主义市场经济建设进程中，我国已由高速增长阶段转向高质量发展阶段，正处在转变发展方式、优化经济结构、转换增长动力的攻关期。党的十九大报告指出，我国需深化金融体制改革，增强金融服务实体经济能力，促进多层次资本市场健康发展，并充分发挥市场在资源配置中的决定性作用，实现产权有效激励、要素自由流动、价格反应灵活、竞争公平有序、企业优胜劣汰的具体目标。其中，提升上市公司信息披露水平，使投资者能准确判断其价值并进行资源配置，是疏通金融血脉的关键着力点。为此，2020 年 3 月起实施的《中华人民共和国证券法》把"持续信息公开"一节升级为"信息披露"专章，将信息披露的重要意义上升至前所未有的高度，并特别强调"上市公司应当充分披露投资者作出价值判断和投资决策所必需的信息"。

近年来，我国上市公司多元化经营趋势越发明显，业务通常横跨多个性质、风险、盈利能力迥异的产业或市场，以公司整体为基础的合并报表信息已无法满足报告使用者需要（张鹏，2012）。具体而言，21 世纪以

1

来，多元化经营模式开始在我国企业中流行（张纯和高吟，2010）；同时，以技术创新为目标的研发投资显著加速了企业多元化经营步伐（徐欣与唐清泉，2012）；之后，次贷危机进一步冲击全球经济，使国内企业面临外部需求不振、过剩产能消化进展不畅的困境，加剧了国内工业品市场的供求矛盾，推动更多实体企业步入多元化发展道路。例如，××集团在传统空调、洗衣机等暖通家电业务基础上正大力发展智能供应链、工业互联网、芯片、机器人、自动化系统等智能制造业务；新疆××集团在原有化工、塑料产品生产等主业的基础上拓展了番茄产销、公路运输等新业务。在此情况下，投资者仅依靠合并报表信息无法深入了解企业各业务的财务状况、发展前景等（Blanco et al.，2015），对企业作出价值判断难免失之偏颇（Hope et al.，2009）。原因在于，投资者要准确判断多元化上市公司的价值，就必须对以企业整体为会计对象的合并报表信息进行分解，并在精细评估不同业务资产投入、现金流量、风险特征、增长前景的基础上进行加总（Hope et al.，2009；Chen and Zhang，2003），显然，仅依靠合并报表信息开展的估值工作无法深入到这一层次，制约了资源配置效率。

为解决这一问题，财政部于 2009 年发布《企业会计准则解释第 3 号》，要求上市公司以内部组织结构、管理要求、内部报告制度为依据确定经营分部，并依次从分部划分确定性、会计信息完整性和经济特征差异性三个递进的维度报告相关信息[①]。分部划分确定性是指企业需说明经营分部的划分情况及依据，该维度体现了多元化经营的上市公司内部对自身不同业务的具体划分，报告使用者可据此获知企业多元化发展的思路及战略布局；会计信息完整性要求企业基于明确的分部划分，全面披露各经营分部的利润、资产、负债、收入、成本等会计信息，该维度说明了企业各业务的资本投入和经营绩效，报告使用者可据此明晰企业各业务的盈利能力、营运能力、偿债能力等重要财务指标；经济特征差异性则是在会计信息相对完整的前提下，要求企业将经济特征相似的两个或多个经营分

---

① 对于《企业会计准则解释第 3 号》政策要求的解读，本书在第 3.1 节作了详细说明。

部进行合并，确保对外披露的不同分部间经济特征存在差异，该维度体现出多元化上市公司不同业务间经营情况的异同，报告使用者可据此分辨企业合并报表总体财务数据背后各业务的贡献值，并进一步对不同业务展开对比分析，挖掘出企业多元化经营过程中形成的独具竞争优势的业务，识别其增长的"新动能"（Harris，1998；Hayes and Lundholm，1996；Botosan and Stanford，2005）。上述信息对合并报表财务信息形成有效补充，弥合了多元化经营企业与投资者间的信息鸿沟，市场投资者可对多元化经营企业的战略布局、财务状况及发展前景等形成有效预期，改善价值判断过程。

1.1.2　关键问题

目前，我国上市公司已按规定开展经营分部信息披露工作，但在披露过程中却存在明显的"犹抱琵琶半遮面"问题。据笔者对 2014～2019 年我国上市公司的披露情况统计可知，首先，仅约 45% 的企业说明了分部划分情况和依据；其次，在分部划分明确的企业中，其披露的财务信息完整度不及政策要求的一半（如成本、利润等信息缺失）；最后，在会计信息相对完整的企业中，其不同经营分部间的经济特征也呈现出同质化趋势，甚至有个别企业极为雷同。在此情况下，投资者利用经营分部信息改善价值判断、优化资源配置的过程必将受到限制，有悖于政策设计初衷。那么，造成上市公司在经营分部信息披露中"犹抱琵琶半遮面"的原因究竟为何？

公司金融理论指出，实现价值最大化是企业一切生产经营活动的最终目的。当前，随着资本市场退出机制的不断完善，企业价值较低的上市公司正面临残酷的淘汰压力，由于信息披露是上市公司与市场参与者沟通的重要渠道，故如何选择最优的信息披露策略以提升企业价值，成为企业关心的重要问题。因此，鉴于上市公司在经营分部信息披露中具有较大的自由裁量权（Lucchese and Di，2016；Kang and Gray，2013），其未全面、细致披露经营分部信息的重要原因便在于披露该信息对企业价值的影响尚不明确。具体而言，决定企业价值的最重要因素是公司的资本成本和现金流量（Modigliani and Miller，1958），而就经营分部信息披露对资本成本和现金流的潜在影响而言，一方面，信息不对称理论认为，对外披露高质量的经营分部信息可以使外部利益相关者更准确地了解公司各业务的经营情况，降低合约双方信息差异产生的风险溢价，进而降低资本成本，提升企业价值；另一方面，专有成本理论认为，竞争对手可根据企业披露的经营分部信息得知企业多元化战略的实施情况，制定有针对性的竞争策略，瓜分披露企业现金流，降低其价值。综上，仅从理论角度分析，经营分部信息披露对企业价值的影响极有可能是"双刃剑"，且尚未有研究为此提供更为翔实的证据。故造成我国上市公司经营分部信息披露"犹抱琵琶半遮面"的重要原因在于，企业担忧披露经营分部信息会对自身价值造成不利影响，将《企业会计准则解释第3号》的相关要求看作压力和负担；纵然不会对财政部的要求置之不理，也难免在实际披露中有所保留。那么，经营分部信息披露究竟会对企业价值造成怎样的影响？

对此，我们必须了解分部报告的应用价值。在分析分部报告时，首先要明确的就是企业划分分部的原则是否具有误导性。如果分部原则与企业的具体情况不符，则应对该分部报告的可信性产生怀疑。在经营分部、报告分部确定合理，分部报表项目确认、计量恰当的基础上，便可以采用一定的分析方法，对分部报告进行分析，以获取有用的决策信息。一般情况下，传统的财务报表分析方法，如比率分析法、趋势分析法、比较分析法等也适合于分部报告的分析。需要强调的是，分部报告分析是一个比较复杂的过程，必须深入了解企业管理战略、内部外部环境、经济政治因素、相关行业、地理环境等相关信息。另外，在分部报告中可能会在诸如成本费用分配等方面存在较多的人为因素，这将大大增加分析难度，影响分析结论的客观性，因此，应将分部报告分析与企业整体的财务状况分析相结合，以免出现以偏概全的情况。大体上说，对企业分部报告可以从以下几个方面展开分析。

（1）分析各报告分部的增长率及其变化原因。企业整体是由各个分部构成的，分部的增长率会在很大程度上影响整个企业的增长率水平。

通过采用趋势分析法分析各分部的销售增长率、资产增长率以及利润增长率的变化情况，信息使用者可以判断各分部的相对管理水平和相对发展速度，找出影响整个公司增长率变动的主要分部，可通过进一步考察这些分部的持续发展能力和存在的潜在风险等方面，来预测企业未来的成长性。（2）比较各报告分部的相对盈利能力。通过计算各报告分部的毛利率、经营性资产报酬率等财务指标，可以考察每个分部的相对盈利能力，进而分析各分部对整个企业盈利能力的影响程度，这样便于了解企业的盈利主要来自哪些分部，企业盈利水平的提高或降低主要是由哪些分部引起的。对那些盈利水平较高或亏损较大的分部应给予特别的关注，它们往往对企业的未来发展起到至关重要的作用。（3）考察企业资产的分布状况。通过比较每个报告分部的资产相对分布百分比，来评价公司资产的分布状况以及变动特点。分部资产的分布百分比对整个企业而言，是指每个报告分部的资产占企业总资产的比重。占有资产比重较大的分部，一般是管理层较为重视的分部，应成为企业主要的盈利支柱。结合趋势分析，可以从资产分布百分比的变化来考察企业资产的基本流向，可进一步分析企业未来的发展方向。（4）了解各报告分部的销售业务对外部客户的依赖程度。一个分部的销售可能全部为内销（表现为企业内部的资源流转），可能部分内销或部分外销，也可能全部为外销。在确定报告分部时，没有将内销收入剔除，主要考虑到内销对整个企业来说也很重要。如果一个分部的销售主要来自外销，那么，该分部对外部客户的依赖程度就很高，随时存在着来自客户的风险。因此，对于外销业务较多的分部，要慎重地分析相应客户的情况，以确定其可能存在的潜在风险。另一角度来说，由于内销只能带来未实现利润，在编制财务报表时会予以抵消，因而企业最终实现的利润应来自外销。外销收入和利润越多的分部，对整个企业的收入和利润的贡献也就越大，这一分部也就越重要。企业管理层借此可以进行相应的企业战略调整，使资源由外销收入少、盈利能力小的分部向外销收入高、盈利能力强的分部转移，以达到企业资源整体的优化配置。而对于外部信息使用者来说，可以了解到公司的收入和利润主要来自什么业务、什么经营部门、什么地区，在对这些业务、部门和地区进行分析的基础上，可以更加全面地评价企业的财务状况，以便作出更加科学的投资决策。

尽管国外学者已对经营分部信息披露的经济后果开展了一定程度的研究，但仍存在两点不足之处。第一，现有研究在对经营分部信息披露质量进行刻画时多从分部划分确定性和会计信息完整性维度切入（Talha et al.，2009；Zhou et al.，2014），存在片面性。依照我国财政部要求，企业除了需要对外披露各分部会计信息外，还应将存在相似经济特征的两个或多个经营分部进行合并，以确保不同分部间经济特征存在差异。从某种意义上讲，若企业对外披露的各经营分部经济特征没有差异，则其披露的分部信息相当于仅仅是将合并报表财务数据进行"按比例分配"，对合并报表的信息含量几乎没有形成补充（Hayes and Lundholm，1996）。可见，该差异是报告使用者深入比对不同业务经营情况、发展前景的基础，有助于其快速识别企业的独特优势，是经营分部信息披露质量的重要维度①（André et al.，2016；Ettredge et al.，2006），但现有文献并未针对该质量维度的经济后果展开研究。第二，现有研究均在《美国财务会计准则第131号——企业分部和相关信息的披露》（以下简称"SFAS 131"）或《国际财务报告准则第8号——经营分部》（以下简称"IFRS 8"）的制度背景下展开，那么，基于发达资本市场的研究结论是否同样适用于中国情境？尽管两个市场在经营分部信息披露的核心方法和制度要求上已接近一致，但在该信息对企业价值的作用效率上，两者仍有较大差别。原因在于，首先，在制度施行期方面，SFAS 131发布于1997年，而直至2009年《企业会计准则解释第3号》才正式落地，两地市场参与者对相关信息的熟悉程度差距较大。其次，在市场有效性方面，相较于西方国家，我国投资者的信息挖掘及市场监督能力较弱（王雄元和高曦，2018），抑制了信息的反映效率。综上，国外现有研究成果不仅仍需深入，且无法直接作为我国企业的披露依据。

国内外公司金融的权威教材基本以莫迪利亚尼和米勒（Modigliani and

---

① 对于经济在质量评价指标体系中纳入经济特征差异性的重要意义，本书在3.2节进行了更为详细的论述。

Miller，1958）提出的企业价值评估方式为核心，其落脚点在于，特定企业的总价值在数量上等于其未来预期收益的现值。以此为基础，后续主流观点在对企业价值定量时均认为：企业价值是在公司未来收益的基础上，以取得收益的风险报酬率贴现得到的未来净现金流量现值。由此衍生出的估计方法通常在考虑资金的时间价值和风险情况下，将发生在不同时点的经营性现金流量按既定的贴现率（由权益资本成本及债务融资成本构成的加权平均资本成本）统一折算为现值，并加总求和而得，换言之，企业经营性现金流量以及其承担的权益、债务融资成本是决定企业价值的重要因素。鉴于此，本书依据《企业会计准则解释第 3 号》的规定，从分部划分确定性、会计信息完整性和经济特征差异性三个层面逐层深入，以权益资本成本、债务融资成本和经营性现金流三个方面为切入点，全面探究我国资本市场背景下经营分部信息披露对企业价值的影响机制。一方面，为企业的披露决策提供依据，调动其披露积极性；另一方面，为进一步修订、完善《企业会计准则解释第 3 号》中涉及经营分部信息披露的规定提供参考，全方位助力市场资源配置功能的发挥。

在上市公司进行高质量信息披露的基础上，投资者能否对信息做出全面、及时的反映，对市场资源配置功能的发挥也尤为关键。为深入提升金融服务实体经济质效，习近平总书记在 2019 年的中央经济工作会议中提出，资本市场在金融运行中具有牵一发而动全身的作用，要通过深化改革，打造一个规范、透明、开放、有活力、有韧性的资本市场，形成资本市场长期、稳定、健康发展的长效机制。① 我国资本市场具有参与者众多、影响因素多、不确定性大等特点，难以达到半强有效市场水平，上市公司对外披露的信息未必可以及时、全面地传递给潜在使用者，对资本市场的透明度与活跃度造成了不利影响，势必打击上市公司信息披露积极性，抑制资本市场效率。

为妥善解决这一问题，深化金融服务实体经济质效，本书拟探究经营分部信息披露与企业价值关系间的外部调节因素，以期得到进一步优化上

---

① 资料来源：http：//www.jjckb.cn/2019zyjjgzhy.htm.

市公司披露效果、提升其披露积极性的启示。对此，信号传递理论指出，企业能利用信息披露将信号传递给市场投资者的关键在于，该公司具备一定的市场关注度，随着上市公司市场关注度的提升，其披露的信息自然可获得市场参与者的更广泛、更深入的解读，使资本市场更加透明、开放、有活力，进而提升资本市场的资源配置效率，改善资本市场活跃度。以此为基础，国外学者多在信息披露研究中引入"组织可见度"概念，即组织能被市场参与者注意到的程度（Bowen，2000）。就组织可见度对经营分部信息披露与企业价值的潜在影响而言，一方面，基于有限关注理论，投资者难以消化市场中的所有信息（肖奇和屈文洲，2017），导致部分上市公司披露的经营分部信息无法得到关注，而组织可见度较高意味着企业信息可得到社会各界的广泛认知，更好地发挥其消除信息不对称、缓解代理冲突的作用（Bushee and Miller，2007；李冬伟等，2015；杨广青等，2020），降低资本成本。另一方面，由于特定上市公司的竞争对手本就格外关注其经营情况（张清海，2015），其披露的经营分部信息必然会被竞争对手重点分析（Verrecchia，1990；Harris，1998），故组织可见度的提高并不会给披露企业带来更多专有成本，对经营性现金流无额外负面影响。综上，组织可见度应可积极调节经营分部信息披露与企业价值的关系，使经营分部信息披露对企业价值的"双刃剑"作用向更加利己的方向转化。

早期研究多以企业规模作为组织可见度的代理（Henriques and Sadorsky，1996；Sharma and Nguan，1999）。随着当今互联网的快速发展、传播途径的变革以及资本市场的不断完善，企业作为社会公民，其行为通过媒体新闻、分析师研报等方式快速、广泛地暴露在社会公众的视野里，组织可见度早已不随企业规模大小而被刻上固有属性的烙印，分析师关注、媒体关注都已成为衡量企业组织可见度的重要指标（Brammer and Millington，2010；Bushee and Miller，2007；Brockman，2017；Wang，2017；Omaima and Hassan，2018），使上市公司具备发挥主观能动性，积极与分析师及媒体展开合作，提升自身的"组织可见度"的可行性。

综上，引导企业主动提升组织可见度有助于改善经营分部信息披露效果，进一步提升企业披露经营分部信息的积极性。更为重要的是，作为组织可见度的重要代理，分析师和媒体通过发布证券研究报告及新闻稿件可起到增加有效信息供给、引导理性投资行为、保护中小投资者利益等作用，最终提升证券市场效率。同时，随着上市公司组织可见度的提升，其受到社会公众、政府等利益相关者的关注及监督程度也越高，自我约束不断增强，公平意识、公开意识、规范运作水平大为提高，形成推动资本市场健康发展的不竭动力，打造出长期规范、透明、开放、有活力、有韧性的资本市场。因此，本书拟进一步探究组织可见度对经营分部信息披露与企业价值关系的调节作用，为企业实现高质量信息披露与自身价值的共赢提供方法，引导企业积极提升自身组织可见度，构建资本市场健康发展的长效机制。

此外，战略管理学认为，企业组织是一个开放的系统，其组织结构、行为决策、行为后果等会受到行业、地区等因素的影响，即在不同行业和地区中，企业信息披露行为的经济后果会有所差异。考虑到企业如何在全面深化的制度转型过程中基于不同中观、宏观环境作出正确的战略决策，不仅直接关乎微观企业的生存与发展，也影响着国家宏观制度转型的成功与否，具有重要的现实意义，故本书拟就我国上市公司当前面临的重要行业及地区条件展开深入研究，旨在检验西方现存经典理论的同时提炼出转型经济国家的独特经验，兼具理论与实践的重要性。

从行业因素来看，企业是否属于产能过剩行业极有可能影响其经营分部信息披露经济后果：高质量经营分部信息可向市场传递企业正大力实施多元化经营的信号，但市场参与者对产能过剩行业企业或非产能过剩行业企业是否应进行多元化经营的观点并不一致，导致其对不同行业企业披露的同质信息作出差异决策；厘清这一差异可帮助不同行业企业明确自身业务发展方向，有助于解决产品市场"供需错位"的结构性失衡。从地区因素来看，企业所在地市场化进程水平是影响其信息披露经济后果的重要条件：市场化水平较高往往意味着当地具备更好的市场监管、法治环境、资本市场运行效率等，使契约经济占据主要地位，自愿性信息披露将更加有效地在市场中发挥价值效应；论证这一推断有助于国家加速推进各地市场化进程、全面深化社会主义市场经济体制改革。

综上，本书异质性研究工作将从企业是否属于产能过剩行业及企业所在地市场化水平两个方面展开。

1.1.3　基本概念界定

1.1.3.1　经营分部信息的界定

财政部于 2009 年发布《企业会计准则解释第 3 号》，就企业应当如何披露分部信息进行了说明，要求企业以内部组织结构、管理要求、内部报告制度为依据确定经营分部，并以经营分部为基础确定报告分部，披露相关信息。

具体而言，经营分部需满足三个条件：其一，该组成部分能够在日常活动中产生收入、发生费用；其二，企业管理层能够定期评价该组成部分的经营成果，以决定向其配置资源、评价其业绩；其三，企业能够取得该组成部分的财务状况、经营成果和现金流量等有关会计信息。可见，经营分部信息是企业多元化经营现状及发展前景的重要情报，对市场投资者准确判断企业价值意义重大（杜亚飞等，2020）。

目前，我国企业已形成统一的披露范式，即经营分部信息位于年报中"分部信息"部分，且分为"报告分部的确定依据与会计政策""报告分部的财务信息""公司无报告分部的，或者不能披露各报告分部的资产总额和负债总额的应说明原因""其他说明"四个模块。通常情况下，"报告分部的确定依据与会计政策"涵盖分部划分确定性的相关信息，"报告分部的财务信息"主要体现会计信息完整性；经济特征差异性需基于相对完整的"报告分部的财务信息"分析而来；"公司无报告分部的，或者不能披露各报告分部的资产总额和负债总额的应说明原因"以及"其他说明"是对以上两个模块的补充说明。

综上，当前经营分部信息的制度基础、信息含量与披露范式较为明确，具备较高的研究价值及研究可行性[①]。

---

① 在对经营分部信息的处理过程中，参考杜亚飞等（2020），笔者对名为"抵消""分部间抵消"等不表示实际业务的分部进行了剔除。

1.1.3.2 组织可见度的界定

组织可见度是组织的一个重要属性,被多数文献定义为"组织能被看到或注意到的程度"(Baker,1999;Bowen,2000;Wang,2017;Omaima and Hassan,2018),较高的组织可见度使企业的行为、信息受到社会各界的广泛关注。鉴于组织可见度在国外经济、管理研究中扮演的角色越发重要,李冬伟等(2015)整合、梳理已有文献,对组织可见度的概念及意义进行了阐述,认为在当今信息社会的大背景下,企业拥有了社会公民的新身份,与自然人可通过新闻、媒体等获得关注类似,企业经营绩效、重大事件等亦可通过分析师及媒体广泛地暴露在社会公众的视野里,该暴露程度越高,企业越"可见",也越容易受到利益相关者的关注、解读和监督,进行影响企业不同行为下的经济后果。因此,组织可见度作为解释企业社会行为的要素之一,其理论发展为解释企业经营活动绩效提供了新视角。

在组织可见度的界定及测度方面,国外学者测量方法呈现出多维度研究趋势,即从不同角度选取组织可见度的代理变量。对此,本书通过对国外研究中较有代表性的文献进行梳理,发现在多维度刻画组织可见度的背景下,现有研究对组织可见度代理变量的选择存在一定演变趋势。

如表 1-1 所示,早期研究通常认为企业的组织可见度与其规模等固有属性直接相关(Henriques and Sadorsky,1996;Sharma and Nguan,1999),既不受外部环境的影响,也难以通过人为手段予以改变。而随着互联网的快速发展、传播途径的变革以及资本市场的不断完善,组织可见度早已不随企业规模大小而被刻上固有属性的烙印,分析师关注、媒体关注都已成为衡量企业组织可见度的重要指标(Brammer and Millington,2010;Wang,2017;Bushee and Miller,2007;Omaima and Hassan,2018)。以此为基础,本书中所界定的组织可见度主要指企业所受到的分析师关注度及媒体关注度。

表1-1   国外经典文献中组织可见度的界定

作者	年份	文献名	代理变量选择
亨里克斯和萨多尔斯基（Henriques and Sadorsky）	1996	环保型企业的决定因素：一种实证方法（The Determinants of an Environmentally Responsive Firm：An Empirical Approach）	公司规模
夏尔马和恩古安（Sharma and Nguan）	1999	生物技术产业与生物多样性保护战略：管理解释与风险倾向的影响（The Biotechnology Industry and Strategies Of Biodiversity Conservation：the Influence Of Managerial Interpretations and Risk Propensity）	公司规模
贝克（Baker）	1999	纽交所上市是否影响公司知名度？（Does NYSE Listing Affect Firm Visibility？）	分析师关注
布拉莫尔和米林顿（Brammer and Millington）	2006	公司规模、组织知名度与公司慈善事业：经验分析慈善事业：经验分析（Firm Size，Organizational visibility and Corporate Philanthropy：an Empirical Analysis）	媒体关注
布希和米勒（Bushee and Miller）	2007	投资者关系、公司知名度和投资者关注度（Investor Relations，Firm Visibility，and Investor Following）	媒体关注、分析师关注
王（Wang）	2017	公司知名度与自愿环保行为：水力压裂的证据（Firm Visibility and Voluntary Environmental Behavior：Evidence from Hydraulic Fracturing）	媒体关注
奥马伊马（Omaima）	2018	自愿性环境信息披露对公司价值的影响：组织能见度是否起着调节作用？（The impact of voluntary environmental disclosure on firm value：Does organizational visibility play a mediation role？）	分析师关注

　　值得一提的是，国内学者就"信息透明度""组织信息透明度"等词展开了研究，与本书研究概念"组织可见度"有一定字面意思上的相似之处，但实际上，信息透明度或组织信息透明度的内涵是上市公司会计信息披露质量，而组织可见度的侧重点是上市公司披露的信息能否得到有效的关注和解读，两者存在根本区别。具体而言，已有文献衡量企业信息透

明度主要采用单一指标和综合指标两类方法，单一指标包括盈余质量指标
（Bhattacharya et al.，2003；Dechow et al.，1995；黄政和吴国萍，2014；
黎文靖和孔东民，2013）、交易所披露的考核结果（林有志和张雅芬，
2007）；综合指标由会计信息透明度、股价信息透明度、内部信息透明度
定义而成（杜浩阳，2016），上述指标均是对企业各类信息披露质量的评
价，与本书所界定的组织可见度不可混为一谈。

1.1.3.3　企业价值的界定

国内外公司金融的权威教材基本以莫迪利亚尼和米勒（Modigliani and
Miller，1958）提出的企业价值评估方式为核心，即特定企业的总价值在
数量上等于其未来预期收益的现值。以此为基础，国内外学者基本就企业
价值的界定形成一致观点，即企业价值并非由企业当前资产、利润等财务
数据计量；而是指企业未来可实现的收益或自由现金流的经济价值。例
如，吴可夫（2010）、刘和张（Liu and Zhang，2017）均认为，企业价值
的本质是企业资产在未来长期发展中增值潜能的市场预期，是在给定预期
未来收益水平、持续时间和风险等条件下，投资者可以认同的合理价值。

本书在企业价值的测度方面，选用经济学家托宾 1969 年提出的"以
企业资产的市场价值（股权价值）与重置成本的比"对其进行刻画，即
托宾 Q 值，该指标的内在含义是"企业利用当前现有资源在未来可创造
的财富倍数"，较好地反映出企业的成长能力和盈利能力。同时，该指标
也受到了国内外学者的广泛应用（Lien and Li，2013；孙维峰和孙华平，
2013；庄颖，2008），具备较强的科学性。

在影响企业价值的机制研究方面，本书基于"企业价值是企业未来可
实现的收益或自由现金流的经济价值"这一价值评估思路，以及由莫迪利
亚尼和米勒（1958）提出的企业价值 V 的估计公式（如式（1-1）和式
（1-2）所示，其中，S 和 B 分别为企业股权和债务融资额度，R_S 和 R_B
分别为企业权益资本成本和债务融资成本，t 为企业税率，NCF 是企业经
营性现金流量）可知，企业权益资本成本 R_S、债务融资成本 R_B 以及企业
经营性净现金流量 NCF 是决定企业价值的三个重要因素，故本书研究机
制从以上三个方面展开。

$$V = \sum_{i,i=1}^{i=n} \frac{NCF}{1+R_{wacc}}, \ n \to +\infty \qquad (1-1)$$

$$R_{wacc} = \left(\frac{S}{B+S}\right)R_s + \left(\frac{B}{B+S}\right)R_B(1-t) \qquad (1-2)$$

1.2　研究内容

本书主要依托企业价值理论、信息不对称理论、委托代理理论、专有成本理论、有限关注理论等，基于我国经营分部信息披露制度的有关规定，建立分部划分确定性、会计信息完整性、经济特征差异性三维度递进式的经营分部信息披露质量评价标准，从权益资本成本、债务融资成本、经营性现金流三个方面，对经营分部信息披露影响企业价值的机制进行理论及实证分析，并分别从分析师关注、媒体关注两个角度衡量企业组织可见度，进一步探究组织可见度的调节作用。最后，基于企业是否属于产能过剩行业及企业所在地市场化水平高低两个方面开展异质性研究。本书的写作思路如图1-1所示。

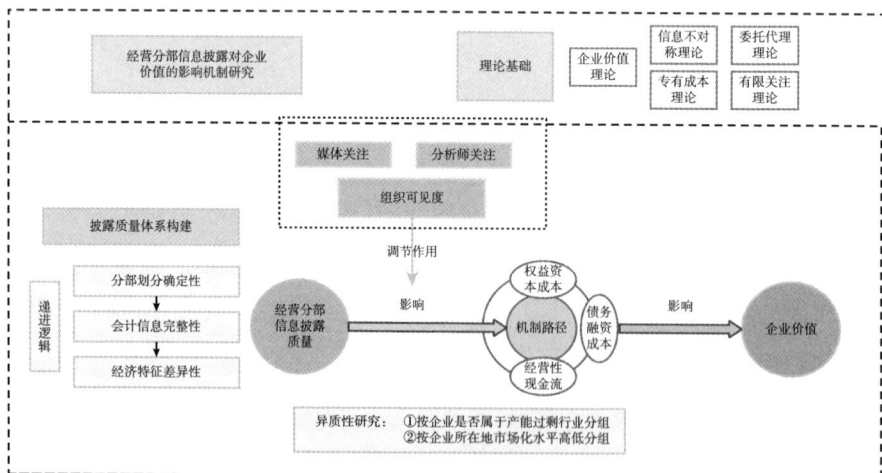

图 1-1　写作思路

基于上述思路，本书的研究内容可拆解为以下几个方面。

（1）整理完善我国上市公司经营分部信息披露数据。较国外标准普尔数据库中详尽的上市企业经营分部信息数据，国内包括 CSMAR、WIND 等在内的各主流数据库均未提供规范二手数据。本书在总结我国经营分部信息披露范式的基础上，利用大量前期工作对相关信息进行规范梳理，形成可用于实证检验的基础数据。

（2）全面、深入地衡量我国上市公司经营分部信息披露质量。首先，有机融合我国制度要求与国外研究基础，搭建出由分部划分确定性、会计信息完整性、经济特征差异性逐层深入的经营分部信息披露质量评价体系，使评价结果更紧密地贴合政策初衷。其中，在评价会计信息完整性时，本书在厘清国外学者评分思路的基础上，全面梳理国内政策，搭建出符合我国国情的经营分部会计信息完整性评分框架。

（3）揭示经营分部信息披露影响企业价值的理论机理。通过对国内外研究成果的总结归纳，以企业价值理论、信息不对称理论、专有成本理论等为基础，从权益资本成本、债务融资成本和经营性现金流三个角度入手，构建理论模型，理顺经营分部信息披露影响企业价值的机制。

（4）为经营分部信息披露对企业价值的影响提供实证检验。以理论分析为基础，通过实证的方法为经营分部信息披露以权益资本成本、债务融资成本和经营性现金流影响企业价值的机制提供实证证据。

（5）考察组织可见度在经营分部信息披露对企业价值影响中的调节效应。在全面梳理国外研究的基础上，从媒体关注和分析师关注两个维度刻画企业的组织可见度水平，利用实证的方法考察组织可见度在经营分部信息披露以权益资本成本、债务融资成本和经营性现金流三个机制影响企业价值过程中的调节作用。

（6）考察企业是否属于产能过剩行业、所在地市场化水平异同时上述结果的异质性。行业特征、地区市场化程度可分别从中观层面及宏观层面对企业信息披露经济后果造成的影响，但由于经营分部信息披露经济后果的研究多由国外学者展开，且产能过剩及市场化问题极具中国特色，故现有研究尚未提供相关经验。在全面分析经营分部信息披露、组织可见度对企业价值的影响后，本书利用实证研究方法，以企业是否属于产能过剩行业、企业所在地市场化水平高低将样本分组进行异质性检验。

（7）除披露本身的分部划分确定、会计信息完整以及经济特征差异外，经营分部的具体盈利能力也应该具备重要的分析价值。在不改变合并报表盈余的情况下，操控各分部间利润及费用分配的分部间盈余管理行为（即将本属于经营分部的费用划分至其他分部，或将本属于其他分部的利润划分至经营分部）成为了管理层寻租的新方式，正严重干扰资本市场健康发展进程，本书就如何对此采取有效的内外部治理措施也将进行补充分析。

1.3 结构安排、研究方法与技术路线

1.3.1 结构安排

本书将结构安排设计如下。

第1章，绪论。首先，阐明全书的选题背景，结合我国上市公司的披露实践提出问题；其次，基于所提出的问题，对基本概念进行界定，厘清本书试图所要解决的主要问题，即研究的主要内容；再次，阐明本书的结构安排和技术路线；最后，指出本书的潜在贡献，并说明相关理论意义及现实意义。

第2章，理论基础与文献综述。首先，围绕分部信息披露、组织可见度的相关基础理论（企业价值理论、信息不对称理论、代理成本理论、专有成本理论、有限关注理论），揭示了经营分部信息披露、组织可见度对企业权益资本成本、债务融资成本、经营性现金流的影响机制，夯实本书的理论基础。其次，运用文献计量方法和知识图谱工具对经营分部信息披露以及组织可见度领域的文献进行梳理。具体而言，利用 CiteSpace（5.7）

软件对相关领域1990～2020年的发文量、文献来源、作者、单位、文献被引频次、关键词、演化趋势等方面进行了统计，并对相关文献进行系统性的整理及综述，剖析蕴藏在其中的理论基础、研究热点和发展趋势等，以有效地掌握该领域的知识基础，把握研究前沿。最后，对涉及经营分部信息披露与企业价值关系的文献进行重点梳理和评述，明确本书的边际贡献。

第3章，制度背景、质量评价体系及披露现状。其一，厘清分部信息披露相关制度的发展历程，主要包括美国财务会计准则、国际财务会计准则以及我国财务会计准则中分部报告制度的演变历史，阐明以"管理法"确定经营分部进行报告已成为世界统一标准。其二，结合国外研究基础及国内相关制度要求，构建由分部划分确定性、会计信息完整性和经济特征差异性三个维度逐层深入的经营分部信息披露质量评价体系。其三，以我国2014～2019年制造业上市公司为样本，利用描述性统计的方法对我国上市公司分部信息披露情况进行梳理。

第4章，经营分部信息披露对权益资本成本的影响。主要从信息不对称理论、代理成本理论、有限关注理论出发，分析经营分部信息披露对权益资本成本的影响以及组织可见度的调节作用。具体而言，其一，构建理论模型推导经营分部信息披露对权益资本成本的影响；其二，利用双向固定效应模型的实证方法对经营分部信息披露与权益资本成本的关系进行检验；其三，实证检验组织可见度在两者关系中的调节效用；其四，利用中介效应模型检验经营分部信息披露以权益资本成本影响企业价值的作用机制；其五，稳健性检验，包含控制内生性、替换主要变量、消除披露惯性三个方面；其六，章节小结。

第5章，经营分部信息披露对债务融资成本的影响。主要从信息不对称理论、代理成本理论、有限关注理论出发，分析经营分部信息披露对债务融资成本的影响以及组织可见度的调节作用。具体而言，其一，构建理论模型推导经营分部信息披露对债务融资成本的影响；其二，利用双向固定效应模型的实证方法对经营分部信息披露与债务融资成本的关系进行检验；其三，实证检验组织可见度在两者关系中的调节效用；其四，利用中介效应模型检验经营分部信息披露以债务融资成本影响企业价值的作用机制；其五，稳健性检验，包含控制内生性、替换主要变量、消除披露惯性三个方面；其六，章节小结。

第 6 章，经营分部信息披露对经营性现金流的影响。主要从专有成本理论出发，分析经营分部信息披露对经营性现金流的影响以及组织可见度的调节作用。具体而言，其一，构建理论模型推导经营分部信息披露对经营性现金流的影响；其二，利用双向固定效应模型的实证方法对经营分部信息披露与经营性现金流的关系进行检验；其三，实证检验组织可见度在两者关系中的调节效用；其四，利用中介效应模型检验经营分部信息披露以经营性现金流影响企业价值的作用机制；其五，稳健性检验，包含控制内生性、替换主要变量、消除披露惯性三个方面；其六，章节小结。

第 7 章，异质性研究。分别以企业是否属于产能过剩行业、企业所在地市场化水平高低将样本分组，检验经营分部信息披露、组织可见度对权益资本成本、债务融资成本、经营性现金流影响的异质性。

第 8 章，经营分部盈余质量的内外部治理。除披露本身的分部划分确定、会计信息完整以及经济特征差异外，经营分部的具体盈利能力也应该具备重要的分析价值。因此，在不改变合并报表盈余的情况下，操控各分部间利润及费用分配的分部间盈余管理行为（即将本属于经营分部的费用划分至其他分部，或将本属于其他分部的利润划分至经营分部）成为了管理层寻租的新方式，正严重干扰资本市场健康发展进程，本章就如何采取有效的手段对其进行治理开展研究。

第 9 章，结论、启示及展望。首先，对研究的内容及研究结论进行总结；其次，分别从政府部门优化制度设计，企业改进披露决策、提升披露质量，加强与分析师、媒体合作力度，各地推动市场化进程建设等角度提出建议；最后，指出研究的局限及未来进一步研究的方向。

1.3.2 研究方法

（1）规范研究法。首先，本书以发现问题—分析问题—解决问题的思路展开，基于国家政策要求及我国上市公司披露实践发现经营分部信息披露中存在的"犹抱琵琶半遮面"问题。其次，基于企业价值理论，指出这一问题的原因极有可能是经营分部信息披露经济后果的不确定。最后，利用理论结合实证的方法为上市公司提供披露依据，并探寻潜在优化方案。在整个过程中，本书依据信息不对称理论、专有成本理论等，运用演绎推理的方式搭建全书的整体理论分析框架，使其更为科学化、规范化。此外，本书还将运用归纳分析和逻辑演绎等规范研究法，对实证结果以及相关建议进行分析。

（2）文献计量法。本书第 2 章利用 CiteSpace（5.7）软件，对 1990 ~ 2020 年经营分部信息披露以及组织可见度的研究基础进行文献计量分析，指出了国内外研究的现状、重点及发展趋势，阐明了本书的理论价值。

（3）数理模型分析法。在第 4 章、第 5 章、第 6 章开展实证检验之前，本书通过设立符合现实情境的相关变量，构建以经营分部信息披露质量为基础的博弈模型，从数理上推导出经营分部信息披露对权益资本成本、债务融资成本和经营性现金流的影响，以进一步夯实研究的理论基础。

（4）实证研究法。在数理推演的基础上，首先，本书结合相关理论基础提出实证研究假设；其次，依照规范的实证研究流程建立模型进行回归，整个过程统筹运用了描述性统计分析、相关性分析、双向固定效应模型、调节效应模型、中介效应模型、工具变量法、组间差异显著性检验等方法。

（5）Python 技术方法。在以媒体关注衡量组织可见度的过程中，为提高研究数据的准确性，本书选用处理能力更强大、准确性更高的 Python 技术语言工具开展数据搜集工作。

1.3.3　技术路线

依据本书写作思路、研究内容、章节设置及研究方法，绘制了技术路线，如图 1 - 2 所示。

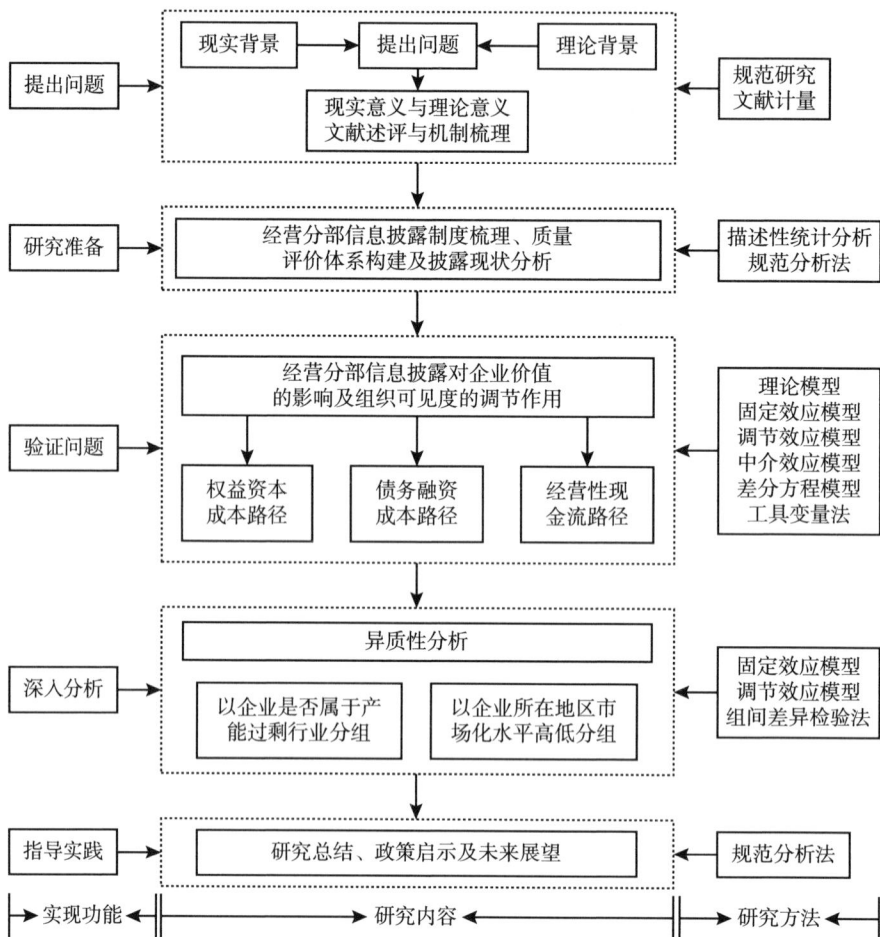

图1-2 技术路线

1.4 创新点与研究意义

1.4.1 创新点

1.4.1.1 创新性地构建出一套更为科学且落地的经营分部信息披露质量评价体系

现有研究在刻画分部信息披露质量时绝大多数仅关注到了会计信息的完

整程度（Talha et al.，2009；Lucchese and Di，2016；Blanco et al.，2015；庄颖，2008），存在一定片面性。本书将国外先进研究成果与国内相关政策有机融合，构建了由分部划分确定性、会计信息完整性、经济特征差异性三个维度逐层深入的指标体系，这一方式不仅能有效弥补单一指标的片面性，还更紧密地贴合政策初衷与企业披露实践，可切实反映出经营分部信息披露的信息内涵。此外，本书在评价会计信息完整性维度时，发现国内写作思路较为陈旧，不契合当下政策（庄颖，2008）；国外前沿文献中的现成指标体系难以匹配我国制度要求（Talha et al.，2009）。故本书还在厘清国外学者评分思路的基础上，全面梳理国内当前政策，搭建出符合我国国情的经营分部会计信息完整性评分框架。

1.4.1.2 丰富、完善了经营分部信息披露影响企业价值的机制研究

（1）在经营分部信息披露以权益资本成本影响企业价值的机制中，本书在深度方面和广度方面均有一定突破。在深度方面，尽管布兰科等（Blanco et al.，2015）基于发达资本市场上市公司数据进行了探究，得出分部信息披露负向影响权益资本成本的主要结论。但布兰科等（2015）仅从会计信息完整程度出发构建分部信息披露质量评价体系，并未深入研究至经济特征差异性层次，结果难免存在一定片面性；本书则检验了经济特征差异性质量维度对权益资本成本的影响，深化了现有成果。在广度方面，欠发达资本市场参与者对此类信息的重视程度及解读水平与美国等金融发达国家存在较大差异（王雄元和高曦，2018），极有可能产生截然不同的结果，本书也丰富了相关经验。

（2）在经营分部信息披露以债务融资成本影响企业价值的机制中，本书提升了现有成果的深入性和可应用性。尽管佛朗哥等（Franco et al.，2016）研究发现，分部信息披露质量较高的公司在发行债券时只需提供相对较低的必要收益率，为我国上市公司债务融资过程提供了一定参考，但也存在三点不足。首先，佛朗哥等（2016）在对分部信息披露质量衡量的过程中，仅考虑了会计科目的完整性程度，而实际上，经济特征差异性也是经营分部信息质量的重要内涵，银行等贷款人可借此快速识别企业独特的竞争优势（André et al.，2016；Ettredge et al.，2006），提升授信效率；其次，相对于银行贷

款而言，债券融资在我国整体债务融资中占比较低（申香华，2014），债券利率的大小并不能全面反映我国企业债务融资成本；最后，国外分部信息披露准则较我国经历了更长的发展历程，基于发达资本市场的结论是否适用于中国情境仍需进一步验证。综上，本书不仅深入到经济特征差异性层面，且变量选择更加契合我国企业的债务融资实践，弥补了上述不足。

（3）在经营分部信息披露以经营性现金流影响企业价值的机制中，本书补充了重要的实证经验。尽管国外学者已开展一定的工作，如塔尔哈等（Talha et al.，2009）利用马来西亚数据证实了经营分部信息披露对企业营业利润的损害；海斯和伦德霍尔姆（Haye and Lundholm，1996）构建了理论模型分析认为，对外披露经济特征具有差异的经营分部将恶化企业未来的现金流入；佛罗里达和曼努埃尔（Flora and Manuel，2016）指出，尽管披露分部信息将带来专有成本，激化同行竞争，削弱企业异常利润，但该信息也对潜在竞争者产生了进入壁垒，在两者的共同作用下，分部信息披露水平与公司异常盈利能力之间呈现倒"U"型关系。可见，就经营分部信息披露对经营性现金流的潜在影响而言，已有研究仍存在一定的不足处：一方面，目前仍缺乏经济特征差异性对经营性现金流影响的实证经验；另一方面，现有研究尚未形成统一结论，本书对此是重要的补充和完善。

1.4.1.3　在组织可见度与信息披露的主题下，本书在研究切入点与研究侧重点选择方面具备创新性

在切入点方面，已有文献仅关注环境信息、社会责任信息披露中组织可见度的作用（Amal et al.，2018；Wu et al.，2018），本书以经营分部信息披露为切入点，拓宽了写作思路。在侧重点方面，现有研究同样存在一定局限性，以组织可见度的重要代理—分析师关注为例，已有研究仅局限于经营分部信息披露对分析师预测的影响（Heo and Doo，2018；Birt and Shailer，2011；André et al.，2016），本书则探究了分析师关注对经营分部信息披露经济后果的调节作用。

1.4.2　研究意义

1.4.2.1　理论意义

（1）有助于完善经营分部信息披露质量的评价框架，优化后续研究

基础。精确衡量经营分部信息披露质量是后续研究开展的基础，已有的评价框架较为单一，势必导致基于该框架的研究结论存在片面性。本书拟对经营分部信息披露与企业价值的关系展开研究，必然建立在更为完善、更为科学的质量评价框架上，相关工作可为后续研究奠定更为坚实的理论基础。

（2）有助于丰富经营分部信息披露影响企业价值的理论及实证框架。尽管经营分部信息披露与企业权益资本成本、债务融资成本及经营性现金流的关系已得到国外学者的一定关注，但相关研究仍较为分散，且缺乏对外部调节变量的分析。本书拟以企业价值理论为根基，兼顾理论模型和实证分析方法，从权益资本成本、债务融资成本和经营性现金流三个方面探究经营分部信息披露影响企业价值的机制，并探究组织可见度的调节作用，综合考虑各利益相关者对企业经营分部信息披露行为的反映及外部作用效果，厘清管理层作出经营分部信息披露决策应关注的内容，可形成一套完整的研究框架。

（3）有助于打破组织可见度研究的局限性。首先，我国学者尚未进行组织可见度主题的研究。尽管国外学者已开展相关工作，但局限于社会责任信息或环境信息披露领域。与组织可见度作用于社会责任信息披露、环境信息披露经济后果的原理一致，组织可见度同样可以降低投资者获取上市公司其他公开信息的成本，对信息的价值效应起到助推作用。因此，本书拟将组织可见度概念应用于我国经营分部信息披露的研究框架中，有助于打破现有研究的局限性，拓展写作思路。

（4）有助于拓展经营分部信息披露经济后果的多样性研究。首先，我国学者尚未关注经营分部信息披露的经济后果，本书拟基于我国资本市场背景，实证检验经营分部信息披露对企业价值的影响，为相关研究提供了欠发达资本市场的经验。此外，本书拟在探究经营分部信息披露对企业价值的影响机制的同时，根据企业是否属于产能过剩行业、所在地市场化水平高低，探究行业及地区差异情况下经营分部信息披露价值效应的异同，可提供经营分部信息披露经济后果极具中国特色的多样性经验。

1.4.2.2 现实意义

（1）对企业而言，向其阐明了披露经营分部信息的经济后果，有助于提升其披露积极性，为资本市场健康发展所需的信息基础添砖加瓦。目前，我国上市公司在经营分部信息披露中"犹抱琵琶半遮面"的原因极有可能是披露后果的不明确，本书从理论及实证两个角度全面论证了经营分部信息披露对企业价值的影响及作用机制，为上市公司的披露决策提供了重要依据。同时，本书检验组织可见度在经营分部信息披露影响企业价值过程中的调节作用，为企业通过提升组织可见度强化信息披露的价值效应，实现高质量信息披露与自身价值增长共赢提供了可行方案。此外，本书异质性研究还为不同行业、不同地区企业提供了针对性依据，有助于各类企业在国家全面深化制度转型过程中做出正确的战略决策，推动国家宏观制度转型的成功。

（2）对政府而言，有助于分部信息披露制度的进一步完善。规范上市公司信息披露行为是维护资本市场信息环境、推动资本市场健康发展的重要抓手。在经营分部信息披露的制度建设方面，尽管《企业会计准则解释第3号》已作出了相关规定，但从我国上市公司披露现状不难看出，该制度仍存在一定的不足。一方面，《企业会计准则解释第3号》仍未明确经营分部会计信息的细分科目披露要求及具体范式；另一方面，《企业会计准则解释第3号》虽已提出"将存在相似经济特征的两个或多个经营分部进行合并"，但却未对"经济特征相似"做出更为清晰的界定。本书指标体系构建思路、描述性统计结果以及研究结论，可帮助有关部门切实了解经营分部信息披露现状以及可能产生的后果，这有助于相关制度的进一步完善，引导企业正确、合理、规范地披露经营分部信息，弥合企业多元化经营背景下的信息鸿沟。

（3）对社会公众而言，可使广大投资者对多元化企业的经营状况有更加细致、深入的了解，改善其对多元化上市公司的价值判断过程。本书可切实引导广大普通投资者利用上市公司年报中的经营分部划分、各经营分部财务状况等信息开展价值评估，甚至通过对比分析不同经营分部间的经济特征差异，挖掘出该上市公司通过实施多元化经营形成的"新利润增长点"和"独特竞争优势"，改善投资者估值效率，更准确地引导资源流向高质量企业，实现要素自由流动、价格反应灵活、竞争公平有序、企业优胜劣汰等具体目标。

（4）对于社会主义市场经济体制而言，有助于构建资本市场健康发展的长效机制。我国资本市场作为一个新兴市场，具有信息透明度低、收集成本较高等特征（许年行等，2013），不利于市场长期以来的健康、高效运行。本书研究成果不仅有助于引导上市公司提升经营分部信息披露质量；更为重要的是，基于本书结果，建议上市公司主动提升自身组织可见度，将信息更加高效地传递给市场参与者，这可为传统的信息中介过程带来一定的变革，大幅度提升上市公司受到社会公众、政府等利益相关者的监督程度，使其自我约束意识、公平意识、规范意识大幅提高，有助于打造出规范、透明、开放、有活力、有韧性的资本市场，形成助力资本市场健康发展的长效机制。

第 2 章

理论基础与文献综述

2.1 理 论 基 础

2.1.1 企业价值理论

目前，国内外公司金融的权威教材基本以莫迪利亚尼和米勒（Modigliani and Miller，1958）提出的企业价值评估方式为核心，其落脚点在于，特定企业的总价值在数量上等于其未来预期收益的现值。以此为基础，后续主流观点在对企业价值定量时认为：企业价值是在公司未来收益的基础上，以取得收益的风险报酬率贴现得到，即未来净现金流量的现值（Ross et al.，2008）。

由此衍生出的估计方法为折现现金流量法（DCF）。该方法建立在企业"永续经营"的会计假设前提下，认为企业价值并非由企业过去或现有的资产规模决定，而是由企业未来能产生的现金流量来决定，其基本思路是：在考虑资金的时间价值和风险的情况下，将发生在不同时点的现金流量按既定的贴现率统一折算为现值，并加总求和而得。这一基本计算公式为：

$$V = \sum_{i,i=1}^{i=n} \frac{NCF}{1 + R_{wacc}}, \ n \to +\infty \qquad (2-1)$$

由于企业在债务资本和权益资本市场均有获得一定程度融资（Modigliani and Miller，1958），故将 R_{wacc} 进一步拆解得：

$$R_{wacc} = \left(\frac{S}{B+S}\right)R_s + \left(\frac{B}{B+S}\right)R_B(1-t) \qquad (2-2)$$

S 和 B 分别为企业股权和债务融资额度，R_S 和 R_B 分别为企业权益资本成本和债务融资成本，t 为企业税率。由式（2-1）和式（2-2）可知，企业权益资本成本 Rs、债务融资成本 R_B 以及经营性净现金流量 NCF 是影响企业价值的三个重要因素。

本书旨在研究经营分部信息对企业价值的影响机制，基于对当前权威的企业价值理论（Modigliani and Miller，1958），本书的机制研究也将从企业权益资本成本、债务融资成本以及经营性现金流三个方面分别展开。

2.1.2 信息不对称理论

信息不对称是指信息在交易主体间分布不均匀、不对等的状态下，信息优势者利用有利条件侵占信息劣势者利益的行为。信息不对称产生的原因既存在一定的主观因素，也存在一定的客观因素。主观因素主要源于不同经济个体信息获取能力的客观差异；客观因素主要源于社会专业化分工造成的行业间专业壁垒升高，扩大了不同行业间的信息差异。信息不对称理论研究信息不对称状态下交易双方达成合同的均衡过程，其中较为理想的均衡合同需要在特定的参与约束下，达成一定的激励相容条件，从而缓解或消除信息优势者利用所掌握的信息对信息劣势者利益的侵害。信息不对称理论以合同签订的时间点作为分界，划分为事前信息不对称与事后信息不对称，分别拓展出逆向选择理论与道德风险理论。具体而言，逆向选择理论关注的是信息优势方在签订合约前故意隐藏自己的特有信息，增加信息劣势方的决策成本；道德风险理论讨论的是信息优势方在签订合约后采取了另一方无法监测的单方有利行动，增加信息劣势方的代理成本。不管是逆向选择，还是道德风险，均会导致市场机制失灵、社会资源配置效率降低。

就信息不对称理论在经营分部信息披露主题下的运用而言，可表现为在多元化经营的企业中，上市公司管理层对于企业各业务的具体经营情况拥有优势信息。作为信息劣势方，外部报告使用者通过合并财务信息报表仅能获得企业整体的经营情况，无法对不同业务展开进一步分析，制约了其投资决策效率，产生逆向选择问题；同时，在多元化经营过程中，若上市公司未全面、完整地披露经营分部信息，外部报告使用者亦无法对企业的多元化经营过程展开监督，在此情况下，上市公司管理层可通过多种寻租手段侵害投资者利益，形成道德风险。此时，若上市公司积极提升经营分部信息披露质量，不仅可发挥一定的信息效应，使投资者更全面地了解到公司的经营状况，提高价值判断的准确性，规避逆向选择带来的额外成本；还可以加强公司受到的外部监督，规范管理层行为，降低道德风险带来的额外成本（许志勇和邓超，2019），"双管齐下"提升企业价值。此外，在公司治理过程中，具有高度组织可见度的企业往往拥有更高水平的信息传递效率，更好地协助企业消除与投资者的信息不对称；同时，组织可见度越高则同样意味着企业面临更高水平的监督。

信号传递理论是信息不对称理论的延伸与拓展。信号传递理论最早由斯宾塞（Spence，1973）提出，他认为求职者为了获得丰厚的薪资待遇倾向于主动向用人单位传递自身教育水平的信号，雇佣单位则以求职者传递的信号为依据进行聘用合约的设计。现阶段，将信号传递理论应用于企业信息披露方面的研究普遍认为，即使有关监管部门没有对某一特定信息披露提出大范围的强制性规定，但是企业也拥有主动向外界传递积极、正面信息的内在动力，以获得从投资者处获取更为优惠的融资。

由于企业与利益相关者之间存在信息不对称，对于在多元化经营中取得良好经营成果的企业而言，为了防止投资者将自己与那些多元化经营失败的企业混为一谈，避免潜在的道德风险与逆向选择问题，他们有动力提升经营分部信息质量以向市场传递其积极向上的发展前景，获取利益相关者的青睐和支持，提高自身企业价值。组织可见度的重要代理（媒体关注及分析师关注）能对管理层发布的信息进行识别、过滤、筛选、再加工之后反馈给外部市场参与者，极大地提高了管理层与外部市场参与者的信息沟通效率。如管理层可以利用媒体和分析师主动对外传播利好消息，弥补外部市场参与者的信息鸿沟，从而获取更低的融资成本。

2.1.3 委托代理理论

委托代理理论与信息不对称理论存在一定的内在关联。该理论指出，在大型上市公司中，所有权与经营权分离，其中控制权由公司所有者拥有，经营权则由所有者委托给职业经理人，是最有利于公司长远发展的管理模式（Grossman and Hart，1983）。在这一管理模式下，委托人与代理人目标函数不一致是委托代理理论的基础假设。在委托代理关系中，委托人（公司所有者）和代理人（职业经理人）都是"理性经济人"，委托人的目标是追求公司价值最大化，而代理人则更关注自身的报酬和利益。在此情况下，双方均出于自利目的进行经济决策，并对对方决策形成交互影响，引发利益冲突（Chen et al.，2011）。例如，代理人可利用委托人赋予的权利谋取私利，导致委托人需要付出额外的交易及监督成本来缓解利益冲突，詹森和梅克林（Jensen and Meckling，1976）将相关成本称为"代理成本"。其中，代理人相较于委托人拥有更多的有用信息，且在代理人利用信息优势为自身牟利的过程中，难免会采取侵害委托人利益的道德风险行为，对企业价值产生不利影响。例如，代理人通常会追求更高的薪酬和较多的闲暇时间而放弃能够最大化委托人利益的最优决策，如拒绝部分挑战性与前景并存的可行项目、过度投资与自身利益相关的重复建设项目、利用盈余管理手段粉饰自身糟糕的业绩表现等，为此，委托人不得不花费大量成本开展制度设计、监督等一系列工作。

显然，由委托代理问题产生的成本是不利于企业价值的。对于这一问题，现有研究普遍认为，高质量的信息披露是缓解代理冲突的重要手段。马宁（2019）认为，信息披露是企业的一种重要约束力量，能够减少公司内部人和外部人之间的信息不对称，增加对公司管理者道德风险行为的监督约束机制，降低代理成本（Bushman et al.，2004）。经营分部信息披露改善了披露结构，提供了额外的与决策有用的信息（Hope et al.，2009），特别对于多元化经营的上市公司而言，公司治理与经营分部信息披露之间存在着密切关系，高质量的经营分部信息披露不仅有助于使用者进行决策，还可以促进企业的管理者改进不同业务间的统筹管理及内部控制质量，形成良好的公司治理。此外，较高的组织可见度也可使企业得到更高水平的监督，缓解其内部代理问题，例如，媒体报道以及分析师关注对于上市公司而言具备"当头棒喝"的监督约束作用。通常而言，媒体报道和分析师研报具有不同的倾向，其中负面报道"坏事传千里"功能让管理层颇为忌惮，因此，管理层会减少机会主义行为，主动履行管理职责，规范决策行为，不仅能提高董事会效率（Joe et al.，2009），还能抑制高管在职消费（翟胜宝等，2015）、盈余管理（陈克兢，2017）、税收激进（严若森等，2018）等寻租行为。

2.1.4　产业组织理论

产业组织理论形成于 20 世纪 30 年代。它的主要研究对象是特定行业的市场结构、市场行为和市场绩效以及三者之间的内在规律。产业组织理论的发展过程经历了三个流派。哈佛学派首次提出了 SCP 范式，认为市场结构决定公司市场行为，公司市场行为决定公司市场绩效，三者之间存在一种单向的因果联系。在此范式之下，其中一些公司相比于其他竞争对手能够在产品市场竞争中更大程度地影响产品售价，这种特质就是公司的产品市场势力，体现了公司的定价能力和垄断势力。同时，产品市场势力越强的公司会通过提升产品售价、设置行业进入障碍来获得垄断利润，导致了市场中的资源配置低效。芝加哥学派却认为，优胜劣汰让强大的公司生存下来，能有效地提升市场资源配置效率。同时，由于现有公司会面对潜在进入者的压力，这些公司并不能凭借其垄断地位任意定价来获取超额利润。

截至目前，以 2014 年诺贝尔经济学奖获得者让·梯诺尔为代表的新产业组织理论将研究重点从市场结构转向公司市场行为。此理论认为，市场结构、公司市场行为和公司市场绩效之间存在双向的互动关系，即公司市场绩效会反过来作用于公司市场行为。公司产品市场势力在一定程度上体现了公司的市场绩效，而分类转移盈余管理行为属于公司的市场行为，所以公司的产品市场势力会影响分类转移盈余管理行为。

同时，新产业组织理论认为，公司的历史也是重要的，因为它会向公司的对手传递某些信息，从而影响某些无形的变量，如推断等。在多时期的产品市场竞争中，公司的行为将显示它的某些私人信息，公司的对手则会在将来的竞争中利用这些信息。理性的公司认识到这一点之后，将会力图操纵其对手的信息，以便将来从中获益。这种操纵可称为"扰乱信息投资"。

2.1.5 专有成本理论

基于上文理论梳理，高质量的自愿性信息披露能够为上市公司带来消除信息不对称、缓解代理冲突等诸多好处。那么，我国上市公司披露的经营分部信息为什么仍呈现出"犹抱琵琶半遮面"的现状？约万诺维奇（Jovanovic，1982）率先提出的"专有成本"概念对此进行了解释。专有成本指信息披露方的竞争对手利用其公开信息给披露方带来的成本，即竞争者依据披露公司对外发布的消息采取针对性竞争策略，而给披露方市场竞争地位造成的不利影响，因而专有性成本又被称为"竞争劣势成本"。此后，国外学者又陆续对专有成本的定义进行了完善，例如，戴（Dye，1986）将"专有成本"的作用补充为"会使披露公司现金流净值降低的信息成本"。达拉夫（Darrough，1993）指出，专有成本指其他市场参与者策略性地使用公开信息给披露企业带来的成本，如披露公司的竞争对手利用了其公开的业务布局、产量定价等信息改进自身经营战略，则必然对披露公司的市场竞争产生不利影响。

专有成本的相关研究最早出自分部信息披露中，已有的学者研究普遍认为，对外如实披露分部信息，展现不同业务间的差异，将产生巨大专有成本，对企业竞争地位及经营性现金流造成损害。海斯和伦德霍尔姆（Hayes and Lundholm，1996）以拥有两个部门的公司为研究对象，分析了在有竞争对手的情况下公司管理者的披露选择，研究发现，只有两项活动的收益相似时公司才会披露两个分部数据，若在这两项活动未来收益中存在差异，公司便只报告一个部门数据，以防止竞争对手发现更有利可图的市场。博托桑和斯坦福（Botosan and Stanford，2005）研究表明，尽管隐瞒分部信息会让公司被投资者认为其在多元化竞争中表现较差，但为了保护他们在竞争性较弱行业中的垄断利润，多数公司仍决定不按规定进行分部报告。哈里斯（Harris，1998）调查了公司如何选择所报告的细分市场，并观察到公司在持续获得非正常利润时不可能披露细分市场信息，以避免吸引潜在竞争对手。综上，尽管自愿性信息披露可为公司带来诸多好处，但使用相关信息的竞争对手也可能为企业带来不利影响。

2.1.6　机会主义观

美国经济学家科斯（Coase，1937）提出，公司是一系列契约的集合，各个契约主体之间的利益不尽相同，公司行为就是各个契约主体之间博弈的结果。然而，契约总是会存在一定的漏洞，未考虑进契约内的信息，就会成为高管进行机会主义行为的"沃土"。

首先，会计数据是契约中重要的衡量标准之一。如果各个契约主体能够明确契约是否被违反，那么契约就会减少利益冲突的成本。为了使契约发挥约束作用，就需要利用会计数据制订契约监督标准来核查契约是否被违反。会计数据涉及各类契约，包括公司内部契约（如高管薪酬契约）和公司外部契约（如会计准则等）。而无论是公司内部契约还是外部契约，所能考虑的内容是有限的，由此导致会计事项的确认和计量拥有很大弹性。因为，契约的各方总是存在利益冲突，所以契约制订者力求各方达成一致以使得成本总和降低来适应经济现实。然而，现实的不确定性和不可预测性使得契约制订永远滞后于现实，即使制订者穷尽心思，设想出的契约可能涉及的100种情况，但仍有第101种状况会出现。由此，公司会计事项的确认、计量和报告具有较强的伸缩性。

这种伸缩性形成了代理人的信息优势，造就了代理人和其他利益相关者的信息不对称，进而滋生了机会主义行为。由于公司高管是公司代理人，具有信息优势，能够比契约制定者更加准确、迅速地判断经济事项的性质进而决定会计处理方法，这种信息的不对称性滋生了公司高管的机会主义，公司高管掌握着盈余结构中的各种盈余内部信息，占据足够的主动优势，出于"自利动机"自由选择会计处理方式，在避免违反契约的情况下，以达到增加代理人利益最大化的目的，但这种行为可能会损害其他利益相关者的利益。

综上所述，尽管契约能在一定情况下对高管行为进行约束，但是由于信息不对称，高管对内部信息具有天然的信息优势，契约不能杜绝高管的机会主义思想。高管总是能够在避免违背契约的情况下，进行机会主义行为，影响信息披露质量。

2.1.7 有限关注理论

有限关注理论最早由卡尼曼（Kahneman，1973）提出，其主要观点是，出于关注的有限性，个人在接收和处理信息方面效率低下。具体而言，由于资本市场信息过于庞杂，且投资者精力及理性程度有限，使得使用信息的投资者不足以高效地接收和解读市场中的全部信息，从而造成投资者对部分上市公司股票基本面的影响因素反应不足。后续学者对有限关注理论做了更为深入的研究，通过对特定现象的分析支持了上述理论的科学性。如赫舒拉发等（Hirshleifer et al.，2003）研究发现，投资者在处理资本市场大量的信息时，具备较强的有限关注特征，该特征导致其在筛选和处理信息时只能凭借有限认知，将精力放在足够突出的上市公司或财务信息上，而忽略不具广泛认知度的其他上市公司或"平庸"的会计信息。巴伯和奥登（Barber and Odean，2008）从买入股票及卖出股票两个角度探讨了有限关注对投资者行为的影响：在买入股票的过程中，投资者往往更关注媒体报道量更高或在市场中具备"明星效应"的企业；在卖出股票的过程中，投资者所处理的信息仅限于已买入的股票的相关信息。约瑟夫等（Joseph et al.，2011）研究发现，投资者更倾向于关注财经节目、明星分析师推荐的股票，并在短期内为相关股票带来超额收益。

基于本书研究主题，一方面，我国上市公司数量繁多，实施多元化经营战略的集团公司不在少数，投资者显然无法在全面比较所有上市公司的基础上进行决策；另一方面，上市公司年报信息容量巨大，经营分部信息在年报中仅在"财务信息的其他重要事项"中占据一定篇幅，并不一定得到投资者的深入解读。可见上市公司经营分部信息的定价过程受到投资者有限关注程度的制约，即面对大量信息，普通投资者无法迅速、有效地筛选出信息背后可以投资的股票标的，拉长了信息进入价格的过程，强化了行为金融学所涉及的市场反应不足现象。对此，已有研究表明，媒体及分析师等信息中介可在一定程度上解决投资者"有限关注"的问题（郦金梁等，2018；吴璇等，2019）：随着信息传播技术的不断进步，分析师、新闻媒体已成为资本市场重要的信息中介，此时，尽管投资者的有限关注依然存在，但分析师及媒体凭借其信息搜索、信息解读、信息传递的优势，可迅速抓取上市公司多元化的相关信息，快速辨识出具有投资价值的企业，帮助投资者过滤掉冗长、繁杂的无用信息，并通过研报、新闻等方式引起投资者注意，提高市场反应效率。

2.2 文献综述

2.2.1 基于文献可视化的经营分部信息披露文献综述

目前，学术界已对分部信息披露开展了一定研究，涉及分部信息披露制度设计（桑士俊和吕斐适，2002）、质量刻画（聂萍和陈共荣，2007）、内外部影响因素（Alanezi et al.，2016；Bugeja et al.，2015）、经济后果（Blanco et al.，2015；Talha et al.，2009）等各个方面。在此基础上，系统梳理分部信息披露已有研究的基础、进展和趋势，是本书的重要理论支撑。

近年来，已有少数国外学者对分部信息披露文献进行了梳理（Nichols et al.，2013，Moldovan and Rucsandra，2014），但已有的综述性研究存在两个不足：一是研究方法上，已有研究主要采用定性研究方法，利用逐条列举的方式梳理研究成果。随着分部信息披露文献的逐年增加，这种研究方法已无法客观反映分部信息披露研究的全貌和总体特征，缺乏对整个动态研究过程和文献研究发展趋势的系统性呈现；二是研究内容上，已有研究主要侧重于对分部信息披露的制度梳理和文献结论归类两个方面，而鲜有涉及分部信息披露的研究重点、理论基础、演化进程以及对未来研究方向的揭示。为弥补现有文献梳理方式的不足，全面展示分部信息披露研究全貌，并客观地描述、评价和预测分部信息披露领域研究现状与发展趋势，本节主要采用文献计量分析方法，从多个视角系统分析国内外分部信息披露研究的现状及基础，厘清本书的理论价值。

2.2.1.1 研究方法及样本获取

本书依据李杰和陈超美（2016）的研究基础，运用文献计量方法和知识图谱工具对该领域的文献进行梳理和统计。具体而言，本书利用CiteSpace（5.7）软件对该领域 1990～2020 年的发文量、文献来源、作者、单位、文献被引频次、关键词、演化趋势等方面进行了统计，并以此为基础，对蕴藏在其中的研究热点和规律进行剖析，以期能够有效地帮助学者掌握该领域的知识基础，把握未来的研究前沿。

在数据内容方面，由于国内外学者在分部信息披露中，习惯将“分部报告”（segement report）作为“分部信息披露”（segement information disclosure）的同义词相互替换使用，故本书将“分部信息披露”和“分部报告”作为可互换的两个概念按主题进行检索。

在数据搜集渠道方面，为使样本包含学界公认的重要成果，且有相对可靠的质量保证及深入分析的可行性，本书参考肖海林和董慈慈（2020）将 Web of Science 数据库和中文社会科学引文索引 CSSCI 数据库分别作为英文文献和中文文献的数据检索平台。在时间跨度方面，虽然美国财务会计委员会早在 1967 年便对会计主体的分部信息披露作出了规定，但 1990 年之前相关研究成果极少，故本书将 1990～2020 年作为文献收集的时间范围。在对文献研究领域和文献类型进行精炼的过程中，本书发现，在国外文献中分部报告（segement report）一词也广泛地出现在医学、计算机科学等领域中，与本书研究主题存在较大出入，为避免“张冠李戴”的情况，本书将学科领域限定于 management，business，business finance 和 economic 四个领域。具体的数据获取过程及结果如表 2 – 1 所示。

表 2 - 1   分部信息披露主题研究数据获取信息

检索科目	中文文献检索设定内容和结果	英文文献检索设定内容和结果
数据库	中文社会科学引文索引 CSSCI 数据库	Web of Science（SSCI）
检索方式	主题 = "分部信息披露" 或 "分部报告"	主题 = segment information disclosure 或 segment report（WOS 学科：management，business，business finance，economic）
文献类型	论文	论文
时间跨度	1990~2020 年	1990~2020 年
检索时间	2021 年 5 月 20 日	2021 年 5 月 20 日
检索结果	79 篇	180 篇

2.2.1.2 研究概况与知识基础

如图 2 - 1 所示，1990~2020 年国外发文量总体上均呈波动上升趋势，特别是 2010 年以来，国外文献大幅增长，表明国外学者对该领域的研究越发重视。国内发文量呈现两头低中间高的分布规律，发文高峰期集中于 2000~2008 年，值得注意的是，自 2010 年以来，我国学者在 CSSCI 核心期刊上的发文数持续下降，并逐步趋近于 0。综上，在分部信息披露研究领域，不仅国内发文总量明显少于国外，且国内学术界近十年来的研究热度快速下降，这与国际上对分部信息披露研究持续快速升温的总体格局和态势不符，表明我国需要加大对国外研究热点的关注力度，紧密结合我国背景开展研究工作。

本书进一步通过 CiteSpace 对样本数据进行空间分布的可视化分析，结果如表 2 - 2 所示。美国在分部信息披露领域的研究实力最强，共刊发了 61 篇文章，接着是巴西（17 篇）、法国（12）篇、澳大利亚（11 篇）等，我国在此领域成果较少，仅排第 10 名（5 篇）。从合作情况来看，美国的节点中心度最大（0.53），表明美国在整个分部信息披露领域的研究网络中占据非常重要的位置，与其他各国展开了紧密的合作，接着是澳大利亚（0.34）、法国（0.28）、英国（0.26）等，而中国的节点中心度较低（0.01），表明我国学者缺乏与世界其他学者的合作。此外，从主要发文机构来看，前 10 名并未出现我国高校或科研单位。综上，未来我国不仅要加大对分部信息披露研究的力度，还应大力拓展国际合作，提高在该领域的贡献度和学术影响力。

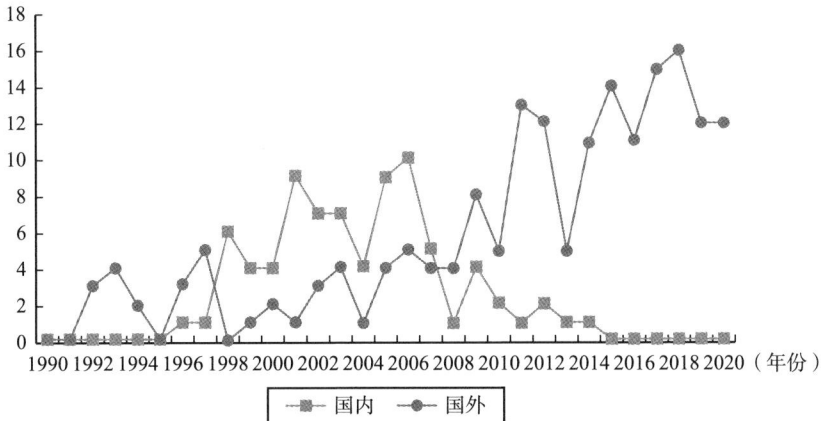

图 2 - 1　1990～2020 年分部信息披露领域文献的时间分布

表 2 - 2　　　　分部信息披露主题 SSCI 期刊国家/研究机构发文量

国家	发文量（篇）	中心度	研究机构	发文量（篇）	中心度
美国	61	0.53	芝加哥大学	4	0.01
巴西	17	0.00	圣卡塔琳娜大学	4	0.00
法国	12	0.28	鹿特丹大学	4	0.00
澳大利亚	11	0.34	俄克拉何马大学	4	0.00
英国	8	0.26	乌贝兰迪亚联邦大学	3	0.00
加拿大	8	0.07	爱荷华州立大学	3	0.00
苏格兰	6	0.17	伦敦商学院	3	0.00
德国	6	0.00	俄亥俄州立大学	3	0.00
西班牙	5	0.09	卡塔尔大学	3	0.00
中国	5	0.01	德州农工大学	3	0.00

资料来源：Web Of Science。

对任何领域的学术研究而言，厘清相关知识、理论基础均是学者开展工作的前提。故本书拟揭示分部信息披露研究的知识基础，主要包括以下两个方面：一是梳理分部信息披露研究具有引领作用的高频共被引文献；二是归纳已有的分部信息披露研究主要遵循的理论基础。本书通过对分部信息披露研究进行引文分析①，得到分部信息披露领域共被引知识图谱。按照该图谱中节点规模的大小排序，前10篇文献可视为分部信息披露领域的经典文献（肖海林和董慈慈，2020），如表2-3所示。

表2-3　　　　　　分部信息披露研究共被引频次排名前10的文献

第一作者	年份	文献名	期刊名	被引频次	中心度
本斯（Bens D A）	2009	《财务报告中的酌情披露：公司内部数据与外部报告分部数据的比较研究》（Discretionary Disclosure in Financial Reporting：An Examination Comparing Internal Firm Data to Externally Reported Segment Data）	The Accounting Review	21	0.03
尼科尔斯（Nichols N）	2012	《采用〈国际财务报告准则第8号〉对欧洲蓝筹公司分部披露的影响分析》（An Analysis of the Impact of Adopting IFRS 8 on the Segment Disclosures of European Blue Chip Companies）	Journal of International Accounting	19	0.03
伯杰（Berger P G）	2007	《分部盈利能力与信息披露的专有和代理成本》（Segment Profitability and the Proprietary and Agency Costs of Disclosure）	The Accounting Review	15	0.10
梁（Leung E）	2015	《〈国际财务报告准则第8号〉对地理信息系统的影响分部信息》（The Impact of IFRS 8 on Geographical Segment Information）	Journal of Business Finance & Accounting	14	0.03
尼科尔斯（Nichols N）	2013	《〈国际财务报告准则第8号〉和〈美国财务会计准则第131号〉下的分部报告影响》（The Impact of Segment Reporting Under the IFRS 8 and SFAS 131 Management Approach：A Research Review）	Journal of International Financial Management & Accounting	13	0.02

---

① 识别对该领域研究发展起决定性作用的经典文献，进而揭示该领域研究的知识基础。将Web of Science数据库中检索到的数据导入CiteSpace软件中，关键节点选择"Reference"，数据抽取对象为Top30，网络裁剪方式选择"Pathfinder"和"Pruning the merged network"。

续表

第一作者	年份	文献名	期刊名	被引频次	中心度
布格哈 （Bugeja M）	2015	《管理方法对分部报告的影响》 （*The Impact of The Management Approach on Segment Reporting*）	Journal of Business Finance & Accounting	12	0.02
安德烈 （André P）	2016	《〈国际财务报告准则第 8 号〉下的分部信息披露数量和质量：决定因素及对财务分析师盈余预测误差的影响》（*Segment Disclosure Quantity and Quality under IFRS 8：Determinants and the Effect on Financial Analysts' Earnings Forecast Errors*）	The International Journal of Accounting	10	0.03
西普（Hope OK）	2008	《管理帝国的建立和公司信息披露》（*Managerial Empire Building and Firm Disclosure*）	Journal of Accounting Research	10	0.07
伯杰（Berger PG）	2003	《〈美国财务会计准则第 131 号〉对信息与监督的影响》（*The Impact of SFAS No.131 on Information and Monitoring*）	Journal of Accounting Research	10	0.12
阿里 （Ali A）	2014	《行业集中度与企业信息披露政策》（*Industry Concentration And Corporate Disclosure Policy*）	Journal of Accounting and Economics	9	0.01

　　本斯（Bens，2009）将一家公司拥有相同四位数 SIC 代码的内部业务认定为"伪分部"，并对该伪分部的报告方式进行研究（作为单独的分部对外报告，或是归入其他分部进行报告），发现当公司在分部报告规则的应用中有更多的自由裁量权时，在代理成本和专有成本的共同驱动下，该伪分部业务往往被聚合到其他业务分部中。尼科尔斯等（Nichols et al.，2012）研究了 IFRS 8 制度实施对欧洲上市公司分部报告的影响，发现 IFRS 8 导致上市公司报告的平均运营部门显著增加，并使分部信息会计科目（特别是负债、资本支出）数量显著减少。伯杰和汉恩（Berger and Hann，2007）以信息不对称理论为基础，利用模型方法对多分部上市公司通过跨分部利润转移来影响估值的行为进行了解释。梁等（Leung et al., 2015）研究认为，由行业集中度引发的专有成本是影响企业信息披露行为的重要因素。尼科尔斯等（Nichols et al., 2013）从经营部门数量、会计科目项目、竞争危害和决策有用性方面评估了 SFAS 131 和 IFRS 8 以"管理法"确定分部的规定对上市公司分部信息披露行为的影响。布格加等（Bugeja et al., 2015）研究了 IFRS 8 规定的"管理法"对上市公司分部数量和会计科目详细程度的影响，发现该要求导致公司披露更多的经营分部，同时降低了会计科目的详细程度。此外，部分公司出于代理成本原因选择不对外披露经营分部。安德烈等（André et al., 2016）从分部报告的"会计信息数量"和"跨部门经济特征差异"两个维度探究了经营分部信息披露质量对分析师预测的影响。发现上市公司管理者出于对专有成本的忌惮，通常会从某个维度降低披露水平，影响了分析师的信息使用。霍普和托马斯（Hope and Thomas, 2008）从代理成本角度出发，发现自 SFAS 131 实施以来，对于不对外披露分部信息的美国跨国公司而言，其海外业务决策所面临的监督力度大幅下降，相关业务利润率及公司价值受到了不利影响。伯杰和汉恩（Berger and Hann, 2003）通过比较 SFAS 131 以及 SFAS 14 制度下上市公司分部信息披露数据，发现 SFAS 131 显著改善了上市公司的披露质量，此外，基于信息不对称理论，该研究还发现 SFAS 131 的实施为市场投资者及分析师揭示了更多企业多元化战略的"隐藏"信息，有效改善了企业的估值。阿里（Ali, 2014）探讨美国人口普查行业集中措施与公司披露政策的信息含量之间的关系，认为在集中度较高的行业中，专有成本是导致公司信息披露质量降低的重要原因。

通过对上述经典文献理论基础、研究过程、研究结论的梳理，不难发现以下三个理论构成了分部信息披露研究的主要理论基础，其余相关研究也多基于上述理论展开。

（1）信息不对称理论。信息不对称是指在市场经济活动中，买卖双方对信息的掌握程度存在明显差异，由于买方比卖方掌握更多信息，导致买方处于市场不利地位。从已有研究看，信息不对称理论与分部信息披露的结合主要表现在分部信息披露制度设计讨论以及分部信息对资本成本影响的两个方面。

其一，完善的制度设计是消除上市公司与投资者间信息不对称的重要保障。自 1967 年美国财务会计准则委员会颁布的《多元化公司补充财务信息披露的规定》首次要求披露分部信息以来，相关制度经历了多次补充、修订，特别是 1990～2020 年，分部报告的基础——确定分部的方法经历了较大变更。1997 年，美国财务会计准则委员会 FASB 用 SFAS 131 取代了《企业分部的财务报告》（SFAS 14），该法案对以往以"风险与报酬法"确定"地区或业务分部"的方式进行了改动，要求企业使用"管理法"确定"经营分部"进行披露，即要求公司必须按他们以内部管理为目的而划分的部门进行报告，旨在帮助投资者"透过管理层的眼睛"更加正确地评估企业。对此，现有研究重点考察了这一改动对企业披露实践的影响，以此评估政策的有用性。大多数研究发现，分部报告的质量因此得到了显著提升。伯杰和汉恩（Berger and Hann，2003）发现，公司根据 SFAS 131 披露了更多对分析师有用的信息；埃特里奇等（Ettredge et al.，2006）认为，SFAS 131 提升了企业分部报告中不同分部间收入、利润等重要经济指标的差异性，即代表了更高水平的披露。

其二，分部信息披露可有效缓解投资者与上市公司间的信息不对称，提升投资者决策效率，降低公司的权益资本成本。在商业竞争中，许多公司实施跨业务、跨地域的多样化经营，业务范围日渐广泛，投资者单独依靠合并报表只能看见企业经营"黑箱"的外部总体结构，无法对公司各产品、业务发展情况进行细致分析。而分部信息详细地报告了企业的分部划分情况以及各分部的收入、费用、资产等财务信息，大幅降低了投资者和上市公司间的信息不对称（Shehata，2014）。同时，分部信息为投资者和分析师的投资决策提供有效帮助（Brown and Hillegeist，2007）。具体而言，可以改善他们对公司各种业务概况、风险和增长率的测算水平，并通过细分加总的方式得到公司未来发展的整体预期，提高收益预测的准确性和信心（Tsakumis et al.，2006；Chen and zhang，2003），降低估值风险补偿水平，进而降低权益资本成本（Blanco et al.，2015）。

（2）代理成本理论。代理理论产生于企业所有权和代理经营权的分离（Fama and Jensen，1983），它描述了所有者（投资者）需承担的代理监督成本。所有者（投资者）对代理人较为有效的监管方式是利用代理人披露的财务信息和非财务信息进行监督，信息越透明，监管越容易，代理成本越低。但是，具备信息优势的代理者并不总是毫无保留地披露公司各类信息，从而产生代理问题。

以此为基础，现有研究主要就分部信息披露与资本成本的关系以及管理层在分部报告中的寻租行为展开研究。其一，分部信息披露与资本成本之间的关系也可以用代理理论框架来解释。高水平的分部信息使企业经营情况更加透明，可减少管理者和投资者间的信息不对称（Greenstein and Sami，1994），给投资者监督管理层行为带来便捷性（Bens and Monahan，2004），降低管理层采取寻租行为的可能性，同时提高管理投资和运营决策的质量，使其更好地为股东创造价值，降低投资者对估值风险所要求的补偿水平，意味着权益资本成本的下降。其二，依据代理理论，利益冲突意味着代理人并不总是以所有者的最大利益为行事准则，在经营不善的情况下，代理人为自身收入及任职机会，往往会通过盈余管理手段粉饰分部报告，以获得所有者的信任（Haight，2014；Lail et al.，2014）。

（3）专有成本理论。专有成本主要指自愿性信息披露可能产生的相关成本。这些成本不仅包括准备、传播和审计信息的成本，还包括披露可能被竞争对手和其他方以对报告公司有害的方式使用的信息所产生的成本（Dye，1986）。现有学者从该理论出发，一方面，分析了企业披露分部信息中的"自由裁量"行为；另一方面，探究了分部信息披露对企业竞争地位及现金流的潜在伤害。

首先，分部信息披露制度通常都会给予企业管理层较大的自由裁量权（Lucchese and Di，2016），在考虑专有成本的情况下，竞争对手可能会利用这一信息作出对披露企业不利的决策（Verrecchia，1990），若高质量的分部信息无法使企业在资本市场获得足以弥补专有成本的巨大优势，那么管理层通常会酌情使用自由裁量权，在披露中有所保留，学术界从理论和实证两个角度对此提供了证据。在理论方面，哈里斯（Harris，1998）认为，公司通常不会披露持续获得非正常利润的分部信息，以避免吸引潜在竞争对手；海斯和伦德霍尔姆（Hayes and Lundholm，1996）通过数理模型证明，在激烈的竞争中，多元化公司会试图将多个分部合并为一个报告分部来隐藏更有利可图的活动。在实证方面，博托桑和斯坦福（Botosan and Stanford，2005）发现了一组"变化"公司，它们在 SFAS 131 制度实施后从单一部门转向多个部门，并发现这些公司隐藏了在竞争较弱行业中运营的高利润部门。其次，在披露分部信息对企业竞争地位及现金流的潜在影响方面，大部分研究认为，分部信息可使竞争对手较为深入地了解披露企业各业务经营情况，包括各业务资金占用、杠杆水平、盈利情况等专有信息（Botosan and Stanford，2005）。在此基础上，竞争对手可以进行针对性的产量规划及定价设计，挤占披露企业利润，赢得竞争优势，即披露分部信息将对企业现金流存在一定的不利影响（Talha et al.，2009；Zhou et al.，2014）。

2.2.1.3 研究热点演化及未来可深化方向

为了便于对分部信息披露文献中的理论内容进行更加深入的分析和讨论，本书通过对国内外文献中关键词进行聚类来归纳研究热点，在剔除"分部信息披露""分部报告"等检索词后，前 10 名的关键词情况如表 2 – 4 所示。值得关注的是：（1）consumer 一词出现了两次，表明市场投资者在分部信息披露研究中的突出地位。（2）aggregation，discretionary disclosure，earnings management 等聚类结果充分体现了公司管理层在分部信息披露中拥有的自由裁量权，为相关研究提供了基础。（3）cost of debt 是聚类规模的第一名，同时 competition 也出现在了前 10 名中，表明分部信息披露可能产生的经济后果也是现有学者关注的重点。（4）company size 是公司重要的固有属性之一，说明企业特征对分部信息披露的影响受到了学者的重视。

表 2 – 4 1990 ~ 2020 年分部信息披露领域文献的按关键词主要聚类结果

聚类序号	聚类标签	规模	轮廓值	平均发表年份
1	cost of debt	39	0.741	2014
2	Ifrs 8	35	0.732	2013
3	consumer segmentation	34	0.987	2011

续表

聚类序号	聚类标签	规模	轮廓值	平均发表年份
4	consumer uncertainty reduction	32	0.817	2010
5	aggregation	22	0.822	2011
6	discretionary disclosure	21	0.911	2009
7	company size	19	0.770	2012
8	market	18	0.841	2014
9	competition	7	0.938	2014
10	earnings management	6	0.945	2013

本书进一步根据 CiteSpace 以"Timezone"形式展现的关键词共现图谱，通过图谱中关键词的年份分布进行分析，得出分部信息披露领域研究热点的动态演化过程。依据高频关键词分析，近 30 年间分部信息披露研究大体可划分为三个阶段，各阶段对应的国内外文献中出现的高频关键词如表 2 - 5 所示。

表 2 - 5   1990 ~ 2020 年分部信息披露国内外研究高频关键词

阶段	年份	国内高频关键词	国外高频关键词
引入阶段	1990 ~ 1999	上市公司、会计准则、企业分部、合并报表、分部报表、国际会计准则、披露形式、报告期间、会计信息、分部报告、财务信息	Earning, valuation, information, market, information asymmetry, impact, firm, capital market, market efficiency
深化阶段	2000 ~ 2009	新旧准则比较、企业会计准则、企业会计准则第 35 号、国际比较、中外比较、管理法、风险报酬法、业务分部、地区分部、行业分部信息、地理分部信息、信息可比性、资产负债信息、重要性标准、信息相关性	Agency cost, consequence, cost, Analyst, future earning, SFAS 131, forecast, investment, diversification

续表

阶段	年份	国内高频关键词	国外高频关键词
拓展阶段	2010 ~ 2020	信息披露质量、代理理论等、内部资本市场、海外子公司、制造业、决策相关性	cost of debt, Competition, voluntary disclosure, policy, manager aggregation attitude, SFAS No. 131, quality performance corporate diversification, cash flow determinant, earnings management, IFRS 8, corporate governance, classification shifting, analyst forecast, predicting cost, value relevance, predicting earning, product makert competition

引入阶段（1990 ~ 1999 年）：在此阶段，国内学者正逐步开启对分部信息披露的研究，起初主要聚焦于概念引入和制度构建工作（冯丽霞，1998）。国外学者则围绕"信息不对称"展开了一系列研究，从定性视角全面讨论了分部信息披露对上市公司及整个资本市场可能存在的积极作用，进而出现了如 inormation asymmetry，impact，firm，capital market，market efficiency 等关键词。通过比较可知，在此阶段我国学者对上市公司分部信息披露的研究内容落后于国外，这主要归因于我国分部信息披露制度起步较晚，直到 1998 年财政部才首次发布了涉及分部信息披露要求的《股份有限公司会计制度》，故在此前后我国学者多以国际已有会计准则为参照，聚焦于对分部信息披露制度设计的探讨，初步形成了我国上市公司分部报告的制度框架。而美国财务会计委员会和国际财务会计准则委员会关于分部报告的制度颁布均远早于我国，相关制度已经历了较长的发展历程，故国外学者在这一阶段进行了更为深入的研究。

深化阶段（2000 ~ 2009 年）：国内学者继续深化对分部信息披露制度的研究，特别是就分部的确定方法以及需披露的财务信息进行了探讨。一是对以"风险报酬法"确立"地区和行业"分部，和以"管理法"确立"经营分部"的分部划分方式进行比较研究（桑士俊和吕斐适，2002）；二是指出上市公司需披露各分部的利润、资产、负债等关键财务信息（周宇等，2001）。与此同时，国外学者在信息不对称理论的基础上，开始将研究深度上升至实证层面，检验分部信息披露对分析师预测准确性以及代理成本的潜在影响，使相关关键词表现为 agency cost，forecast，investment，diversification 等。具体而言，如霍普等（Hope et al.，2009）研究发现，上市公司披露的地理分部数量与外国收益的估值准确性呈显著正相关关系；霍普和托马斯（Hope and Thomas，2008）认为，分部信息披露可极大程度地缓解代理冲突。

拓展阶段（2010～2020 年）：在此阶段，国内外学者均在相对完善的制度基础上对研究进行了扩展。我国学者研究范围存在一定的局限性，仅从上市公司已披露的信息入手，探寻衡量分部信息披露质量的思路（王珮和李阳阳，2012）。而国外学者研究视野较为开阔，形成了较为全面的研究框架，呈现出了 cost of debt；classification shifting；analyst forecast；product makert competition 等多个领域的关键词，梳理可知他们重点关注了三个方面问题。第一，分部信息披露对资本成本的积极作用，普遍认为披露分部信息可从消除信息不对称、缓解代理冲突两个方面降低企业资本成本（Blanco et al.，2015）。第二，分部信息披露可能给企业带来的不利影响。根据专有成本理论，周等（Zhou et al.，2014）认为，对面临更高水平竞争的企业而言，其现金流因披露更高水平的分部信息而遭到了损害；帕达尔等（Pardal et al.，2015）利用大量欧盟公司论证了《国际财务报告准则第 8 号——经营分部》制度下分部信息披露的对企业竞争地位的不利影响。第三，管理层在不同分部间的盈余管理行为。麦克维（McVay，2006）提出了分类转移盈余管理方式，以此为基础，游（You，2014）的证据表明，企业倾向于将利润转移到具有高性价比（如高市盈率）的分部；莱尔等（Lail et al.，2014）建议企业在分部报告中将某些费用指定为"未分配"项目来提高经营分部盈余。

综合比较分部信息披露研究三个阶段的热点，本书揭示出近 30 年分部信息披露研究在理论基础和研究主题两个方面的动态演化规律（见图 2 - 2），为我国分部信息披露的后续研究方向提供了思路。

经营分部信息披露的国外研究经历了由聚焦于制度设计层面和披露影响因素层面的研究，到分部信息披露对分析师预测和代理成本影响，再到分部信息披露在资本成本和竞争地位两方面的经济后果，以及企业管理层在不同分部间的盈余管理行为，逐层深入地将上述理论全面运用到实际问题的解决过程中，呈现出丰富的研究成果。相比之下，我国相关研究在初期表现对国外研究的"追随"现象，即在制度设立阶段对相关准则进行了较为全面的探讨。值得注意的是，我国研究跟随国外研究的脚步并未进一步深入：自 2009 年我国财政部颁布《企业会计准则解释第 3 号》后，国内便形成了长期稳定的分部报告制度，但截至目前，我国学者并未对代理成本和专有成本理论机制下分部信息披露可能产生的经济后果和管理层的寻租行为进行深入研究。造成这一现象的重要原因在于，我国上市公司分部信息披露具有较大的随意性，披露格式参差不齐，不仅大多数企业报告的各经营分部财务信息完整性与财政部的要求相差甚远，甚至仍有相当部分企业尚未按规定进行分部报告。在此情况下，国内包括 CSMAR、Wind 等在内的各主流数据库均未规范整理我国上市公司分部信息披露数据；相对于国外标准普尔数据库中详尽的企业经营分部信息数据，长期以来国内对经营分部信息披露的研究存在基于数据难以获取上的局限性。本书将此作为重点突破方向，在总结我国上市公司披露范式的基础上，利用大量前期工作对相关信息进行了规范梳理，为该领域的后续研究提供了可用于实证检验的基础数据，为后续学者的深入研究及主流数据库的完善提供了思路。

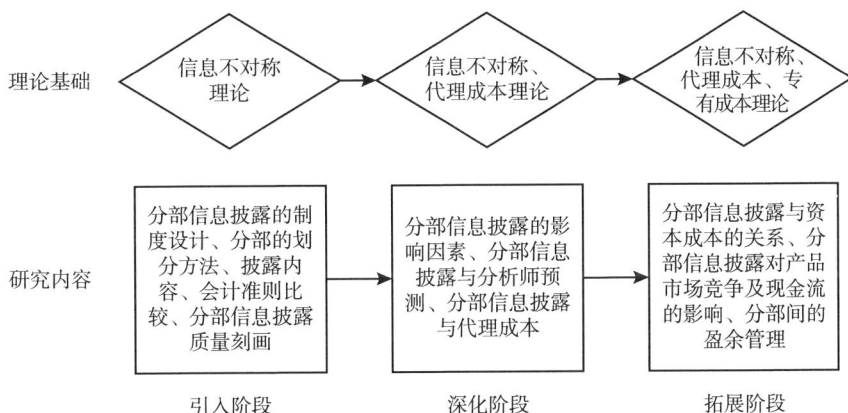

图 2 - 2　1990~2020 年国外学者分部信息披露研究演化过程

2.2.1.4 本节评述

国内分部信息披露研究发文数量明显少于国外，且主要集中于2000～2008年我国相关制度尚未完善的阶段，此后发文量大幅下降；相比之下国外发文量呈波动上升趋势，特别是2010年以来国外研究成果数量大幅增长，表明国外学者认为该领域具备较高的深入研究价值。通过梳理高频被引文献做出的理论贡献，发现分部信息披露研究遵循的理论基础是信息不对称理论、代理成本理论、信号传递理论和专有成本理论。通过对国内外文献中的关键词进行聚类和频次分析，揭示出分部信息披露研究进展主要是围绕分部信息披露的制度设计、披露动机、经济后果等展开，研究热点主要集中在分部确定方法、分部信息披露的内部影响因素，以及其对资本成本、竞争地位的影响等。通过分析国内外文献中关键词出现的时间顺序，分部信息披露研究热点是随理论基础的深入和拓展而动态演变的过程，在相关制度已趋近完善的情况下，当前经营分部信息披露的经济后果是学界关注的热点话题。

综上，作为经营分部信息披露经济后果的重要部分，本书所研究的经营分部信息披露对企业价值的影响机制具备较强的前沿性。

2.2.2 基于文献可视化的组织可见度文献综述

本书绪论已阐明，在研究经营分部信息披露影响企业价值的机制中，组织可见度可发挥重要的外部调节作用，改善经营分部信息披露效果、进一步调动企业披露经营分部信息的积极性。此外，引导上市公司主动提升组织可见度有助于打造出长期规范、透明、开放、有活力、有韧性的资本市场。故在本书研究框架中纳入组织可见度的调节作用具备较强的理论价值及现实意义。为厘清本书研究组织可见度的理论基础及贡献，本书在此节进一步对组织可见度的文献进行全面梳理。

组织可见度概念具有一定的舶来性，它被多数文献定义为"组织能被看到或注意到的现象的程度"（Bowen，2000），较高的组织可见度使企业的行为、信息受到社会各界的广泛关注。国外学者在信息披露框架下围绕组织可见度概念展开了一定研究，包括影响组织可见度的因素（Baker et al. ，1999；Brammer and Millington，2010）、组织可见度对企业信息披露行为的影响（Yu，2016；Wang，2017）、组织可见度对信息披露经济后果的调节作用（Amal et al. ，2018；Wu et al. ，2018；Bushee and Miller，2007）三个方面。国内研究尚未关注至这一领域，仅李冬伟等（2015）基于国外重要文献，对组织可见度的概念、维度测量、形成与作用等进行了梳理；杨广青等（2020）研究了它在环境信息披露与企业价值间的中介作用。

与国外学者从组织可见度视角入手探究信息披露问题不同，国内学者对如分析师关注、媒体关注等组织可见度的重要代理变量对信息披露经济后果的影响分别进行了讨论。以媒体关注为例，曾辉祥等（2018）发现，媒体关注度（报纸和网络）在水资源信息披露对企业风险的影响中不具有显著的正向调节效应，媒体报道倾向（负面报道与非负面报道）在水资源信息披露对企业风险的影响中也不具有一致性的调节效应。方颖和郭俊杰（2018）发现，媒体报道有助于环境信息披露政策的有效实施。以分析师关注为例，全怡（2018）研究认为，聘请职业董秘是 IPO 公司吸引分析师关注、提升分析师预测准确度的有效途径，可据此进一步提升公司信息透明度、发挥价值效应。吴璇等（2019）的研究表明，分析师关注和机构投资者持股能够提高市场定价效率，减少股票收益联动现象。综上，目前国内学者对组织可见度的研究极少从组织可见度的整体框架展开，仅单独分析了媒体、分析师等组织可见度代理变量的作用。

目前，鲜有文献全面梳理组织可见度领域的研究成果，为弥补这一不足，展示组织可见度相关研究重点及发展趋势，本节同样采用文献计量分析方法，系统分析国外学者的研究现状及基础，厘清本书的理论价值。

2.2.2.1 研究方法及样本获取

本节沿用上文所述的文献计量法对组织可见度 1990～2020 年的发文量、文献来源、作者、单位、文献被引频次、关键词、演化趋势等方面进行了可视化分析。

在数据内容方面，由于国内学者对组织可见度研究甚少，故本书在此只进行英文文献的计量分析；同时，organizational visibility 一词是国外学者表述这一概念的通用做法，故本书将它作为主题进行检索。与前文一致，本书将 Web of Science 数据库作为英文文献数据检索平台。在时间跨度方面，1990~2020 年已基本涵盖组织可见度相关研究的大多数文献，故本书在此依旧选取这一时间区间。具体的数据获取过程及结果如表 2-6 所示。

表 2-6 组织可见度主题研究数据获取信息

检索科目	英文文献检索设定内容和结果
数据库	Web of Science（SSCI）
检索方式	主题 = organizational visibility （WOS 学科：management，business，business finance，economic）
文献类型	论文
时间跨度	1990~2020 年
检索时间	2021 年 5 月 28 日
检索结果	173 篇

2.2.2.2 研究概况与知识基础

如图 2-3 所示，1990~2020 年国外发文量总体呈上升趋势，依据加速度的不同，可大致分为三个阶段：一是 1990~1999 年为平稳阶段，此间相关研究较少；二是 2000~2009 年为缓慢增长阶段，发文量增速较缓；三是 2010~2020 的快速增长阶段，相关研究数量增长幅度快速提升。表明近年来国外学者对该领域研究的重视程度快速提升，这在一定程度上得益于互联网、媒体等信息中介渠道的快速发展，组织可见度研究的现实意义不断提升。在此情况下，我国学者需加大对组织可见度概念的关注力度，紧密结合我国背景开展研究工作。

由表 2-7 可见，对组织可见度研究较为深入的国家是美国，共发表了 72 篇文章，接着是英国（20 篇）、中国（13 篇）、荷兰（11 篇）等，值得说明的是，上述以中国为国家节点的文章主要是我国学者以非中文语言在 SSCI 以及 SCI 期刊中发表的，本书在此将其按英文文献进行统计。从合作情况来看，美国的节点中心度最大（0.73），表明美国在整个组织可见度领域的研究网络中占据非常重要的位置，与其他各国展开了紧密的合作，接着是英国（0.30）、西班牙（0.20）等，我国节点中心度为 0.15，表明在组织可见度研究中，我国学者与世界其他学者存在一定的合作关系，这在一定程度上也源于组织可见度概念本身源于国外，我国学者需要通过合作建立研究基础。此外，组织可见度领域的主要研究机构涵盖了如哥本哈根商学院、哈佛大学等世界顶级研究机构，表明这一主题具有较高的研究价值。因此，未来我国学者可更多地参与到这一主题的研究中。

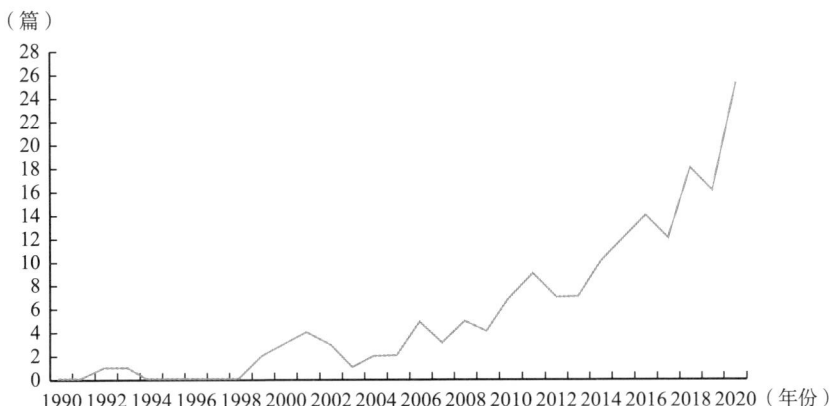

图 2 - 3　1990 ~ 2020 年组织可见度主题文献的时间分布

表 2 - 7　　　　　组织可见度主题 SSCI 期刊国家/研究机构发文量

国家	发文量（篇）	中心度	研究机构	发文量（篇）	中心度
美国	72	0.73	哥本哈根商学院	5	0.01
英国	20	0.30	哈佛大学	5	0.00
中国	13	0.15	米兰理工大学	4	0.00
荷兰	11	0.00	俄克拉何马大学	4	0.00
法国	10	0.12	阿里桑那州立大学	3	0.00
德国	10	0.09	马凯特大学	3	0.00
澳大利亚	9	0.03	肯特大学	3	0.00
意大利	7	0.13	卡迪夫大学	3	0.00
加拿大	6	0.10	田纳西大学	3	0.00
西班牙	6	0.20	阿尔托大学	2	0.00

与前文构架一致，在此本书依旧以梳理组织可见度研究被引频次最高的 10 篇文献的方式厘清该领域的知识及理论基础，结果如表 2 - 8 所示。

表 2 - 8　　　　组织可见度研究共被引频次排名前 10 的文献

第一作者	年份	文献名	期刊名	被引频次	中心度
比特汀 （Bitektine A）	2011	《迈向组织的社会评判理论：以合法性、声誉和地位为例》（*Toward a Theory of Social Judgments of Organizations：The Case of Legitimacy，Reputation，and Status*）	Academy of Management Review	5	0.00
扎维亚洛娃 （Zavyalova A）	2012	《管理信息：公司行动和行业溢出效应对媒体报道不法行为的影响》（*Managing the Message：The Effects of Firm Actions and Industry Spillovers on Media Coverage Following Wrongdoing*）	The Academy of Management Journal	5	0.00
阿什拉夫特 （Ashcraft K L）	2009	《宪法修正案：组织交流的"具体化"》（*Constitutional Amendments："Materializing" Organizational Communication*）	Academy of Management Annals	4	0.00
朗格 （Lange D）	2011	《组织声誉：综述》（*Organizational Reputation：A Review*）	Journal of Management	3	0.00
罗伯特 （Robert）	1987	《资本市场均衡的简单模型信息不完全》（*A Simple Model of Capital Market Equilibrium with Incomplete Information*）	The Journal of Finance	3	0.00
莱哈维 （Lehavy R）	2008	《投资者认可与股票回报》（*InvestorRecognition and Stock Returns*）	Review of Accounting Studies	2	0.00
陈（Chen J）	2011	《社会情感财富与企业对制度压力的反应：家族控制的公司污染少吗?》（*Socioemotional Wealth and Corporate Responses to Institutional Pressures：Do Family - Controlled Firms Pollute Less?*）	Social and Environmental Accountability Journal	2	0.00

续表

第一作者	年份	文献名	期刊名	被引频次	中心度
布拉莫尔（Brammer S C）	2010	《公司规模、组织知名度与公司慈善事业：经验分析慈善事业：经验分析》（FirmSize，Organizational visibility and Corporate Philanthropy：an Empirical Analysis）	Business Ethics	2	0.00
布里根蒂（Brighenti A）	2007	《可见性：社会科学的一个类别》（Visibility：A Category for the Social Science）	Current Sociology	2	0.00
余（Yu）	2010	《分析师预测属性、分析师跟踪和治理披露：全球视角》（Analyst Forecast Properties，Analyst Following and Governance Disclosures：A Global Perspective）	Journal of International-al Accounting，Auditing and Taxation	2	0.00

比特汀（Bitektine，2011）将政治合法性、声誉和社会地位作为研究对象，描述了评价者在有限理性的条件下作出社会判断的过程以及上述对象对这一过程的影响，发现每种研究对象都解决了评价者关于组织的不同问题，即声誉、社会地位等概念使社会判断形成过程更具复杂性和不确定性。扎维亚洛娃等（Zavyalova et al.，2012）基于信息不对称理论、信号传递理论等，以 1998～2007 年美国玩具公司产品召回为背景，研究发现，不当行为程度较高的公司媒体正面报道次数较少。阿什拉夫特等（Ashcraft et al.，2009）通过对传播学理论与管理学理论的有机结合，论证了组织与外部沟通的重要性及三种表现形式，阐明了管理学理论和传播学理论可共同服务于企业行为的一致性。朗格等（Lange et al.，2011）通过对现有组织声誉相关文献的梳理，认为过去 10 年是相关研究的一个蓬勃发展阶段，多维度的组织声誉包括对组织的熟悉程度、对组织未来期望的信念、对组织有利的三个方面。罗伯特（Robert，1987）认为，不完全信息市场更贴近于资本市场的现实情况，并构建理论模型，分析发现，资产的定价过程既取决于信息的性质，也取决于分析的时间尺度。莱哈维和斯隆（Lehavy and Sloan，2008）基于信号传递及信息不对称视角，研究发现，

企业投融资活动均与投资者认同度相关，且投资者对公司股票的认可度可以解释股票收益的变化，即当期股票收益与投资者认同度的变化呈正相关。因此，公司估值过程除应考虑会计信息和相关投资基本面因素外，还应该考虑该公司所受到的投资者认可度。陈（Chen，2011）研究发现，在当地更具影响力的家族企业的环境绩效优于非家族控股上市公司，表明企业知名度对管理层行为起到了一定的治理作用。布拉莫尔和米林顿（Brammer and Millington，2010）以300多家英国企业为样本，研究了组织知名度、企业规模和行业对企业慈善支出的影响，发现较大的公司向慈善事业捐赠更多；同时，组织知名度和慈善事业间也存在显著的正相关关系，故组织可见性在塑造企业行为方面扮演着重要的角色，是被大多数企业慈善和社会责任研究中所忽视的重要变量。布里根蒂（Brighenti，2007）对可见性的社会科学范畴进行了讨论，主张将可见性作为一个社会学范畴的论点，可加强人们对一些典型社会案例的理解。余（Yu，2010）探讨了在全球背景下，分析师预测准确性、预测离散度、分析师跟踪与公司治理信息披露之间的关系，发现上市公司披露治理信息会吸引更多的财务分析师，改善公司信息环境。

本书在对经典文献分析的基础上，通过对近年来引用上述文献的研究进行梳理，认为信息不对称理论、信号传递理论以及代理成本理论构成了组织可见度研究领域的三个基础理论。

基于代理成本理论，国外学者主要探究了组织可见度对企业行为的影响。余（Yu，2016）研究了中国企业的组织可见度与环境绩效之间的关系，发现在中国，组织可见性与企业环境响应之间存在正相关关系。王（Wang，2017）研究了石油和天然气公司自愿披露水力压裂信息的可能性，发现大公司通常更有可能参与自愿的环境项目。加瓦纳（Gavana，2019）分别以金融媒体曝光、接近消费者、资产规模、销售额和公司年龄等维度衡量组织可见度，分析它与盈利质量之间的关系。结果表明，尽管不同的可见性形式对盈余管理有不同的影响，但总体而言，大多数组织可见度的提升可有效抑制盈余管理。松德格伦等（Sundgren et al.，2018）研究发现，依据《国际会计准则第40号》和《国际财务报告准则第 13 号》，确定投资性房地产公允价值的披露质量与分析师跟踪水平显著相关。

基于信息不对称理论和信号传递理论，国外学者就组织可见度对信息披露经济后果的作用进行了分析，大多数学者认为，在现有资本市场中，投资者与企业之间信息不对称产生了额外的交易成本，而企业组织可见度的提升可以给企业带来"名牌效应"，降低公司与投资者间的交易成本，起到积极的调节作用。如阿迈勒等（Amal et al.，2018）发现，较高的社会责任（CSP）得分只对高关注度的公司有市场价值影响，原因在于，这些公司规模较大、业绩较好、所在国家的新闻自由程度越高，在互联网上被搜索的次数更多，所获得的分析师关注也更多，进而定价效率更高。吴等（Wu et al.，2018）将公众可见性和企业透明度作为调节因素，来探讨绿色企业社会责任与创新绩效之间的关系，研究发现，创新绩效与企业绿色社会责任正相关，而绿色社会责任与创新绩效之间的正相关关系被公众可见性和企业透明度所调节。

也有学者提出不同的意见，噢（Oh，2016）研究市场营销支出（组织可见度的代理变量）如何在短期和长期内调节企业社会责任（CSR）的强度和关注对股票回报的影响，结果表明，高组织可见度的企业具有投资者社会责任的天然优势，随之而来的高社会责任表现是相对于利益相关者对这些企业社会责任优势的高期望而言的，导致即使相关企业履行了更高水平的社会责任也无法为其获取更高的股票回报。奥马伊马和哈桑（Omaima and Hassan，2018）认为，组织可见性在环境信息披露与企业价值之间没有显著的中介作用。

2.2.2.3 研究热点演化及未来可深化方向

关键词聚类的前 10 名如表 2 - 9 所示。由表 2 - 9 可见，（1）performance、management 出现规模较大，表明组织可见度对企业行为、管理可产生一定的影响。（2）information technology、communication 等聚类结果表明信息技术、与利益相关者的交流是组织可见度发挥效能的重要手段。（3）consequence、strategy 表明组织可见度可能产生的潜在影响也是现有学者关注的重点，因此，合理利用组织可见度改善信息披露的经济后果是企业的重要战略之一。（4）corporate social responsibility、organizational legitimacy 等结果主要反映出组织可见度研究目前集中于企业社会责任等领域。此外，根据关键词聚类结果以及共现知识图谱中出现的高频关键词，可发现已有组织可见度的研究重点主要包括影响组织可见度的因素、组织可见度对企业行为的影响以及组织可见度对信息披露经营后果的影响三个大类，印证了上文观点。

表 2 - 9　　　　1990 ~ 2020 年组织可见度领域文献按关键词主要聚类结果

聚类序号	聚类标签	规模	轮廓值	平均发表年份
1	performance	42	0.742	2000
2	management	38	0.889	2009
3	information technology	12	0.893	2001
4	organizational legitimacy	11	0.885	2009
5	identity	11	0.845	2006
6	communication	9	0.843	2006
7	strategy	9	0.883	2017
8	corporate social responsibility	8	0.900	2010
9	consequence	7	0.940	2007
10	firm	6	0.979	2016

接着，本书进一步根据 CiteSpace 以"Timezone"形式展现的关键词共现图谱，通过图谱中关键词的年代分布进行分析，得出组织可见度领域研究热点的动态演化过程。依据高频关键词分析，近 30 年分部信息披露研究大体可划分为三个阶段，各阶段对应的国内外文献中出现的高频关键词如表 2 - 10 所示。

1990 ~ 1999 年的平稳阶段发文量较少，要关注于 framework、performance、impression management 等内容，表明这一阶段的研究主要是针对组织可见度的定性研究，并指出了由信息技术发展引申出的组织可见度对于企业的意义。2000 ~ 2009 年为缓慢增长阶段，高频关键词开始出现 mediation、ethical behavior、financial service、loyalty、financial institution、 capability 等，表明学者开始意识到组织可见度的治理作用和积极意义，如组织可见度对企业社会责任行为、金融业务的显著影响。2010～2020 年，国外发文量快速增长，agency cost、stake holder、environmental information disclosure、customer relationship management、social media、analyst 等关键词成为研究热点，一方面，说明学者对组织可见度的作用进行更深入的探究，认为高组织可见度可缓解代理冲突，影响投资者行为；另一方面，说明媒体关注度、分析师关注水平等开始成为组织可见度的新度量方式。此外，环境信息披露一词的出现表明学者对组织可见度的研究开始由社会责任领域细化至环境领域。

表 2－10　　　　　　1990～2020 年组织可见度国外研究高频关键词

阶段名	年份	国外高频关键词
平稳阶段	1990～1999	framework，performance，impression management，information value chain，social responsibility，informational technology
缓慢增长阶段	2000～2009	mediation，ethical behavior，financial service，loyalty，financial institution，capability
快速增长阶段	2010～2020	agency cost，stake holder，environmental information disclosure，customer relationship management，social media，analyst

综合比较国外学者组织可见度研究三个阶段的热点，本书揭示出近30 年组织可见度研究在理论基础和研究主题两个方面的动态演化规律。不难发现，组织可见度研究近 10 年来已受到国外学者的高度重视，且相关研究内容也正逐层深入，但目前国内极少有学者在研究信息披露问题时将组织可见度纳入讨论中，更未系统性、完整地从组织可见度角度进行考察和分析。随着我国信息中介渠道的不断完善，未来我国学者可试着以此为切入点展开研究。具体而言，尽管国内研究对如分析师关注、媒体关注等组织可见度的重要代理变量对信息披露经济后果的影响分别进行了讨论（曾辉祥等，2018；方颖和郭俊杰，2018，全怡，2018，吴璇等，2019），但从根本出发，媒体和分析师的本质作用是使更多的利益相关者了解企

业、关注企业,实现"组织可见"的目的,即媒体关注及分析师关注可归纳与组织可见度的大研究框架下。同时,随着信息传播渠道的不断完善,单独媒体关注、分析师关注等代理变量开展的研究往往存在一定片面性。因此,未来相关研究从组织可见度的角度建立理论框架,再细分其中的不同形式作异质性研究,提升研究的全面性。

2.2.2.4 本节评述

1990~2020 年,国外学者对组织可见度研究的发文量呈现加速增长趋势,特别是近年来增长尤为迅速,表明随着互联网信息的快速发展,组织可见度的重要性与日俱增,而我国学者尚未从组织可见度概念切入展开研究。组织可见度研究遵循的理论基础是信息不对称理论、代理成本理论、信号传递理论等。其研究重点主要是从组织可见度的影响因素、组织可见度对企业行为的影响以及组织可见度对企业信息披露经济后果的调节作用三个方面展开。信息技术的发展使组织可见度的代理变量不断演化,同时学者已开始关注组织可见度对投资者行为、企业融资成本的潜在影响,信息披露领域的相关研究也在逐步深入。

综上,本书进一步分析组织可见度对经营分部信息披露与企业价值关系的调节作用,与研究热点契合紧密,具备前沿性。

2.2.3 经营分部信息披露与企业价值关系的文献综述

国内学者对分部信息披露的研究集中于制度设计(桑士俊和吕斐适,2002)、质量刻画(聂萍和陈共荣,2007)、国内外制度比较(刘新仕和曾丽雅,2011)三个方面,尚未关注其对企业价值的影响。国外学者虽对经营分部信息披露的经济后果展开了一定研究,但并未从经营分部信息披露影响企业价值的整体框架展开,只是分别从权益资本成本、债务融资成本以及经营性现金流三个方面进行了一定程度的探索。

就分部信息披露对权益资本成本的影响而言,布兰科等(Blanco et al.,2015)基于发达资本市场上市公司数据进行了探究,发现更好的分部报告与分析师预测误差、公司收益与同行业其他公司收益之间的协方差、权益资本成本的事前估计之间存在显著的负相关关系。换言之,高质量的分部报告可帮助企业降低权益资本成本。但一方面，该研究仅从会计信息完整性程度出发构建分部信息披露质量评价体系，并未深入到经济特征差异性层次，存在一定的片面性；另一方面，欠发达资本市场中制度完善程度和投资者理性水平均与布兰科等（Blanco et al.，2015）的研究背景存在较大差距，极有可能出现截然不同的结果，但目前尚无相关经验证据。

就分部信息披露对债务融资成本的影响而言，佛朗哥（Franco，2016）对多元化企业分部信息披露质量与自身发行的债券收益率关系展开了研究，发现披露高质量分部信息的多元化公司的债券收益率明显低于分部信息披露质量较差的多元化公司。对此，佛朗哥（Franco，2016）认为，分部信息披露减少了债券持有人的信息不对称水平，产生了共同保险效应，进而降低违约风险，并建议多元化经营的公司应提升分部信息披露水平。该研究虽具备一定的参考价值，但将相关结论直接应用于我国市场也存在一定制约：第一，佛朗哥（Franco，2016）在对分部信息披露质量衡量的过程中仅考虑了会计科目的完整性程度，而实际上，经济特征差异性也是经营分部信息质量的重要内涵，在改善贷款人对企业发展前景、偿债能力的判断方面具有深层次意义（André et al.，2016；Ettredge et al.，2006）；第二，相对于银行贷款而言，债券融资在我国整体债务融资中占比较低（申香华，2014），债券利率的大小并不能全面反映我国企业债务融资成本；第三，国外分部信息披露的相关准则较我国经历了更长的发展历程，基于发达资本市场的结论是否适用于中国情境仍需进一步验证。

就分部信息披露与经营性现金流的关系而言，国外学者同样进行了一定程度的研究，如塔尔哈等（Talha et al.，2009）利用马来西亚数据证实了经营分部信息披露对企业营业利润的损害，该研究证实了企业竞争对手的反应是客观存在的，建议各公司将经营分部信息披露作为重要的战略决策。周等（Zhou et al.，2014）基于美国市场中拥有较大市场份额、享有持久异常利润、拥有更高的研发活动，并且面临更多的竞争对手的上市公司展开研究，发现随着 SFAS 131 制度的实行，上述公司的经营分部信息披露质量大幅提升，同时其产品市场总份额相对于其他普通的上市公司下降幅度更为明显，验证了经营分部信息披露对企业现金流的损害。佛罗里达和曼努埃尔（Flora and Manuel，2016）则指出，分部信息披露水平与公司异常盈利能力之间呈现倒"U"型关系。可见，已有研究结论尚未达成一致结论，仍需补充完善。就经济特征差异性对经营性现金流的潜在影响而言，海斯和伦德霍尔姆（Hayes and Lundholm，1996）构建理论模型，分析认为，对外披露经济特征具有差异的经营分部将恶化企业未来的现金流入，但并未提供实证经验。

尽管国外学者已对经营分部信息披露的经济后果展开研究，但在研究的基础环节，经营分部信息披露质量衡量方面普遍仍存在一定不足，即现有研究局限于利用会计信息完整程度（Nichols and Donna，2007；Blanco et al.，2014；Carlo and Lucchese，2016）作为分部信息披露质量的代理，并认为会计科目越完整即代表更高的披露水平。对此，本书认为，还应将不同分部间经济特征差异水平纳入质量评价体系中。我国《企业会计准则解释第 3 号》明确指出，上市公司应将存在相似经济特征的两个或多个经营分部合并，而传统衡量方式显然未将这一要求纳入考量。在国外研究中，尽管 SFAS 131 早于 1997 年便提出类似要求，但鲜少有文献基于这一要求设计指标刻画披露质量。目前，仅埃特里奇等（Ettredge et al.，2006）分析了 SFAS 131 制度实施对企业不同分部间经济特征差异性的影响；安德烈等（André et al.，2016）研究了不同分部间盈利能力差异与分析师预测准确性的关系；海斯和伦德霍尔姆（Hayes and Lundholm，1996）以经济特征差异性为切入点构建理论模型，分析了它对企业竞争的影响。本书认为，经营分部信息披露作为合并报表信息的重要补充，不同分部间经济特征差异的大小是衡量经营分部信息披露质量的重要指标，因为从某种意义上讲，若对外披露的各经营分部经济特征没有差异，则企业的分部报告相当于仅仅是将合并报表财务数据进行"按比例分配"，对合并报表的信息含量几乎没有形成补充。此外，将经济特征差异性纳入质量评价体系还兼备必须性、合理性与重要性，本书在第 3.2 小节进行了全面论述。因此，在经营分部信息披露质量衡量方面，目前仍缺乏一套全面的质量评价体系，故已有的研究结论也在一定程度上存在片面性。

综上所述，当前经营分部信息披露后果的理论及实证经验尚不完善。一方面，现有文献对经营分部信息披露影响企业价值的理论及实证研究深度仍有不足。其一，现有研究支持高质量的经营分部信息披露可降低债务成本和权益资本成本的证据均未深入到经济特征差异性维度，且缺乏数理分析过程；其二，仅有的经济特征差异性对现金流影响的研究缺乏实证经验支撑（Hayes and Lundholm，1996）。另一方面，已有文献就经营分部信息披露对企业价值影响的研究缺乏全面的适用性和可推广性，主要在于经营分部信息披露影响企业价值的环境依存性和制度情景仍需探讨：尽管有国外学者指出，披露经营分部信息将影响企业债务融资成本、权益融资成本、现金流量等，但此类研究均在 SFAS 131 或 IFRS 8 的制度背景下展开，其研究背景在制度施行期及资本市场有效性方面与我国均有较大差别，无法直接为我国上市公司提供依据。

此外，组织可见度的相关研究尚需拓展。目前，国外相关研究多停留于社会责任披露或环境信息披露领域，但实际上，上市公司年报是一个庞大的信息集合，其内涵远远不止社会责任信息，诸如经营分部信息也是报告使用者了解企业的重要内容，且组织可见度作为衡量信息中介水平的指标，理应对分部信息披露的市场反应产生一定影响，故在现有组织可见度研究聚焦于社会责任和环境信息披露问题的情况下，尽快将相关研究深入到其他信息披露领域具备重要理论及现实意义。

2.3 本 章 小 结

在本章中，首先对经营分部信息披露影响企业价值的理论基础进行了整理：其一，基于企业价值理论，厘清企业价值的重要影响因素，确定本书探究经营分部信息披露影响企业价值的三个主要机制分别为权益资本成本、债务融资成本以及经营性现金流；其二，梳理信息不对称理论、代理理论、专有成本理论、有限关注理论等经典理论，对经营分部信息披露影响企业价值的原理进行深度阐述。其次，利用文献计量软件对国内外经营分部信息披露和组织可见度的研究现状进行了整理，指出了现有研究的知识基础和演化规律，证实本书研究的前沿性。最后，对经营分部信息披露与企业价值关系的相关文献进行了着重阐述，指出了现有研究的不足，呼应本书创新点。本章作为理论分析的核心章节，明晰了研究的理论基础和学术价值。

第 3 章
制度背景、质量评价体系及披露现状

3.1 经营分部信息披露制度背景综述

3.1.1 国际分部报告制度发展历程

20 世纪五六十年代后期，混合兼并的浪潮风靡欧美，带动当地企业走上了跨行业、跨地区、跨国界的多元化发展道路，分部报告的需求也应运而生。由于企业对外公开的合并财务报表仅能反映集团总体财务情况与经营成果，而对于拥有多项经营业务或多地经营的大企业而言，企业各分部之间的收益能力、发展前景和投资风险都可能存在不同程度的差异。因此，企业财务报告的使用者不仅要分析合并会计报表，还需要关注企业各经营地区、行业的详细资料，以准确评价企业的机会与风险。换言之，报告使用者对多元化企业经营信息需求的进一步提升，催生了分部报告的产生。

1976 年，美国财务会计准则委员会（FASB）发布 SFAS 14《企业分部财务报告》，首次正式确定了分部报告的会计准则地位。其中，作为分部报告的基础，分部的划分与确定方法尤为重要，该报告指出，企业应以收益和风险的差异为标准来确定"地区或业务"分部，即企业要基于行业或地区，围绕自身产品和服务所蕴含的不同风险和报酬来进行划分，该方法被称为"风险报酬法"。在此基础上，1981 年 8 月，国际会计准则委员会（IASC）发布了 IAS 14《按分部报告财务信息》，并沿用风险报酬法作为分部划分的依据。

20 世纪 90 年代初，随着企业规模的进一步扩大，多元化经营更加复杂，各企业在划分行业或地区分部时标准不一，增加了信息处理成本；同时，由"风险报酬法"确立的对外报告分部往往与企业内部管理分部的划分出入较大，无法反映企业经营管理的实际情况，降低了信息有用性（桑士俊和吕斐适，2002）。为解决上述问题，90 年代中后期，美国财务会计准则委员会（FASB）、国际会计准则委员会（IASC）均对原有分部报告准则进行了全面修订，特别是在分部划分与确定方法上实现了重大改革：1997 年 FASB 发布的《企业分部和相关信息的披露》（以下简称"SFAS131"），提出了以经营管理、资源配置、业绩评价等角度为基础确定"经营分部"进行披露的报告方式，该方法被称为"管理法"。2006年，IASB 发布的第 8 号准则《国际财务报告准则第 8 号——经营分部》（以下简称"IFRS8"）把确定分部的方法由"风险报酬法"改为"管理法"。至此，美国会计准则同国际会计准则在分部报告的披露制度上基本实现了趋同，即以"管理法"确定经营分部作为对外报告的基础。

3.1.2 我国分部报告制度发展历程

1994 年，中国证监会颁布《公开发行股票公司信息披露的内容和格式准则第二号〈年度报告的内容与格式〉（试行）》，在"会计报表附注指引（试行）"部分首次明确规定，如果企业涉及不同行业的业务，则须按行业类别披露相关资料。之后，财政部成为分部报告制度设计的主要部门，于 1998 年 1 月颁布了《股份有限公司会计制度》，要求上市公司在年报中编制"分部营业利润和资产表"，反映公司各行业、各地区经营业务的收入、成本、费用、税金、营业利润、资产总额以及现金流量的情况，作为利润表的附表；又于 2000 年 12 月颁布了《企业会计制度》，要求上市公司分别按业务分部和地区分部编制分部报表，作为利润表的附表。

2006 年 3 月，我国财政部发布《企业会计准则第 35 号——分部报告》（以下简称"CAS35"），使分部报告制度正式成为企业会计信息披露的重要准则。尽管财政部发布 CAS35 的重要目的之一是解决我国企业会计信息与国际会计信息差异较大的问题，但该准则仍以"风险与报酬法"确定企业地区和业务分部，未与国际现行的"管理法"尚保持一致。对此，财政部在 2009 年又发布了《企业会计准则解释第 3 号》，对分部划分要求进行了调整，将原先的"风险与报酬法"改为"管理法"，由此可见，我国监管部门对分部报告十分重视。

由"管理法"划分的经营分部是企业高级决策人员出于资源配置目的而确定的组织单位，旨在使报告使用者能够"通过管理层的眼光"看企业，该方法增强了信息使用者预测企业未来的现金流量的能力（桑士俊和吕斐适，2002；刘新仕和曾丽雅，2011），提升了分部报告的信息质量。对此，财政部作出如下解释：这种调整符合企业披露分部信息的实际情况，能够对报告使用者提供更为有用的信息，证实了当前经营分部信息的价值。值得说明的是，与"风险报酬法"相比，管理法还给予了管理层在信息披露中更大的自由裁量权（Nichols et al.，2013；Bugeja et al.，2015），使经营分部信息披露更具自愿特征，在本书研究主题下更具可行性。

综上，如图 3 - 1 所示，2009 年起，我国分部信息披露准则与国际标准趋于一致，均规定企业以"管理法"来确定经营分部并进行报告。至今，该披露规定已经施行了 10 余年，具备充足的研究样本及研究价值。

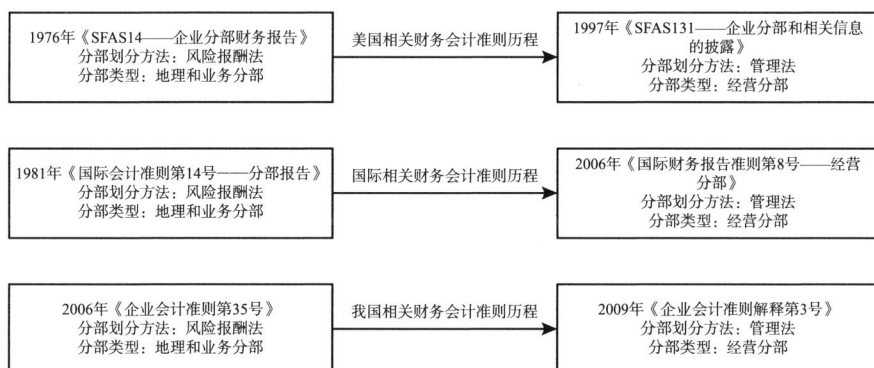

图 3 - 1　国内外分部报告准则发展历程汇总

3.1.3　国内外制度的对比分析

我国现行的准则是 2009 年财政部颁布的《企业会计准则解释第 3 号》。该制度关于分部报告的内容如下：SFAS131 和 IFRS8 是当前国际上最具代表性的有关分部报告的准则。现将两者与 CAS35 进行比较，分析三者的异同点，旨在借鉴国际经验，完善我国的分部报告准则，从而更好地指导我国的会计实务。

3.1.3.1　分部报告的目标

IFRS8 和 SFAS131 均明确指出编制分部报告的具体目标，即主体应当披露分部信息以帮助其财务报表使用者评价主体各类业务活动的性质、财务影响以及其经营所处的经济环境。CAS35 并没有明确指出披露分部信息的目标，只要求分部报告的目标应当遵从财务报告的目标，即受托责任观与决策有用观相结合。准则制定的目标是整个准则的风向标。IFRS8 和 SFAS131 均明确了编制分部报告的具体目标，指明了分部报告的作用，使准则的使用更具目的性。CAS35 并没有明确分部报告的目标，只是表明其与财务报告目标一致。这样的规定太过笼统、宽泛，可能不利于信息使用者的理解和运用。

3.1.3.2　分部报告的适用范围

IFRS8 适用于债务工具或权益工具在公开市场上交易以及正处于公开证券市场上发行权益或债务证券过程中的企业。SFAS131 规定分部报告的适用范围是公开招股企业，但不应用于非公开招股企业或非营利组织。CAS35 适用于存在多种经营或跨地区经营的企业，但法律、行政法规另有规定的除外。IFRS8 和 SFAS131 的适用范围大致相同，都适用于公开上市的企业和其他经济实体。CAS35 的适用范围则比较广泛，不仅包括在深沪两地挂牌交易的股份有限公司，而且包括其他所有从事多种经营或跨地区经营的企业，但是在实际运用中，我国却遵循了证监会的有关规定，只要求上市公司进行分部信息的披露。公开上市企业固然必须披露分部信息，因为这些企业较其他类型企业而言所有权和经营权分离程度更大，会计信息使用者远离企业经营，信息不对称矛盾突出，他们只能通过企业对外公布的财务报告了解企业的经营情况，取得决策所需要的信息。比较三者的适用范围，CAS35 的规定是比较广泛和完善的，适合整个经济发展情况。

3.1.3.3 分部的确定

分部的确定是编制分部报告的基础，也是影响分部信息质量的重要因素。IFRS8 和 SFAS131 均采用"管理法"来确定分部，即以企业的内部组织结构和管理方式反映企业的风险和报酬，并以此为基础划分企业分部。不同的是，IFRS8 要求以有关主体组成部分的内部报告为基础来识别经营分部，而 SFAS131 则要求报告主体依据产品和服务的类别，使用组织机构的矩阵形式确定经营分部。CAS35 确定分部的方法是"风险报酬法"，即基于企业所生产的产品和提供的劳务所隐含的风险和报酬来进行划分，而且分部应建立在行业或地区的基础之上。CAS35 也要求企业在确定报告分部时，还应当结合企业内部管理要求，但只是说明企业内部管理要求是企业需要考虑的一个因素，并没有与风险和报酬相结合成为确定分部的基础。

众所周知，企业的内部组织和管理结构通常是决定企业面临风险的主要来源、性质以及不同收益率的基础。对大多数企业来说，风险和收益的主要来源决定了企业如何进行组织和管理。因此，除了少数情况，"风险报酬法"和"管理法"几乎没有差别，但两者仍具有一定的差异。按"风险报酬法"确定报告分部，是为了向信息使用者提供企业多元化经营和在不同地区经营的信息，以帮助财务报表的使用者更好地洞察企业的风险和报酬，更好地理解企业整体状况，更有根据地对企业整体情况作出判断，但是这样确定的分部可能会与企业内部的组织结构脱节，增加了企业内部、外部信息使用者之间的信息不对称，增加了信息的处理时间和成本，在一定程度上影响了信息披露的及时性；按"管理法"确定报告分部，是为了向信息使用者提供与管理者作出经营决策过程相关的信息，从而可以使信息使用者更好地理解和评价企业战略性和关键的管理决策，增加了信息的价值，增强了信息的透明度，不会产生太多的附加成本。

3.1.3.4 报告分部的确定标准

为了突出重点，企业只需对重要分部信息进行单独报告，其他分部信息可以实行汇总报告。那么，这就需要界定报告分部。IFRS8、SFAS131和 CAS35 关于报告分部确定的标准基本相同，都要求主体披露达到以下定量门槛之一的经营分部的分部信息：其报告的来自外部顾客和分部间销售或转让的收入占所有经营分部的合并收入（内部和外部的）的 10% 或以上；其已报告的损益的绝对值占以下绝对金额较高者的 10% 或以上：未报告损失的所有经营分部的合并报告利润、已报告损失的所有经营分部的合并报告损失；其资产占所有经营分部合并资产的 10% 或以上。如果经营分部报告的外部总收入占主体收入的比重不足 75%，则必须将额外的经营分部认定为报告分部（即使其并不符合上述规定的定量门槛），直至报告分部包括至少 75% 的主体收入。同时，三者都指出各分部数量不宜超过 10 个，若超过该数量限制，企业就应考虑进行分部间合并，避免分部信息过于琐碎。

IFRS8、SFAS131 和 CAS35 均使用了"10%""75%""10 个"这样明确的检验标准，体现了准则制定的规则性导向。规则性导向虽然可以统一标准，但这种只规定单一性指标的做法还是存在一定的弊端：首先，可变性强，易于人为操作，管理当局可以根据需要，只披露对企业有利的信息；其次，不利于编报者确定应报告分部，有时甚至会遗漏重要信息。例如，巨额亏损的分部和占用公司大量资产的分部，就因为不符合标准，而不需对外单独披露。IFRS8、SFAS131 和 CAS35 都使用了"所有分部成果的合计额的 10% 或者以上"的规定。笔者认为，使用"所有分部成果的合计额"是合理的，因为如果集团公司某一分部的收入多为对内部销售所得，很少或极少有对外销售所得，如果按照"合并成果的数额"来衡量，这类分部不能被确认为报告分部，既然分部报告是由于合并财务报表掩盖了企业各分部的经营风险而应运而生的，就不应该更注重合并经营成果，因此，这样的规定是符合经济发展之需的。

3.1.3.5 分部信息的披露

分部报告的信息内容通常包括财务信息和描述性信息。基于准则的披露目标，IFRS8 和 SFAS131 都将经营分部看作一个可以独立核算的利润中心，要求企业披露的是经营者计量分部利润或损失所包含的项目内容。不同点在于，IFRS8 规定如果分部负债的计量金额需要定期向主要经营决策者提供，则需予以披露，而 SFAS131 并未要求进行该披露。CAS35 以非对等披露模式报告分部信息，即企业将分部报告以主要报告形式和次要报告形式进行披露。对于主要报告形式，企业应当披露分部收入、分部费用、分部利润（亏损）、分部资产总额和分部负债总额等信息。企业披露的分部信息应当与合并财务报表或企业财务报表中的总额信息相衔接。对于次要报告形式，企业应当披露占企业对外交易收入总额或资产总额的 10% 及以上的相关报告分部的对外交易收入或者资产总额。分部间转移交易应当按照实际交易价格计量，其交易价格的确定原则及其变更也应当予以披露。不同的分部划分方法使分部报告披露的形式也有所不同，IFRS8 和 SFAS131 均以经营分部为一个利润中心进行独立核算，而 CAS35 则分主要报告形式和次要报告形式对分部信息进行披露。对于披露的内容，三者均未要求披露主营业务税金及附加，CAS35 也没有鼓励企业披露分部现金流量，没有要求在次要报告形式中披露当期购置的固定资产和无形资产的支出额，也没有明确指出分部收入以及分部费用具体应该包括哪些项目。由此可见，CAS35 在准则的制定过程中对细节的要求不够，实际操作性不强。

3.2　我国经营分部信息披露的准则要求

3.2.1　企业会计准则解释第 3 号

我国现行的准则是 2009 年财政部颁布的《企业会计准则解释第 3号》。该制度关于分部报告的内容如下。

企业应当以内部组织结构、管理要求、内部报告制度为依据确定经营分部，以经营分部为基础确定报告分部，并按下列规定披露分部信息。原有关确定地区分部和业务分部以及按照主要报告形式、次要报告形式披露分部信息的规定不再执行。

（一）经营分部，是指企业内同时满足下列条件的组成部分：

（1）该组成部分能够在日常活动中产生收入、发生费用。

（2）企业管理层能够定期评价该组成部分的经营成果，以决定向其配置资源、评价其业绩。

（3）企业能够取得该组成部分的财务状况、经营成果和现金流量等有关会计信息。

企业存在相似经济特征的两个或多个经营分部，同时满足《企业会计准则第 35 号——分部报告》第五条相关规定的，可以合并为一个经营分部。

（二）企业以经营分部为基础确定报告分部时，应当满足《企业会计准则第 35 号——分部报告》第八条规定的三个条件之一。未满足规定条件，但企业认为披露该经营分部信息对财务报告使用者有用的，也可将其确定为报告分部。

报告分部的数量通常不应超过 10 个。报告分部的数量超过 10 个需要合并的，应当以经营分部的合并条件为基础，对相关的报告分部予以合并。

（三）企业报告分部确定后，应当披露下列信息：

（1）确定报告分部考虑的因素、报告分部的产品和劳务的类型。

（2）每一报告分部的利润（亏损）总额相关信息，包括利润（亏损）总额组成项目及计量的相关会计政策信息。

（3）每一报告分部的资产总额、负债总额相关信息，包括资产总额组成项目的信息，以及有关资产、负债计量的相关会计政策。

（四）除上述已经作为报告分部信息组成部分披露的外，企业还应当披露下列信息：

（1）每一产品和劳务或每一类似产品和劳务组合的对外交易收入。

（2）企业取得的来自于本国的对外交易收入总额以及位于本国的非流动资产（不包括金融资产、独立账户资产、递延所得税资产，下同）总额，企业从其他国家取得的对外交易收入总额以及位于其他国家的非流动资产总额。

（3）企业对主要客户的依赖程度。

3.2.2　企业会计准则第 35 号——分部报告

《企业会计准则第 35 号——分部报告》由我国财政部于 2006 年发布，尽管其中关于业务分部、地区分部的内容已被废止，但其第八条规定的三个条件仍被沿用为确认经营分部的重要条件。其具体内容如下。

第二章　报告分部的确定

第四条　企业披露分部信息，应当区分业务分部和地区分部。

第五条　业务分部，是指企业内可区分的、能够提供单项或一组相关产品或劳务的组成部分。该组成部分承担了不同于其他组成部分的风险和报酬。企业在确定业务分部时，应当结合企业内部管理要求，并考虑下列因素：

（一）各单项产品或劳务的性质，包括产品或劳务的规格、型号、最终用途等；

（二）生产过程的性质，包括采用劳动密集或资本密集方式组织生产、使用相同或者相似设备和原材料、采用委托生产或加工方式等；

（三）产品或劳务的客户类型，包括大宗客户、零散客户等；

（四）销售产品或提供劳务的方式，包括批发、零售、自产自销、委托销售、承包等；

（五）生产产品或提供劳务受法律、行政法规的影响，包括经营范围或交易定价限制等。

第六条　地区分部，是指企业内可区分的、能够在一个特定的经济环境内提供产品或劳务的组成部分。该组成部分承担了不同于在其他经济环境内提供产品或劳务的组成部分的风险和报酬。企业在确定地区分部时，应当结合企业内部管理要求，并考虑下列因素：

（一）所处经济、政治环境的相似性，包括境外经营所在地区经济和政治的稳定程度等；

（二）在不同地区经营之间的关系，包括在某地区进行产品生产，而在其他地区进行销售等；

（三）经营的接近程度大小，包括在某地区生产的产品是否需在其他地区进一步加工生产等；

（四）与某一特定地区经营相关的特别风险，包括气候异常变化等；

（五）外汇管理规定，即境外经营所在地区是否实行外汇管制；

（六）外汇风险。（不执行）

第七条　两个或两个以上的业务分部或地区分部同时满足下列条件的，可以予以合并：

（一）具有相近的长期财务业绩，包括具有相近的长期平均毛利率、资金回报率、未来现金流量等；

（二）确定业务分部或地区分部所考虑的因素类似。

第八条　企业应当以业务分部或地区分部为基础确定报告分部。业务分部或地区分部的大部分收入是对外交易收入，且满足下列条件之一的，应当将其确定为报告分部：

（一）该分部的分部收入占所有分部收入合计的10%或者以上。

（二）该分部的分部利润（亏损）的绝对额，占所有盈利分部利润合计额或者所有亏损分部亏损合计额的绝对额两者中较大者的10%或者以上。

（三）该分部的分部资产占所有分部资产合计额的10%或者以上。

第九条　业务分部或地区分部未满足本准则第八条规定条件的，可以按照下列规定处理：

（一）不考虑该分部的规模，直接将其指定为报告分部；

（二）不将该分部直接指定为报告分部的，可将该分部与一个或一个以上类似的、未满足本准则第八条规定条件的其他分部合并为一个报告分部；

（三）不将该分部指定为报告分部且不与其他分部合并的，应当在披露分部信息时，将其作为其他项目单独披露。

第十条　报告分部的对外交易收入合计额占合并总收入或企业总收入的比重未达到75%的，应当将其他的分部确定为报告分部（即使它们未满足本准则第八条规定的条件），直到该比重达到75%。

第十一条　企业的内部管理按照垂直一体化经营的不同层次来划分

的，即使其大部分收入不通过对外交易取得，仍可将垂直一体化经营的不同层次确定为独立的报告业务分部。

第十二条　对于上期确定为报告分部的，企业本期认为其依然重要，即使本期未满足本准则第八条规定条件的，仍应将其确定为本期的报告分部。

第三章　分部信息的披露（不执行）

第十三条　企业应当区分主要报告形式和次要报告形式披露分部信息。

（一）风险和报酬主要受企业的产品和劳务差异影响的，披露分部信息的主要形式应当是业务分部，次要形式是地区分部。

（二）风险和报酬主要受企业在不同的国家或地区经营活动影响的，披露分部信息的主要形式应当是地区分部，次要形式是业务分部。

（三）风险和报酬同时较大地受企业产品和劳务的差异以及经营活动所在国家或地区差异影响的，披露分部信息的主要形式应当是业务分部，次要形式是地区分部。

第十四条　对于主要报告形式，企业应当在附注中披露分部收入、分部费用、分部利润（亏损）、分部资产总额和分部负债总额等。

（一）分部收入，是指可归属于分部的对外交易收入和对其他分部交易收入。分部的对外交易收入和对其他分部交易收入，应当分别披露。

（二）分部费用，是指可归属于分部的对外交易费用和对其他分部交易费用。分部的折旧费用、摊销费用以及其他重大的非现金费用，应当分别披露。

（三）分部利润（亏损），是指分部收入减去分部费用后的余额。在合并利润表中，分部利润（亏损）应当在调整少数股东损益前确定。

（四）分部资产，是指分部经营活动使用的可归属于该分部的资产，不包括递延所得税资产分部资产的披露金额应当按照扣除相关累计折旧或摊销额以及累计减值准备后的金额确定。披露分部资产总额时，当期发生的在建工程成本总额、购置的固定资产和无形资产的成本总额，应当单独披露。

（五）分部负债，是指分部经营活动形成的可归属于该分部的负债，不包括递延所得税负债。

第十五条　分部的日常活动是金融性质的，利息收入和利息费用应当作为分部收入和分部费用进行披露。

第十六条　企业披露的分部信息，应当与合并财务报表或企业财务报表中的总额信息相衔接。

分部收入应当与企业的对外交易收入（包括企业对外交易取得的、未包括在任何分部收入中的收入）相衔接；分部利润（亏损）应当与企业营业利润（亏损）和企业净利润（净亏损）相衔接；分部资产总额应当与企业资产总额相衔接；分部负债总额应当与企业负债总额相衔接。

第十七条　分部信息的主要报告形式是业务分部的，应当就次要报告形式披露下列信息：

（一）对外交易收入占企业对外交易收入总额10%或者以上的地区分部，以外部客户所在地为基础披露对外交易收入。

（二）分部资产占所有地区分部资产总额10%或者以上的地区分部，以资产所在地为基础披露分部资产总额。

第十八条　分部信息的主要报告形式是地区分部的，应当就次要报告形式披露下列信息：

（一）对外交易收入占企业对外交易收入总额10%或者以上的业务分部，应当披露对外交易收入。

（二）分部资产占所有业务分部资产总额10%或者以上的业务分部，应当披露分部资产总额。

第十九条　分部间转移交易应当以实际交易价格为基础计量。转移价格的确定基础及其变更情况，应当予以披露。

第二十条　企业应当披露分部会计政策，但分部会计政策与合并财务报表或企业财务报表一致的除外。分部会计政策变更影响重大的，应当按照《企业会计准则第28号——会计政策、会计估计变更和差错更正》进行披露，并提供相关比较数据。提供比较数据不切实可行的，应当说明原因。企业改变分部的分类且提供比较数据不切实可行的，应当在改变分部分类的年度，分别披露改变前和改变后的报告分部信息。分部会计政策，是指编制合并财务报表或企业财务报表时采用的会计政策，以及与分部报告特别相关的会计政策。与分部报告特别相关的会计政策包括分部的确定、分部间转移价格的确定方法，以及将收入和费用分配给分部的基础等。

第二十一条　企业在披露分部信息时，应当提供前期比较数据。但是，提供比较数据不切实可行的除外。

3.2.3　证监会发布的相关规定

2023 年《公开发行证券的公司信息披露编报规则第 15 号——财务报告的一般规定》（2023 修订）。

第六十八条　公司应披露报告分部的确定依据、分部会计政策、报告分部的财务信息（包括主营业务收入、主营业务成本等），以及分部财务信息合计金额与对应合并财务报表项目的调节过程。公司无报告分部的，应说明原因。

第六十九条　其他对投资者决策有影响的重要交易和事项，公司应披露具体情况、判断依据及相关会计处理。

第十五节　母公司财务报表的重要项目附注

第七十条　公司应披露母公司财务报表的重要项目附注，包括但不限于应收账款、其他应收款、长期股权投资、营业收入和营业成本、投资收益等。母公司财务报表的项目附注应参照本规则第五节进行披露。

3.3　经营分部信息披露质量评价体系构建

提高资本市场资金配置效率，降低内外部信息不对称程度，是有关部门制定信息披露准则的初衷。经营分部信息披露可视作多元化企业和利益相关者之间的一种对话机制，其能否清晰地向报告使用者阐明企业多元化经营的基本布局、财务情况以及独特优势是衡量报告质量的重要指标。尽管国内学者已尝试从某些角度评价企业披露的经营分部信息质量（聂萍和陈共荣，2007；庄颖，2008；余玉苗和郑敏，2008），但相关研究均早于

《企业会计准则解释第 3 号》的发布日期，不适用于当前制度。此外，虽然我国在分部划分标准方面与国际标准已趋近一致，但在具体的披露细则方面仍存在差异，分部信息披露质量评价体系不可完全照搬国外研究。故紧密结合我国制度要求，构建一套具备时效性与可操作性的质量评价体系是本书的重要工作及创新点之一。

财政部 2009 年印发的《企业会计准则解释第 3 号》为本书构建分部信息披露质量的衡量体系提供了总体框架。按照该准则要求，企业在分部信息披露过程中至少应包含以下三个阶段。

首先，企业应披露"确定报告分部考虑的因素、报告分部的产品和劳务的类型"，本书将其概括为"分部划分确定性"。上市公司通常在"报告分部的确定依据与会计政策"板块披露该部分内容，包括对经营分部的划分情况及关于划分依据的说明。例如，三一重工 2017 年年报"财务报告—其他重要事项—分部信息"的"报告分部的确定依据与会计政策"部分载明："根据本公司的内部组织结构、管理要求及内部报告制度，本公司的经营业务划分为五个经营分部，本公司的管理层定期评价这些分部的经营成果，以决定向其分配资源及评价其业绩。在经营分部的基础上本公司确定了五个报告分部，即混凝土机械分部、挖掘机械分部、起重机械分部、桩工机械分部和路面机械分部"。换言之，依照要求，企业应首先明确分部的划分，它既是企业多元化经营基本情况的体现，也是后续信息披露的基础。在具体量化方面，由于上市公司在这一部分存在披露或不披露两种选择（如三一重工 2017 年便进行了披露；而东风汽车 2017 年未进行披露，即报告分部的确定依据与会计政策处无任何信息），且各披露企业均已详细说明分部划分情况及依据，不存在本质差异，故本书将这一指标设计为 0 - 1 变量，若企业当年说明了分部的划分情况及依据，取值为 1，反之则为 0，取值为 1 为更高的披露水平①。

---

① 分部划分确定性取值为 0，表明该企业既未进行分部报告，也未说明不进行分部报告的原因，具体可参照东风汽车 2017 年年度报告。对于虽未进行分部报告，但说明了相关原因的企业（如"公司业务类似或单一"等情况，以海信电器 2017 年为例），其披露行为符合《公开发行证券的公司信息披露编报规则第 15 号——财务报告的一般规定》第六十八条规定，且本书认为其对分部划分进行了一定说明，即整个公司为一个分部，故将其分部划分确定性赋值为 1。

其次，在明确分部划分的基础上，企业应披露"每一报告分部的利润（亏损）总额相关信息，包括利润（亏损）总额组成项目及计量的相关会计政策信息；并报告每一报告分部的资产总额、负债总额相关信息，包括资产总额组成项目的信息，以及有关资产、负债计量的相关会计政策"。同时，《公开发行证券的公司信息披露编报规则第 15 号》要求，上市公司还应明确各分部的成本及收入情况。综上，我国监管部门明确要求上市公司应详尽披露各经营分部成本、收入、利润、资产和负债五类信息及其构成情况，本书将其概括为"会计信息完整性"。目前，上市公司主要在"报告分部的财务信息"板块进行披露。例如，三一重工 2017 年年报在该板块报告了自身五个经营分部的收入、成本、利润等信息。对于报告使用者而言，各经营分部的财务信息是其了解企业多元化经营情况的重要数据，各类财务指标分析需建立在该基础上。国外学者多从会计信息完整性指标切入衡量经营分部信息披露质量，其中被普遍采用及认可的是"大类指标"和"细分指标"共存，并赋予不同权重的打分方式（Blanco et al.，2014；Carlo and Lucchese，2016）。具体而言，成本、收入、利润、资产和负债等从属于会计科目大类的为"大类指标"，占有较高的分值比重；如应收账款、销售成本等大类指标项下子科目作为细分指标，其分值权重相对于大类指标较低。本书参照这一思路并紧密结合我国制度要求，构建了如表 3 - 1 所示的会计信息完整性指标体系，上市公司得分越高即代表经营分部会计信息完整性越高[①]。

最后，《企业会计准则第 35 号——分部报告》明确指出，"企业存在相似经济特征的两个或多个经营分部，应合并为一个经营分部"，即上市公司实际对外披露的各经营分部经济特征应具备一定的差异性，本书将其概括为"经济特征差异性"。在对经济特征的量化指标选择中，埃特里奇

[①] 为验证指标体系的科学性，即"指标体系得分越高，在大多数情况下可代表着更高的经营分部会计信息含量"，笔者全面比较会计信息完整性指标得分不同的样本发现，绝大多数企业符合得分更高即会计信息含量更高的情况：如华仪电气 2018 年会计信息完整性得分为 4 分（披露了分部收入、成本、资产、负债四个大类会计信息），信息含量高于科力远 2018 年的 3 分（披露了成本、收入及毛利），也高于凯众股份 2018 年的 2 分（披露了收入及成本），其余例子在此不再赘述。

等（Ettredge et al.，2006）选用同一公司不同经营分部间最大销售回报率与最小销售回报率的差值来刻画企业各分部间盈利能力的差异，为后续研究提供了核心思路，如安德烈等（André et al.，2016）同样沿用"不同分部间某特定财务指标最大值与最小值之差"来刻画经济特征差异性。由于我国上市公司披露的经营分部会计信息仅包含收入、成本、资产、负债、利润五类，销售回报率指标并不可得，且以资产利润率（*ROA*）替换销售回报率来刻画经营分部的经济特征将更具全面性（André et al.，2016），故本书参照安德烈等（André et al.，2016）选用同一公司不同经营分部间最大资产利润率与最小资产利润率之差作为经济特征差异性的代理，该差值越大则代表披露水平越高[①]。由于在缺乏财务数据的情况下，无法确定企业各经营分部经济特征是否存在差异，故评价企业经营分部经济特征差异性水平需建立在其会计信息相对完整的基础上。目前，我国上市公司在经济特征差异性方面表现得不尽如人意。例如，美的集团 2017 年暖通空调分部的资产利润率为 9.27%；消费电器分部的资产利润率为 9.85%，二者虽具备一定区别，但差异极小。[②]

表 3-1　　　　　　经营分部信息披露会计信息完整性指标体系

大类指标	细分指标（包括但不限于如下所列示科目）
一、收入信息（如分部收入、分部总收入等）	包含如其他业务收入、利息收入、营业外收入、分部间交易收入、政府补助、投资收益等体现收入组成项目的科目
二、成本信息（如分部成本、分部总成本等）	包含如产品销售成本、对外交易成本、利息支出、所得税及附加等体现成本组成项目的科目
三、利润信息（如分部利润、分部总利润等）	包含如净利润、毛利润、息税前利润、其他业务利润等利润组成项目的科目
四、资产信息（如分部资产、分部总资产等）	包含如流动资产、长期股权投资、固定资产、无形资产、在建工程等体现资产组成项目的科目

[①]　在计算经济特征差异性时，笔者首先参照杜亚飞等（2020）对"分部间抵消""分部间抵减"等分部不代表具体业务的分部进行了剔除。

[②]　经美的集团 2017 年年报中分部报告数据测算而来。

续表

大类指标	细分指标（包括但不限于如下所列示科目）
五、负债信息（如分部负债、分部总负债等）	包含如流动负债、长期负债、未分配负债等体现负债组成项目的科目

评分规则：若上市公司在分部报告的财务信息中直接说明了代表分部总成本、收入、利润、资产、负债等大类指标信息，则得 1 分，在此基础上。若上市公司还披露了该大类指标的组成项目之一（包括但不限于二级指标中所列示的细分指标），则再得 1 分；满分为 10 分。

注：（1）由于不同上市公司对特定经营分部会计信息的命名可能存在差异，在具体评价过程中，本书对如"分部利润""分部总利润""分部利润总额"等仅表现为命名差异会计信息进行了同一化处理，认为该企业披露了经营分部利润信息。

（2）由于二级财务项目的信息含量较低，故对于在特定大类指标下披露一个或多个细分指标的企业，其细分指标得分均为 1 分；综上，每个一级财务项目下满分最多为 2 分。

值得说明的是，尽管各上市公司经营业务各不相同，特定上市公司也可能确实存在两个或多个业务经济特征雷同的情况，但本书认为，将不同分部间经济特征差异性作为衡量经营分部信息披露质量的指标之一具有较强的必须性、合理性与重要性。第一，《企业会计准则解释第 3 号》要求企业合并经济特征相似的两个或多个经营分部，即代表财政部在已知各上市公司多元化业务各有千秋、可能存在不同业务经济特征"雷同"的情况下，仍明确指出企业可合并经济特征相似的经营分部，以规避披露"雷同"的经营分部。该信号代表财政部十分明确，若企业披露的各经营分部经济特征雷同，无法使投资者了解企业不同业务的差异，其信息含量相较于合并报表数据无明显补充（Harris，1998；Hayes and Lundholm，1996；André et al.，2016；Ettredge et al.，2006），违背了分部报告制度的初衷，体现了该指标的必须性。第二，以"管理法"确定经营分部的报告制度给予了管理层较大的自由裁量权（Bugeja et al.，2015），在要求企业合并经济特征相似分部的前提下，各上市公司管理层可自由把握"经济特征类似"的尺度，并主观决定是否合并"雷同"的分部，故企业披露的各经营分部经济特征是否存在差异是管理者披露决策的重要体现，以该指标刻画管理层披露行为具备合理性。第三，上市公司不同业务的规模及要素禀赋等具有天然差异，各经营分部的资产投入、盈利能力等经济特征理应存在区别，故相对于同质化程度较高的经营分部而言，具备差异性的经营分部信息才更真实地反映出企业各细分市场的经营状况（Ettredge，2006；André et al.，2016）；同时，通过这一指标，报告使用者可挖掘出企业多元化经营战略形成的独特竞争优势及利润增长点，体现了该指标的重要性①。

值得一提的是，早期研究中极个别学者在刻画经营分部信息披露质量时还考虑了企业划分的经营分部数量指标（Berger and Hann，2003），并认为分部划分数量越多即披露质量越高，但本书以为该指标并不可取。其一，《企业会计准则解释第3号》明确指出，企业报告分部的数量不应超过10个，同时还要求上市公司应合并经济特征相似的两个或多个经营分部，意味着我国财政部并不建议企业在经营分部划分中采取"以量取胜"的思路。其二，上市公司实际业务种类本就各有千秋，据此披露的经营分部数量也理应有所差异，故将分部数量作为分部信息披露质量的代理缺乏可比性。其三，研究表明，部分企业为在迎合制度规定的同时规避专有成本，通常将具有独特优势的分部与其他"平庸"的分部进行合并，并故意拆分出多个经济特征相似的分部进行披露（Hayes and Lundholm，1996；Harris，1998），此举动虽可增加分部数量，但造成各分部经济特征"千篇一律"，使报告使用者无法识别企业不同业务经营状况的差异，违背了政策设计的初衷。因此，相比于企业所划分的分部数量，使用经济特征差异性作为经营分部信息披露质量的重要代理之一更为科学，且更具研究价值。

综上，本书构建了以分部划分确定性、会计信息完整性、经济特征差异性三个递进维度的经营分部信息披露质量衡量框架，其逻辑层次、依据及信息内涵如表3-2所示。

基于这一框架，上市公司经营分部信息披露质量随不同维度的变化趋势如图3-2所示。首先，在上市公司的披露实践中，只有满足当前维度

---

① 对于所有业务均雷同的上市公司，可在经营分部划分情况及依据说明相关情况，如海信电器2017年年报分部报告部分写道"根据本公司的内部组织结构、管理要求及内部报告制度，鉴于本公司经济特征相似性较多，本公司的经营业务未划分为经营分部，无相关信息披露"。由于存在此类情况的企业极为少数，为同时保证研究的科学性和严谨性，本书在计算经济特征差异时将其作剔除处理。

要求，才可以进入下一维度，故对于处于不同维度的上市公司而言，维度越深入的上市公司披露质量越高（如未确定经营分部划分的上市公司，不可能披露分部会计信息；分部会计信息不完整的上市公司，无法衡量其分部经济特征）。其次，在特定维度内，分部划分明确、会计信息越完整、经济特征差异越大即代表披露水平越高。

表 3 - 2　　　　　　　　三维度经营分部信息披露质量衡量框架

维度序号	维度名称	政策规定	信息含义	量化方式
（1）	分部划分确定性	企业应披露确定报告分部考虑的因素、报告分部的产品和劳务的类型	多元化经营的上市公司内部对自身不同业务的具体划分；报告使用者可据此获知企业多元化发展思路及战略布局	0 - 1 变量，若企业当年说明了分部的划分情况及依据，取值为1，反之则为 0
（2）	会计信息完整性	在（1）的基础上，企业就确定的各经营分部，披露其利润、资产、负债等会计信息	各业务的资本投入和经营绩效；报告使用者可据此明晰企业各业务的盈利能力、营运能力、偿债能力等重要财务指标	由表 3 - 1 所示的指标体系进行评分得到
（3）	经济特征差异性	在（2）的基础上，企业存在相似经济特征的两个或多个经营分部，应合并为一定经营分部进行报告	不同业务间经济特征的异同；报告使用者可据此对企业不同分部展开对比分析，挖掘出企业多元化经营过程中形成的独具竞争优势的业务	各经营分部资产利润率最大值与最小值之差

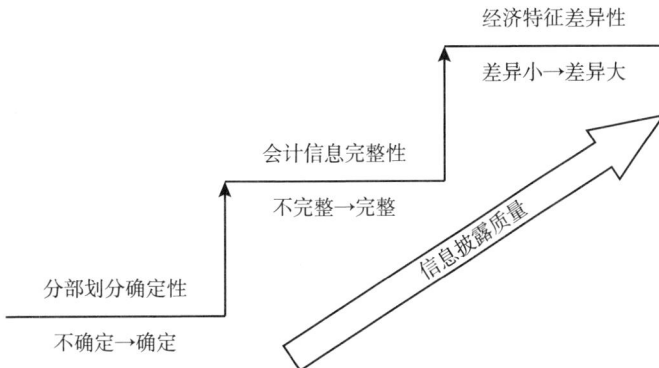

图 3 - 2　经营分部信息披露维度与质量对应关系

3.4 我国上市公司经营分部信息披露现状分析

3.4.1 样本选取

制造业是国民经济的支柱产业，是立国之本、兴国之器、强国之基，也是资本市场投资者关注的重点领域。自20世纪90年代以来，随着中国经济的飞速发展和企业的成长壮大，以制造业为主的企业尤其热衷于实施多元化战略。据南开大学公司治理研究中心数据显示，到2005年，在沪市上市的制造业公司有85.48%实施了多元化经营，平均跨越3个行业，最多的跨越9个行业（张铁山和赵鑫，2008），表明多元化经营早在新世纪初便已成为我国制造业企业的重要战略。此后，以技术创新为目标的研发投资显著加速了制造业企业多元化经营步伐（徐欣与唐清泉，2012）；接着，次贷危机导致的外部需求不振进一步加剧了工业品市场的供求矛盾，使更多制造业企业步入多元化发展道路。据东方财富Choice数据统计，仅2015年2月2日至2016年2月2日一年，便有逾180家制造业上市公司通过资产重组的方式进行多元化战略或业务转型①。当前，我国制造业企业正处于经济发展方式转变、经济结构优化、增长动力转换的关键时期。国务院于2015年签发的《中国制造2025》战略明确指出，制造业可"裂变"专业优势，推动商业模式创新和业态创新（如支持符合条件的制造业企业建立企业财务公司、金融租赁公司等金融机构，推广大型制造设备、生产线等融资租赁服务），即通过在原有主业基础上积极拓展业务深度与广度，以多元化经营实现高质量发展。截至目前，我国制造业行业中的龙头企业几乎已全面实施多元化经营。例如，海尔集团除传统的空调、洗衣机外，也正在发展如厨卫、物流等业务；美的集

---

① 资料来源：http：//money. people. com. cn/stock/n1/2016/0203/c67815 – 28107147. html。

团除了传统的空调等家电业务外，正发展机器人及自动化业务，考虑到行业龙头企业的"领头羊作用"，未来将有越来越多的制造业企业实施这一战略。综上，多元化经营是我国制造业企业当前及未来发展中不可忽视的重要战略。

在此情况下，制造业企业披露的经营分部信息是报告使用者进行价值判断的重要信息，是资源配置的重要抓手，具有较强的研究价值，因此，本书拟以我国上证 A 股中的制造业上市公司①为研究样本进行分析，在剔除 ST 上市公司以及重要财务数据明显残缺的样本后，共获得 897 家样本企业。

在时间区间选择方面，本书将研究的时间区间定为 2014～2019 年。

3.4.2 描述性统计分析

依据上文构建的经营分部信息披露评价体系，本书对样本企业经营分部信息披露质量进行了描述性统计分析。表 3-3 描绘了样本企业 2014～2019 年分部划分确定性维度的统计结果。由表 3-3 可见，2014～2019 年，分布划分确定性的均值由 0.4058 逐步上升至 0.4705，即 2014 年仅约 40.58% 的企业说明了经营分部的划分情况及依据，而 2019 年有 47.05% 的企业对此进行了说明。这意味着随着我国资本市场的不断完善，上市公司的经营分部信息披露意识正逐渐增强。

表 3-3 　　　　　　　　　分部划分确定性描述性统计结果

年份	均值	标准差	最小值	最大值
2014	0.4058	0.4915	0	1
2015	0.4267	0.4950	0	1
2016	0.4575	0.4985	0	1
2017	0.4509	0.4979	0	1
2018	0.4548	0.4982	0	1
2019	0.4705	0.4994	0	1

---

① 即证监会发布的《上市公司行业分类指引》（2012 年修订）中列举的 C13～C43 大类。

接着，本书将样本限定至已说明分部划分情况及依据的企业，探究其会计信息完整性水平的变化过程，结果如表 3-4 所示。2014~2019 年，样本企业会计信息完整得分均值依次为 4.5528、4.6159、4.8807、4.8864、4.8955、4.9125，呈现出逐年递增趋势，表明企业正积极提升披露质量；不过综合来看，目前样本企业该质量维度平均得分仍未达到 5 分，这意味着其在年报中披露的各分部会计科目平均不超过五类，离财政部及证监会的要求仍有较大差距。同时，这 5 年间样本企业会计信息完整性得分增速较慢，这一定程度上源于上市公司分部信息披露行为存在一定的固有模式和披露惯性（Hayes and Lundholm，1996），但也可以说明在经营分部财务信息披露方面，上市公司并未面临强制性压力。

表 3-4　　　　　　　　　会计信息完整性描述性统计结果

年份	均值	标准差	最小值	最大值
2014	4.5528	2.3888	0	10
2015	4.6159	2.3135	0	10
2016	4.8807	2.3240	0	10
2017	4.8864	2.3516	0	10
2018	4.8955	2.3282	0	10
2019	4.9125	2.3146	0	10

最后，样本企业经济特征差异性的变化情况如表 3-5 所示。样本企业各经营分部资产利润率最大值与最小值之差均值由 2014 年的 0.4894 波动下降至 2019 年的 0.3649，表明我国上市公司对外披露的各经营分部资产利润率差异正逐年缩小，各经营分部经济特征呈现同质化趋势。表明在国外学者认为经济特征差异性可能损害企业竞争地位的情况下（Harris，1998；Hayes and Lundholm，1996），我国上市公司正有意识地披露经济特征"雷同"的经营分部，以规避专有成本。

表 3 – 5　　　　　　　　　　经济特征差异性描述性统计结果

年份	均值	标准差	最小值	最大值
2014	0.4894	0.4894	0.0039	8.7943
2015	0.4337	0.4337	0.0060	15.2558
2016	0.4408	0.4408	0.0001	9.2779
2017	0.3701	0.3701	0.0013	3.4968
2018	0.3874	0.3874	0.0003	7.9504
2019	0.3649	0.3649	0.0001	8.5993

综上，尽管目前《企业会计准则解释第 3 号》及《公开发行证券的公司信息披露编报规则第 15 号》对上市公司经营分部信息披露作出规定，但目前我国上市公司的披露实践存在明显的"犹抱琵琶半遮面"特征。该结果一方面体现了经营分部信息披露的自愿性特征以及上市公司披露过程中对潜在不利后果的担忧，证实了本书研究主题的可行性；另一方面表明在接下来的工作中，政府部门、上市公司与信息中介机构等如何形成合力提升经营分部信息披露质量是亟待解决的重要问题，印证了本书的现实意义。

3.5　本章小结

本章是对后文研究的重要铺垫。首先，全面梳理国内外分部信息披露制度发展历程，指出目前国内外已全面形成了统一的分部信息披露方法，即以"管理法"确定经营分部并进行报告；其次，在厘清我国上市公司披露实践规律的基础上，紧密结合我国《企业会计准则解释第 3 号》《公开发行证券的公司信息披露编报规则第 15 号》的相关要求以及国外研究成果，设计出三维度、递进式经营分部信息披露质量评价体系，形成了后续研究的核心变量；最后，阐明了本书样本及时间区间选择依据，并对该期间内样本上市公司经营分部信息披露质量进行了描述性统计分析。研究发现，2014～2019 年，我国制造业上市公司分部划分确定性、会计信息完整性水平呈缓慢上升趋势，各经营分部经济特征差异性水平则呈下降趋势，离财政部和证监会的要求差距较大。

本章的潜在贡献在于：（1）多维度、全面地衡量了我国上市公司经营分部信息披露质量。其一，有机融合我国制度要求与国外研究基础，首次搭建出由分部划分确定性、会计信息完整性、经济特征差异性逐层深入的经营分部信息披露质量评价体系，使评价结果更紧密地贴合政策初衷。其二，在评价会计信息完整性时，国外研究中现成的指标体系无法匹配我国制度，本书还在厘清国外学者评分思路的基础上，全面梳理国内政策，搭建出符合我国国情的经营分部会计信息完整性评分框架。（2）相较国外标准普尔数据库中详尽的上市企业经营分部信息数据，国内包括 CSMAR、WIND 等在内的各主流数据库均未提供规范二手数据，因此，长期以来国内对经营分部信息披露的研究存在基于数据难以获取上的局限性，本书在总结我国经营分部信息披露范式的基础上，利用大量前期工作对相关信息进行了较为规范的梳理，为研究经营分部信息披露领域的研究提供了可用于实证检验的基础数据。

本章工作使我国制造业上市公司披露的经营分部信息质量得到了量化，形成了研究经营分部信息披露与企业价值关系的重要解释变量，是后续研究开展的基础。在后续章节，本书将基于企业价值理论，利用该章节构建的经营分部信息披露质量评价体系和数据基础，从权益资本成本、债务融资成本、经营性现金流三个方面探究经营分部信息披露对企业价值的影响及作用机制。

第4章

经营分部信息披露对权益资本成本的影响

依据企业价值理论，权益资本成本是影响企业价值的直接因素，权益资本成本的下降即意味着企业价值的上升（Modigliani and Miller，1958）。此外，权益资本成本作为公司财务与资本市场的核心概念之一，既是股权价值评估中的重要参数，也是上市公司选择资金来源和决定投资取舍的主要标准，是影响资本市场资源配置效率的关键因素（李小荣等，2015）。经验证据表明，高质量的会计信息有助于缓解资本市场上的逆向选择问题，降低权益资本成本，通过定价功能发挥其在资本市场资源配置中的作用（王雄元和高曦，2018；Chen et al.，2011）。

2020年3月起实施的新修订的《中华人民共和国证券法》着重强调，上市公司"应当充分披露投资者作出价值判断和投资决策所必需的信息"，考虑到我国上市公司多元化经营现象日趋普遍，业务通常横跨几个性质、风险、盈利能力迥异的行业和地区，分部信息在投资者决策中扮演的角色越发重要。对此，探究经营分部信息披露对权益资本成本的影响就尤为重要。尽管国外学者对此已有初步探究，认为提高经营分部信息披露质量可以消除上市公司与投资者间的信息不对称，通过改善估值效率、缓解代理冲突降低权益资本成本（Blanco et al.，2015），但我国学者尚未就经营分部信息披露对权益资本成本的影响展开分析。那么，基于发达资本市场的研究结论是否同样适用于中国情境？尽管两个市场在经营分部信息披露的核心方法和制度要求上已接近一致，但在该信息对资本成本的作用效率上，二者仍有较大差别。原因在于，其一，制度施行期方面，SFAS 131发布于1997年，而直至2009年我国《企业会计准则解释第3号》才正式落地，两地投资者对相关信息的熟悉程度差距较大。其二，在市场有效性方面，相比于西方国家，我国投资者的信息挖掘及市场监督能力较弱（王雄元和高曦，2018），极有可能就信息对资本成本的反映效率产生抑制，西方国家的研究结论无法直接应用于我国。因此，在我国特定的资本市场环境下，经营分部信息披露究竟对企业权益资本成本具备怎样的影响？这一问题亟待探究，且兼备现实及理论价值。

4.1 数理模型分析

4.1.1 模型假设

假设企业 S 为一家多元化经营的上市公司，其权益资本成本指公司获取股权资本所需要付出的代价，它并非过去或当下的资本成本，而是股权投资者基于对公司未来发展所要求的回报率 R_S（任力和洪喆，2017）。且由于企业当期的权益资本成本无法通过未来实际经营水平进行计算，故本书将权益资本成本定义为：市场投资者基于对上市公司未来多元化经营水平的预期而确定的权益资本成本，记作 $E(R_S)$，可得：

$$E(R_S) = \frac{E(V_S) - P_S}{P_S} \tag{4-1}$$

其中，P_S 表示企业 S 当前的每股价值，V_S 表示企业 S 基于下期多元化经营各业务现金流、风险、发展前景等确定的每股价值，$E(V_S)$ 表示投资者对企业 S 下期每股价值的期望值。

同时，将 R_S 记为依据企业 S 实际未来每股价值 V_S 所计算基础的实际权益资本成本，可得出：

$$R_S = \frac{V_S - P_S}{P_S} \tag{4-2}$$

4.1.2 模型求解

由 CAPM 定价模型可知：

$$E(R_S) = R_f + \left[E(R_m) - R_f \right]\beta_s = R_f + \left[E(R_m) - R_f \right]\frac{\text{cov}(R_S,\ R_m)}{\text{var}(R_m)}$$

$$(4-3)$$

其中，R_f 表示无风险收益率，$E(R_m)$ 表示市场收益率的期望值。由于

$$R_m = \frac{V_m - P_m}{P_m} \tag{4-4}$$

V_m、P_m 分别为市场组合的实际未来每股价值和当期每股价值。将式（4-2）和式（4-4）代入式（4-3），整理后可得：

$$P_S = \frac{E(V_S) - \dfrac{E(V_m) - (1 + R_f)P_m}{\text{var}(V_m)}\text{cov}(V_S,\ V_m)}{1 + R_f} \tag{4-5}$$

将式（4-5）代入式（4-1）可得：

$$E(R_S) = \frac{R_f\dfrac{E(V_S)}{\dfrac{E(V_m) - (1 + R_f)P_m}{\text{var}(V_m)}\text{cov}(V_S,\ V_m)} + 1}{\dfrac{E(V_S)}{\dfrac{E(V_m) - (1 + R_f)P_m}{\text{var}(V_m)}\text{cov}(V_S,\ V_m)} - 1} \tag{4-6}$$

且由于 R_f、P_m、V_m 均由市场属性决定，故设 $\dfrac{E(V_m) - (1 + R_f)P_m}{\text{var}(V_m)} = \lambda$，$\lambda$ 为常数，则式（4-6）可进一步简化为：

$$E(R_S) = \frac{R_f\dfrac{E(V_S)}{\lambda\,\text{cov}(V_S,\ V_m)} + 1}{\dfrac{E(V_S)}{\lambda\,\text{cov}(V_S,\ V_m)} - 1} \tag{4-7}$$

为方便推导，令 $F = \dfrac{E(V_S)}{\lambda\,\text{cov}(V_S,\ V_m)}$，则式（4-7）可表示为：

$$E(R_S) = \frac{R_f F + 1}{F - 1} \tag{4-8}$$

由式（4-8）对 F 求偏导数得：

$$\frac{\partial E(R_S)}{\partial F} = \frac{-R_f - 1}{(F - 1)^2} \tag{4-9}$$

由式（4-9）可见，$E(R_S)$ 为 F 的减函数。

在此基础上，为研究经营分部信息披露质量对权益资本成本的具体影响，本书首先引入经营分部披露质量参数，以 $OPDQ$ 表示。为简化模型推导，本书假设随着参数 $OPDQ$ 取值的增加，上市公司的披露质量依照图 3-2 的逻辑不断提升，即依照分部划分确定性维度（不确定→确定）至会计信息完整性维度（完整→不完整）再至经济特征差异性维度（差异大→差异小）的过程逐渐变化。接着，用 $\tilde{Z}_S$ 表示企业未来每股价值的一个观测值，$Z_S = V_S + \varepsilon_S$，$\varepsilon_S$ 表示为投资者利用经营分部信息对公司未来价值的预测噪声或误差。

鉴于企业 S 为多元化经营的上市公司，经营分部信息是投资者判断其价值的重要依据，对此，SFAS 131《企业分部和相关信息的披露》对分部报告的作用进行了相对权威的说明，即：可以帮助财务报表用户更好地理解企业的业绩；更好地评估其未来净现金流量的前景；对企业整体作出更有依据的判断。这一国际官方表述使用了"更好""更有依据"等词，表明经营分部信息比合并报表信息在预测企业未来价值方面更有意义，这一结论的合理性已得到多位学者的证实（He et al.，2016；Heo and Doo，2018）。故经营分部信息披露质量提高的直接后果就是增加了投资者预测企业 S 价值的准确度，反映为 ε_S 的方差变小。综上，设变量 $OPDQ$ 代表企业经营分部信息披露质量，$\mathrm{var}(\varepsilon_S)$ 为 $OPDQ$ 的减函数。

在观察到企业披露的经营分部信息后，在 $F = \dfrac{E(V_S)}{\lambda \mathrm{cov}(V_S, V_m)}$ 的分母中，投资者估计的未来一期企业 S 每股价值与市场价值的协方差为：

$$\mathrm{cov}(V_S, V_m \mid Z_S) = \frac{\mathrm{var}(\varepsilon_S)}{\mathrm{var}(Z_S)}\mathrm{cov}(V_S, V_m) = \frac{\mathrm{var}(\varepsilon_S)}{\mathrm{var}(V_S) + \mathrm{var}(\varepsilon_S)}\mathrm{cov}(V_S, V_m)$$

$$(4-10)$$

式（4-10）说明，在观测到 Z_S 后，S 公司和市场的协方差等于 S 公司和市场的先验协方差 $\mathrm{cov}(V_S, V_m)$ 乘以会计信息调整系数 $\dfrac{\mathrm{var}(\varepsilon_S)}{\mathrm{var}(V_S) + \mathrm{var}(\varepsilon_S)}$。由于 $\mathrm{var}(\varepsilon_S) > 0$，在此区间内 $\dfrac{\mathrm{var}(\varepsilon_S)}{\mathrm{var}(V_S) + \mathrm{var}(\varepsilon_S)}$ 是 $\mathrm{var}(\varepsilon_S)$ 的增函数，故 $\dfrac{\mathrm{var}(\varepsilon_S)}{\mathrm{var}(V_S) + \mathrm{var}(\varepsilon_S)}$ 是 $OPDQ$ 的减函数。故 $\mathrm{cov}(V_S, V_m \mid Z_S)$ 为 $OPDQ$ 的减

函数，进而可知，$F = \dfrac{E(V_S)}{\lambda \operatorname{cov}(V_S, V_m)}$ 为 $OPDQ$ 的增函数，故 $E(R_S)$ 为 $OPDQ$ 的减函数，即随着经营分部信息披露质量的提升，企业 S 所面临的权益资本成本将减小。

依据企业价值理论，企业价值 V 的计算公式为：$V = \sum\limits_{i=1}^{n} \dfrac{NCF}{1 + R_{wacc}}$，

其中，

$$R_{wacc} = \left(\frac{S}{B+S}\right)R_s + \left(\frac{B}{B+S}\right)R_B(1-t) \qquad (4-11)$$

可知，企业权益资本成本 R_s 是影响企业价值的直接因素，权益资本成本的下降即意味着企业价值的上升。同时，经营分部信息披露质量提升将降低企业权益资本成本，进而提升企业价值。

4.2 研究假设提出

4.2.1 经营分部信息披露对权益资本成本的影响

从委托代理理论出发，企业管理层与投资者间存在信息不对称，特别在我国上市公司普遍实施多元化经营的背景下，投资者仅仅依靠合并报表信息了解企业各业务的财务状况、发展前景等难以深入，对企业作出的价值判断更是失之偏颇。同时，多元化经营的集团企业内部往往存在更为严重的寻租行为（窦欢等，2014），管理层可凭借信息优势通过盈余管理、过度投资等寻租手段侵占投资者权益，产生代理成本（王晓亮等，2019；张润宇等，2017）。

基于《企业会计准则解释第 3 号》要求，企业明确经营分部划分情况和依据，保证各分部会计信息完整，既能使投资者更全面地了解公司经营状况，提高估值效率，也能强化其对管理者行为的外部监督，缓解代理冲突，"双管齐下"降低权益融资成本。一方面，在控制其他因素情况下，投资者所要求的股权回报率与估值预测风险水平正相关（曾颖和陆正飞，

2006）。多元化经营的上市公司，其业绩、风险及潜在增长机会在不同业务或地区间通常存在较大差异（Blanco et al.，2015），合并报表中以企业整体为报告对象的财务信息难以帮助投资者准确识别这些差异并作出精准估值（Hope et al.，2009），经营分部信息则可使投资者单独考察不同业务的现金流及风险，形成精细评估、逐一加总的细化估值方式（Chen and Zhang，2003），降低估值风险补偿水平（Botosan and Plumlee，2002）。另一方面，企业内部存在的代理问题通常也是抬高自身股权融资成本的重要原因（蒋琰和陆正飞，2009）。经营分部信息可使多元化上市公司运作情况更加透明（Saini and Hermann，2012），帮助投资者熟悉企业内部管理及营运状态，提升企业受到的外部监督力度（Bens and Monahan，2004），对管理层偷懒、寻租等侵占股东利益的行为构成威慑，降低投资者对代理成本所要求的额外补偿（Hope and Thomas，2008；Lambert et al.，2012），进而降低企业股权融资成本。

同时，《企业会计准则解释第 3 号》还要求企业将经济特征相似的分部进行合并，即确保对外披露的各分部间经济特征具备差异。由于市场规模、技术禀赋和人力成本等原因，任何上市公司不同业务的资金投入、盈利能力、投资风险等经济特征均可能存在较大区别（Chen and Zhang，2003），故各经营分部间经济特征存在一定差异性往往意味着管理层在分部报告中更加诚实（Ettredge et al.，2006），相关信息也更符合实际情况。因此，与经济特征高度相似的信息相比，具备差异性经营分部信息能使投资者更深入、真实地了解企业运营情况，更好地帮助投资者提高估值效率、缓解代理冲突（Blanco et al.，2015），起到降低必要股权回报率的作用。更重要的是，对于在披露中突出不同经营分部间经济特征差异的上市公司，投资者可利用财务分析手段比较其各业务盈利能力、发展前景的具体差异，深入挖掘出该企业实施多元化战略形成的新竞争优势及利润增长点（Harris，1998；Hayes and Lundholm，1996）。若这一增长点位于"创新引领、绿色低碳、共享经济、现代供应链、人力资本服务"等党的十九大报告重点支持领域，则可获得市场投资者的广泛认可（韩乾和洪永森，2014；李平等，2017），增加该公司股票市场需求量，提升流动性水平，帮助企业降低权益资本成本（傅传锐和王美玲，2018）。综上，本书提出如下三个假设。

假设 $H_{4.1a}$：分部划分确定性有助于企业降低权益资本成本。

假设 $H_{4.1b}$：在明确分部划分的基础上，各经营分部会计信息完整性有助于企业降低权益资本成本。

假设 $H_{4.1c}$：在会计信息相对完整情况下，不同经营分部间经济特征差异性有助于企业降低权益资本成本。

4.2.2 组织可见度的调节作用

投资者难以分析和消化市场中的所有信息（肖奇和屈文洲，2017），特别在分部信息披露制度发展时间较短的市场中，投资者并不总能有效解读这些内容（André et al.，2016）。相对于广大普通投资者，组织可见度较高的公司往往会得到专业的证券分析师、媒体的高度关注，他们拥有更强的搜索和信息分析能力，可借此更好地了解公司合并收益的全貌，提升价值预测准确性（Heo and Doo，2018；Birt and Shailer，2011）。在此基础上，组织可见度高的公司还可以借由以下渠道影响上市公司的经营分部财务信息的经济后果。其一，组织可见度高的公司信息传递及吸收效率更高。由于组织可见度高的公司通常享受更高的研究报告发布数、推荐评级水平、新闻报道数等，在上市公司特定信息获取难度较高的情况下，投资者多倾向于依赖分析师或媒体提供的特质信息（Choi and Gupta-Mukher-jee，2017），分析师和媒体通过上述渠道将专业的分析观点传递给投资者，帮助投资者提升价值判断能力，降低估计风险（曹新伟等，2015）。其二，组织可见度高的公司治理水平更高。在经营分部财务信息相对透明的情况下，对于组织可见度较高的公司而言，多元化经营的真实业绩将被更全面、精准地揭示和解读，管理者试图掩藏的负面消息也将遭到高水平审查，其寻租行为也难免被扼杀在摇篮中（Yu，2008），更好地化解代理问题。

此外，尽管投资者通常会关注上市公司发布的年报信息，并对公司的运营情况具备一定的认知水平（胡玮佳和张开元，2019），但就不同经营分部间经济特征差异性这一指标所蕴含的内在信息而言，需在具备良好专业技能的同时结合适当的内容分析、财务分析手段方可对其进行较为透彻的解读。证券分析师、媒体等恰好具有一定的信息提炼加工能力，能够从冗长繁杂的财务报告中凝练出关键重要的信息（潘越等，2011），利用其所具备的专业知识对信息进行抽丝剥茧的解读，并转换成投资者可接受的方式进行转播（刘星和陈西婵，2018），帮助投资者更加清晰地了解企业多元化经营的真实情况以及由此培育出的独特竞争优势，为其提供更为可靠的投资决策依据。据此，本书提出如下三个假设。

假设 $H_{4.2a}$：组织可见度会加强分部划分确定性，降低权益资本成本的效果。

假设 $H_{4.2b}$：组织可见度会加强各经营分部会计信息完整性，降低权益资本成本的效果。

假设 $H_{4.2c}$：组织可见度会加强不同经营分部间经济特征差异性，降低权益资本成本的效果。

4.2.3 经营分部信息披露对企业价值影响中权益资本成本的中介作用

由企业价值理论可知，权益资本成本与企业价值间存在显著的负相关关系（Modigliani and Miller，1958；Ross et al.，2008）。已有研究发现，权益资本成本较高的企业往往存在透明度低、信息质量差、流动性较弱等问题（曾颖和陆正飞，2006）。因此，权益资本成本高低可以作为企业代理成本、透明度和流动性的"探测器"，即当企业权益资本成本显著提高时，公司内部可能存在着经营和管理问题，在外部投资者难以了解公司真实情况、存有信息不对称情况下，难免认为管理者刻意隐藏了公司负面信息，并适当下调对企业的估值（Jin and Myers，2006；胡松明等，2019）。

现有学者也就权益资本成本与企业价值的关系展开了一定研究，佐证了权益资本成本与企业价值间的显著负相关关系。例如，任力和洪喆（2017）根据企业现金流量折现模型分析认为，决定企业价值的关键因素包括企业资本成本和未来预期现金流量，其中权益资本成本的下降可切实提升企业价值；陈作华和王守海（2019）研究发现，市场风险与高管减持叠加显著地提高了企业的权益资本成本，降低了企业价值；陈少晖和陈平花（2018）运用加权平均资本成本（WACC）的研究方法，发现将分红比例设置至特定比例会降低权益资本成本与债务融资成本加权结果，实现企业价值最大化。综上，权益资本成本是影响企业价值的重要因素，权益资本成本的降低可为企业带来价值的提升。同时，结合前文假设分析，经营分部信息披露质量的提升可有效降低企业权益资本成本。故本书提出如下三个假设。

假设 $H_{4.3a}$：分部划分确定性可通过降低权益资本成本提升企业价值。

假设 $H_{4.3b}$：在明确分部划分的基础上，各经营分部会计信息完整性可通过降低权益资本成本提升企业价值。

假设 $H_{4.3c}$：在会计信息相对完整的情况下，不同经营分部间经济特征差异性可通过降低权益资本成本提升企业价值。

4.3 实证研究设计

4.3.1 模型设计

首先，为检验分部划分确定性（$OPDQ_1$）、会计信息完整性（$OPDQ_2$）、经济特征差异性（$OPDQ_3$）对权益资本成本的影响（假设 $H_{4.1a}$、假设 $H_{4.1b}$ 和假设 $H_{4.1c}$），本书构建如式（4-12）所示的回归方程。

考虑到不同企业间特征情况存在一定差异，且不同年份、地点之间也可能因为发展水平和政策波动而影响企业融资或竞争过程，为了排除时间变化、个体异质性对本书核心结论的干扰，本章均选用时间、个体双向固定效应模型进行实证检验；且为克服潜在的随机扰动项异方差情形，本章在回归时对标准误进行了聚类稳健处理。

$$COE_{it} = \alpha + u_i + \lambda_t + \beta_1 OPDQ_{it} + \beta_2 Control_{it} + \varepsilon_{it} \qquad (4-12)$$

其中，COE_{it} 为被解释变量：企业权益资本成本；u_i 和 λ_t 分别为个体固定效应变量和时间固定效应变量，$OPDQ$ 为主要解释变量，包含分部划分确定性（$OPDQ_1$）、会计信息完整性（$OPDQ_2$）、经济特征差异性（$OPDQ_3$）三个维度，$Control$ 为控制变量向量，包含本章选取的 9 个控制变量，ε_{it} 为残差项。

其次，本书参照杨广青等（2020）的研究，在式（4 - 12）的基础上加入组织可见度变量 OV（包含分析师关注水平 AA、媒体关注水平 MA 两个维度）和经营分部信息披露质量与组织可见度的乘积项（$OPDQ * OV$），构建出由式（4 - 13）代表的调节效应模型验证组织可见度对经营分部信息披露与权益资本成本关系的调节作用（假设 $H_{4.2a}$、假设 $H_{4.2b}$ 和假设 $H_{4.2c}$）。

$$COE_{it} = \alpha + u_i + \lambda_t + \beta_1 OPDQ_{it} + \beta_2 OV_{it} + \beta_3 OPDQ_{it} * OV_{it} + \beta_4 Control_{it} + \varepsilon_{it}$$

$$(4 - 13)$$

最后，为检验权益资本成本在经营分部信息披露与企业价值间的中介地位（假设 $H_{4.3a}$、假设 $H_{4.3b}$ 和假设 $H_{4.3c}$），本书基于温忠麟等（2004）的观点，构建由式（4 - 14）、式（4 - 15）和式（4 - 16）组成的中介效应模型（该中介模型控制变量与式（4 - 12）、式（4 - 13）一致），并按以下逻辑逐步进行论证：第一，式（4 - 14）中的 $OPDQ$ 的回归结果说明了经营分部信息披露对企业价值的影响。第二，在式（4 - 14）中的 $OPDQ$ 回归系数显著的前提下，若式（4 - 15）中 $OPDQ$ 的回归系数以及式（4 - 16）中 COE 的回归系数均通过显著性检验，则可证明权益资本成本发挥了中介效应。值得说明的是，参考温忠麟和叶宝娟（2014）、布莱彻和海斯（Preacher and Hayes，2008）的观点，依据式（4 - 16）中 $OPDQ$ 回归系数的显著性进一步区分该中介效应过程为完全效应或部分中介效应缺乏科学性，且完全中介过程极为少见，故本书在此不作此区分，并认为文中的中介过程为部分中介效应。

$$TOBINQ_{it} = \alpha + u_i + \lambda_t + \beta_1 OPDQ_{it} + \beta_2 Control_{it} + \varepsilon_{it} \qquad (4 - 14)$$

$$COE_{it} = \alpha + u_i + \lambda_t + \beta_1 OPDQ_{it} + \beta_2 Control_{it} + \varepsilon_{it} \qquad (4 - 15)$$

$$TOBINQ_{it} = \alpha + u_i + \lambda_t + \beta_1 OPDQ_{it} + \beta_2 COE_{it} + \beta_3 Control_{it} + \varepsilon_{it}$$

$$(4 - 16)$$

4.3.2 变量说明

（1）被解释变量。权益资本成本（COE）。现有研究多认为伊斯顿（Easton，2004）提出的 PEG 模型与我国实际情况切合度较高（毛新述等，2012；王雄元和高曦，2018），本书依据 PEG 模型计算资本成本 COE。具体如式（4－17）所示：

$$P_t = \frac{FEPS_{t+2} - FEPS_{t+1} + COE_t \times FEPS_{t+1} \times DDR}{COE_t^2} \qquad (4-17)$$

其中，$FEPS_{t+1}$ 与 $FEPS_{t+2}$ 分别为企业未来一年和未来两年的每股收益的预测值，考虑到分析师盈余预测并未普遍运用于我国市场（代昀昊，2018），本书仿照王雄元和高曦（2018）的处理方式，使用实际的未来两期每股收益数据来代替预期值。DDR 代表股利支付水平，本书使用公司过去 3 年股利支付比率的中位数计算得到。在此，本书进一步对不满足 $FEPS_{t+2} > FEPS_{t+1} > 0$ 条件的样本进行了剔除。

企业价值（$TOBINQ$）。基于本书 1.1.3 节论述，经济学家托宾 1969 年提出的托宾 Q 值能有效融合上市公司经营绩效、成长潜力及投资者投资倾向，可较好地对其进行刻画。同时，我国的资本市场经过近 30 年的发展已逐渐具备了使用托宾 Q 指标的基本条件（杨广青等，2020；张新民和祝继高，2019；林野萌，2014）。故本书使用托宾 Q 来刻画企业价值，记作 $TOBINQ$。

（2）解释变量。经营分部信息披露质量（$OPDQ$）。依照本书第 3.2 节论述，本书依次从分部划分确定性（$OPDQ_1$）、各经营分部会计信息完整性（$OPDQ_2$）以及不同经营分部间经济特征差异性（$OPDQ_3$）三个递进维度指标对其进行评价。各指标的详细刻画方法见 3.2 节。

（3）调节变量：组织可见度。早期学者通常使用公司规模来衡量组织可见度（Henriques and Sadorsky，1996；Sharma and Nguan，1999），然而，企业规模所能涵盖的衍生信息（如企业资源、政治关联度等）远远超过企业组织可见度本身，为规避由此可能产生的内生性问题，本书未采用相关指标。基于文章 1.1.3 小节论述，近年来，随着资本市场主体的不断完善以及信息技术的全面普及，分析师关注水平和媒体关注水平正逐渐成为国外学者刻画组织可见度的重要代理（Brammer and Millington，2010；Wang，2017；Robert，1987；Omaima and Hassan，2018）。同时，在我国资本市场中，分析师及媒体扮演了举足轻重的角色，可提升投资者对上市公司信息的解读及监督水平（翟胜宝等，2015；伊志宏等，2019），考虑到二者功能的侧重点存在一定差异（杨广青等，2020），故本书分别采用分析师关注水平以及媒体关注水平两个指标来衡量企业的组织可见度水平。其一，参考奥马伊马和哈桑（Omaima and Hassan，2018）和杨广青等（2020）的方法，使用上市公司当年的分析师数加一后的对数值衡量其分析师关注水平；其二，参考梁上坤（2017）、赖黎等（2016），根据公司名称和公司股票代码，在《中国重要报纸全文数据库》①中检索并统计出每家上市公司的年度新闻报道量，对该值加一后取对数处理。上述指标取值越高即代表该公司受到的分析师或媒体关注水平越高。

（4）控制变量。现有研究认为，系统风险、股权比例、董事会特征、公司特征、成长性、盈利性、流动性、机构投资者等是影响权益资本的重要因素（Boujelbene and Affes，2013；叶陈刚等，2015；代昀昊，2018；刘冰和方政，2011；王化成等，2017），因此，本书选取了权益乘数（*EM*）、企业规模（*SIZE*）、盈利能力（*EA*）、增长能力（*GRTA*）、股权集中度（*EC*）、两职合一情况（*DUAL*）、董事会规模（*BS*）、风险相关性（*β*）和机构投资者持股比例（*INST*）9 个控制变量。各变量定义及说明如表 4 – 1 所示。

表 4 – 1　　　　　　　　　　　各变量定义及说明

变量性质	变量名称	变量符号	变量描述
被解释变量	权益资本成本	*COE*	依据 PEG 模型计算出的权益资本成本
	企业价值	*TOBINQ*	（年末股权市值 + 年末净债务市值）/年末总资产账面价值，其中：非流通股权市值用净资产代替计算

---

① 具体包括《中国证券报》《证券日报》《证券时报》《上海证券报》《中国经营报》《经济观察报》《21 世纪经济报道》《第一财经日报》8 家报纸。

变量性质	变量名称	变量符号	变量描述
解释变量	分部划分确定性	$OPDQ_1$	0–1 变量，若企业当年说明了分部的划分情况及依据，取值为 1，反之则为 0
	会计信息完整性	$OPDQ_2$	由文章 3.2 节中表 3–1 所示的指标体系进行评分得到
	经济特征差异性	$OPDQ_3$	特定上市公司各经营分部资产利润率最大值与最小值之差
调节变量	组织可见度（以分析师关注水平为代理）	$OV(AA)$	当年跟踪上市公司的分析师数加 1 后取自然对数
	组织可见度（以媒体关注水平为代理）	$OV(MA)$	在《中国重要报纸全文数据库》中每家公司的全年的新闻报道数量加 1 后取自然对数
控制变量	权益乘数	EM	总资产/总权益
	企业规模	$SIZE$	年末总资产的对数值
	盈利能力	EA	资产净利润率
	增长能力	$GRTA$	总资产增长率
	股权集中度	EC	企业前五大股东持股比例
	两职合一情况	$DUAL$	若董事长兼任总经理，则为 1，反之为 0
	董事会规模	BS	董事会人数
	风险相关性	β	上市公司贝塔系数
	机构投资者持股比例	$INST$	机构投资者持股数/年末流通股数

4.3.3　样本选择与数据来源

依照本书第 3.3 节论述，将样本定位于我国上证 A 股制造业上市公司群体，且样本的时间区间为 2014～2019 年。在剔除 ST 企业、重要财务数据残缺、不满足 $FEPS_{t+2} > FEPS_{t+1} > 0$ 条件的样本后，共得到样本企业635 家。

本书通过手工整理各上市公司年报获得经营分部信息披露质量的相关

数据;组织可见度中的媒体关注数据利用 Python 的方法得到,其他指标数据均由 CSMAR 数据库获得。

4.4 实证结果与分析

4.4.1 描述性统计与相关性分析

表 4 – 2 为本书各变量描述性统计及 VIF 检验结果。由表 4 – 2 可见:(1) $TOBINQ$ 与 COE 的均值分别为 2. 3626 和 0. 1192,标准差分别为 2. 4320 和 0. 0986,表明本书所选样本企业的价值及权益资本成本适中,不同企业间存在一定差异。(2) $OPDQ_1$、$OPDQ_2$、$OPDQ_3$ 的均值分别为 0. 4575、4. 8936 和 0. 4228,标准差分别为 0. 4983、2. 3427 和 0. 7239,表明样本企业在分部划分确定性、会计信息完整性、经济特征差异性方面水平参差不齐,且距财政部相关要求仍有一定距离。(3) 分析师关注水平与媒体关注水平的均值分别为 1. 5194 和 0. 8512,标准差分别为 1. 1411 和 1. 0020,表明不同企业组织可见度水平差异较大。(4) 其余控制变量均值、标准差、极值均存在合理范围内,在此不再赘述。各变量 VIF 值的结果均小于 5,表明本书模型不存在多重共线性问题。

表 4 – 2 各变量描述性统计及 VIF 检验结果

变量名	均值	标准差	最小值	最大值	VIF 值
$TOBINQ$	2. 3626	2. 4320	0. 8711	44. 0248	
COE	0. 1192	0. 0986	0. 0017	0. 8762	1. 13
$OPDQ_1$	0. 4575	0. 4983	0	1	3. 29
$OPDQ_2$	4. 8936	2. 3427	0	10	3. 30
$OPDQ_3$	0. 4228	0. 7239	0. 0124	1. 5255	1. 01
AA	1. 5194	1. 1411	0	4. 2046	1. 99
MA	0. 8512	1. 0020	0	5. 6347	1. 25

续表

变量名	均值	标准差	最小值	最大值	VIF 值
EM	3.4947	44.7797	−26.8362	1557.4290	1.07
$SIZE$	22.3615	1.2900	18.3432	27.1044	1.27
EA	0.0551	0.2171	0.0002	7.4450	1.20
$GRTA$	0.2139	0.9155	−0.9724	27.9995	1.04
EC	54.0581	16.1389	10.6459	99.2300	1.13
$DUAL$	0.2481	0.4321	0	1	1.06
BS	8.7023	1.5997	5	17	1.13
β	1.1929	0.3545	0.2038	2.5179	1.05
$INST$	6.6572	7.1157	0.0004	61.1217	1.10

本书还利用 Pearson 相关系数矩阵对各变量多重共线性问题进行了补充验证，结果如表 4-3 所示，各变量间相关系数均小于 0.5，进一步证明了本书各变量间不存在多重共线性问题。

4.4.2 回归结果分析

4.4.2.1 主模型回归结果

表 4-4 中列（1）~列（3）列示了分别以分部划分确定性（$OPDQ_1$）、会计信息完整性（$OPDQ_2$）和经济特征差异性（$OPDQ_3$）为主要解释变量时式（4-12）聚类稳健标准误下双向固定效应模型的回归结果。

与数理模型推导结果不同，主模型实证回归结果显示，$OPDQ_1$、$OPDQ_2$、$OPDQ_3$ 的回归系数均未通过显著性检验，本书假设 $H_{4.1a}$、假设 $H_{4.1b}$ 和假设 $H_{4.1c}$ 无法得到证实。该结果说明，在我国上市公司经营分部信息披露实践中，无论是否说明经营分部划分情况及依据、披露相对完整的经营分部会计信息、提升不同分部间的经济特征差异性，均无法对企业当期权益资本成本产生直接影响。在控制变量中，盈利能力（EA）的回归结果在 1% 的水平下显著为负，表明盈利能力较强的企业往往可获得较低的权益资本成本；权益乘数（EM）的系数为正，表明较高的负债水平将提高企业的权益资本成本，符合一般常识。

表 4 - 3

各变量的 Pearson 相关系数矩阵

变量	TOBINQ	COE	OPDQ$_1$	OPDQ$_2$	OPDQ$_3$	AA	MA	EM	SIZE	EA	GRTA	EC	DUAL	BS	β	INST
TOBINQ	1.000															
COE	-0.155	1.000														
OPDQ$_1$	-0.106	0.062	1.000													
OPDQ$_2$	-0.107	0.086	0.826	1.000												
OPDQ$_3$	0.013	0.040	0.005	0.024	1.000											
AA	-0.098	-0.015	0.026	0.099	-0.007	1.000										
MA	0.050*	0.118	0.080	0.140	0.008	0.244	1.000									
EM	0.028	0.048	-0.029	-0.024	0.032	-0.045	-0.022	1.000								
SIZE	-0.385	0.280	0.211	0.313	0.029	0.417	0.404	-0.018	1.000							
EA	0.167	-0.069	-0.054	-0.044	0.005	0.041	0.025	0.014	-0.095	1.000						
GRTA	-0.028	-0.047	-0.054	-0.051	-0.004	0.011	0.030	-0.010	-0.056	-0.018	1.000					
EC	-0.144	-0.032	0.022	0.041	-0.027	0.215	-0.043	-0.058	0.148	0.075	0.002	1.000				
DUAL	0.006	-0.124	-0.018	-0.039	-0.015	0.041	-0.070	-0.020	-0.134	0.088	0.070	0.090	1.000			
BS	-0.097	0.082	0.107	0.102	0.020	0.110	0.141	0.009	0.283	-0.026	-0.112	-0.035	-0.115	1.000		
β	-0.050	-0.033	0.050	0.007	-0.049	-0.065	-0.210	-0.040	-0.080	-0.091	-0.011	0.061	-0.023	0.005	1.000	
INST	0.085	-0.006	0.026	0.084	0.002	0.400	0.162	-0.028	0.182	-0.007	-0.028	-0.114	-0.049	0.070	-0.128	1.000

表 4 - 4　　　　　　　　经营分部信息披露对权益资本成本的影响

变量	COE	COE	COE
	（1）	（2）	（3）
$OPDQ_1$	0.0149 （1.063）		
$OPDQ_2$		0.0021 （0.693）	
$OPDQ_3$			- 0.0002 （ - 0.080）
EM	0.0088 *** （2.581）	0.0088 *** （2.622）	0.0133 *** （3.590）
SIZE	- 0.0069 （ - 0.368）	- 0.0064 （ - 0.342）	- 0.0032 （ - 0.167）
EA	- 0.7258 *** （ - 3.811）	- 0.7261 *** （ - 3.803）	- 0.6601 *** （ - 3.130）
GRTA	- 0.0096 （ - 0.613）	- 0.0099 （ - 0.633）	- 0.0070 （ - 0.409）
EC	0.0001 （0.124）	0.0001 （0.111）	0.0004 （0.457）
DUAL	- 0.131 （ - 0.695）	- 0.0128 （ - 0.686）	- 0.336 （ - 1.436）
BS	0.0052 （0.891）	0.0052 （0.897）	0.0113 （1.608）
β	0.0051 （0.401）	0.0055 （0.406）	0.0013 （0.080）
INST	- 0.0001 （ - 0.090）	- 0.0001 （ - 0.095）	0.0003 （0.282）
_cons	0.2147 （0.510）	0.2072 （0.488）	0.0525 （0.123）
固定效应	个体/年份	个体/年份	个体/年份
R^2	0.101	0.089	0.120

注：***、**、* 分别表示在 1%、5%、10% 的水平上显著；括号内为 t 值，全书统一，不作赘述。

对此，本书认为，该实证结果与理论分析结果不一致的主要原因是：本章数理模型、研究假设推导均得出经营分部信息披露质量的提升可降低企业权益资本成本的关键在于，在推导过程中，基于荷等（He et al.，2016）、许和杜（Heo and Doo，2018），以及 SFAS 131《企业分部和相关信息的披露》的说明，本书假设：经营分部信息质量的提升可切实帮助市场普通投资者改善价值判断过程（Chen and Zhang，2003），降低估值风险补偿水平（Botosan and Plumlee，2002），同时使多元化上市公司面对更高水平的外部监督（Saini and Hermann，2012；Bens and Monahan，2004），减少估值风险溢价与代理成本，进而降低权益资本成本。但值得注意的是，上述假设的文献依据均为国外学者基于西方经验的证据，并不一定可直接应用于我国资本市场。

原因在于，尽管我国资本市场和西方资本市场在经营分部信息披露的核心方法和制度要求上已接近一致，但在该信息对权益资本成本的作用效率上，两者仍有较大差别。其一，制度完善性方面，《美国财务会计准则第 131 号——企业分部和相关信息的披露》发布于 1997 年，而直至 2009 年我国《企业会计准则解释第 3 号》才正式落地，由于制度施行期较短，准则内容设计及配套监管措施尚不完善，我国上市公司在披露规范性方面与西方国家差距较大，各上市公司披露水平参差不齐，且与政策要求相去甚远，增加了投资者信息处理成本（André et al.，2016），使我国普通投资者对相关信息使用效率较低，无法直接改善价值判断及监督过程。其二，在市场有效性方面，相于西方国家，我国普通投资者的信息挖掘能力较弱（王雄元和高曦，2018），难以依靠专业的财务分析方法解读经营分部信息的内涵，抑制了经营性分部信息对资本成本的反映效率。

综上所述，该实证结果具备较强的现实指导意义，它印证了我国经营分部信息市场效率与西方国家存在的现实差距，表明我国相关部门应进一步修订、完善经营分部信息制度，同时加强对上市公司披露行为的监督，提升经营分部信息的详细度、规范度和易解读性，降低投资者信息处理成本。同时，对于投资者理性水平不足等问题，还应进一步发挥分析师、媒体等专业中介效能，协助投资者改善价值判断过程。

4.4.2.2　调节效应模型回归结果

基于本书引言的论述，在研究经营分部信息披露影响企业价值的机制中，组织可见度可发挥重要的外部调节作用，改善经营分部信息披露效果、进一步提升企业经营分部信息披露积极性，研究该调节作用具备较强的理论及现实意义。那么，若经营分部信息披露无法显著影响权益资本成本的原因使其无法获得我国投资者有效解读，提升估值和监督效率，那么在企业具备较高组织可见度的前提条件下，这一现象能得到有效改善吗？为回答这一问题，本书首先以分析师关注（AA）作为组织可见度（OV）的代理变量，采用固定效应模型对式（4 – 13）进行回归，并重点关注分部划分确定性与分析师关注的乘积项（$AA \times OPDQ_1$）、会计信息完整性与分析师关注的乘积项（$AA \times OPDQ_2$）和经济特征差异性与分析师关注的乘积项（$AA \times OPDQ_3$）的结果，回归结果如表 4 – 5 所示。

表 4 – 5　　组织可见度（以分析师关注为代理）对经营分部信息披露
与权益资本成本关系的调节作用

变量	COE	COE	COE
	（1）	（2）	（3）
$OPDQ_1$	0.0184 （1.316）		
$OPDQ_2$		0.0028 （0.951）	
$OPDQ_3$			– 0.0002 （– 0.13）
AA	– 0.0039 （– 0.632）	– 0.0035 （– 0.573）	– 0.0114 （– 1.452）
$AA \times OPDQ_1$	– 0.0173 ** （– 2.048）		
$AA \times OPDQ_2$		– 0.0030 ** （– 2.090）	

续表

变量	COE	COE	COE
	(1)	(2)	(3)
$AA \times OPDQ_3$			0.0070 * (1.830)
EM	0.0087 *** (2.530)	0.0085 ** (2.484)	0.0131 *** (3.482)
SIZE	-0.0075 (-0.406)	-0.0077 (-0.416)	-0.0035 (-0.170)
EA	-0.6943 *** (-3.647)	-0.6823 *** (-3.559)	-0.6376 *** (-2.728)
GRTA	-0.0102 (-0.640)	-0.0105 (-0.653)	-0.0064 (-0.367)
EC	0.0001 (0.090)	0.0001 (0.045)	-0.0005 *** (-2.637)
DUAL	-0.0123 (-0.671)	-0.0127 (-0.699)	-0.0332 (-1.435)
BS	-0.0055 (-0.953)	0.0050 (0.871)	0.0113 (1.629)
β	0.0057 (0.429)	0.0065 (0.481)	0.0025 (0.158)
INST	0.0001 (0.132)	0.0002 (0.198)	0.0006 (0.260)
_cons	0.2307 (0.554)	0.2421 (0.574)	0.0502 (0.111)
固定效应	个体/年份	个体/年份	个体/年份
R^2	0.108	0.108	0.130

列（1）和列（2）的 R^2 值均为 0.108，较表 4-4 中的列（1）和列（2）分别提高了 0.007 和 0.019，且 $AA \times OPDQ_1$ 和 $AA \times OPDQ_2$ 的回归系数在 5% 的水平下显著为负，表明分析师关注能使分部划分确定性、会计信息完整性起到降低企业当期权益资本成本的作用，验证了本书假设 $H_{4.2a}$ 和假设 $H_{4.2b}$。对于这一结果，谢宇（2013）在《回归分析》一书中

对调节效应模型中交互项的计量原理及经济意义作出了说明，指出"在回归模型引入交互项后，参与构造交互项的各自变量对因变量的作用依赖于交互项中其他自变量的取值，故交互项的存在表明了某个解释变量对因变量的作用是以另一个解释变量的不同取值为条件的，即交互效应也被解释为条件效应"。因此，在本章主效应模型中，经营分部信息披露对权益资本成本影响并不显著，极有可能是缺乏经营分部信息披露能显著影响权益资本成本的必要条件；在引入分析师关注与经营分部信息披露质量的乘积项后，该乘积项显著，可解释为分析师关注是决定经营分部信息披露和权益资本成本关系的一个重要条件，表现为"条件效应"。该条件效应进一步印证了主模型回归结果的解释，即当前我国上市公司经营分部信息的处理成本较高，普通投资者无法独立利用该信息改善价值判断过程，需依靠分析师这类专业信息中介方解读相关信息。在分析师协助下，分部划分确定性、会计信息完整性改善了投资者对披露上市公司的估值效率和监督水平，降低了权益资本成本。

此外，表 4 - 5 中的列（3）所示的回归模型的 R^2 值较表 4 - 4 中的列（3）提高了 0.010，$AA \times OPDQ_3$ 的回归系数在 10% 的水平下显著为正，表明分析师关注使企业经济特征差异性提升了权益资本成本，与本书假设 $H_{4.2c}$ 呈现出相反的结果。对此，较为合理的解释是：本书研究假设的出发点在于，经营分部信息蕴含了多元化上市公司业务分布、财务状况、发展前景等重要情报（Herrmann and Thomas，2000；Street et al.，2000），若投资者可自行挖掘出经济特征差异性所蕴含的独特竞争优势信息，并由此直接形成对企业发展前景的认可，则可使企业权益资本成本降低，分析师研报的再次解读及肯定对此可起到锦上添花的效果。但基于前文论述，目前上市公司经营分部信息的处理成本较高，使普通投资者缺乏独立的信息解读能力，无法直接发现企业增长的"新动能"，仅能依靠阅读分析师研报获取相关信息，在此过程中，分析师的研报内容难免分散投资者对披露企业的忠诚度，产生一定的负面效果。原因在于，基于有限关注理论，市场投资者往往仅将几家特定企业作为潜在投资对象，并收集与其相关的信息进行投资决策（Kahneman，1973）；当分析师在对相关企业经济特征差异性所透露出的独特竞争优势进行解读时，习惯将主要研究对象与其竞争对手作对比（Franco et al.，2015），并对其竞争对手的比较优势进行补充分析，在投资者无法直接识别披露企业独特竞争优势并存有主观认可的前提下，这无形中转移了投资者的注意力，增加了投资者对其同行业竞争对手的关注度（刘昌阳等，2020），稀释了披露企业股票的市场需求，进而提升披露企业的权益资本成本。

接着，本书以媒体关注水平（MA）作为组织可见度（OV）的代理变量，采用双向固定效应模型对式（4-13）再次进行回归，结果如表4-6所示。由表4-6可见，与分析师关注不同，$MA \times OPDQ_1$、$MA \times OPDQ_2$和$MA \times OPDQ_3$的回归系数均未通过显著性检验。原因在于，相对于分析师研报传递出的专业信息，媒体缺乏深入的财务分析能力，其新闻内容多从认知角度告知投资者该企业的多元化经营现状，难以利用企业披露的经营分部信息提高投资者的估值效率（杨广青等，2020）。换言之，分析师具有较为专业的资本市场知识，能通过系统的财务分析、行业分析等为投资者提供专业的业绩预测和行情分析，其投资意见为投资者的最终决策提供了重要依据，而媒体并不具备这种专业能力（于忠泊等，2011）。

表4-6　　组织可见度（以媒体关注为代理）对经营分部信息披露
与权益资本成本关系的调节作用

变量	COE	COE	COE
	（1）	（2）	（3）
$OPDQ_1$	0.0245 (1.435)		
$OPDQ_2$		0.0039 (1.111)	
$OPDQ_3$			-0.0013 (-0.297)
MA	0.0083 (1.309)	0.0064 (1.148)	0.0084 (1.329)

续表

变量	COE (1)	COE (2)	COE (3)
$MA \times OPDQ_1$	− 0.0080 (− 0.915)		
$MA \times OPDQ_2$		− 0.0022 (− 1.387)	
$MA \times OPDQ_3$			0.0087 (1.543)
EM	0.0094 *** (2.670)	0.0090 ** (2.551)	0.0088 ** (2.464)
SIZE	− 0.0085 (− 0.444)	0.0173 (1.143)	− 0.0048 (− 0.256)
EA	− 0.7498 *** (− 3.842)	− 0.6620 *** (− 4.597)	− 0.7329 *** (− 3.790)
GRTA	− 0.0096 (− 0.628)	− 0.0177 * (− 1.888)	− 0.0106 (− 0.686)
EC	0.0002 (0.182)	− 0.0001 (− 0.124)	0.0001 (0.162)
DUAL	− 0.0122 (− 0.650)	− 0.0144 (− 0.902)	− 0.0129 (− 0.670)
BS	0.0054 (0.947)	0.0036 (0.749)	0.0049 (0.857)
β	0.0052 (0.382)	0.0292 *** (2.609)	0.0052 (0.383)
INST	− 0.0002 (− 0.165)	− 0.0002 (− 0.237)	− 0.0001 (− 0.073)
_cons	0.2438 (0.570)	− 0.3165 (− 0.954)	0.1665 (0.394)
固定效应	个体/年份	个体/年份	个体/年份
R^2	0.107	0.086	0.107

4.4.2.3 中介效应模型回归结果

尽管权益资本成本与企业价值的关系已在学术界形成了一致观点，即权益资本成本的降低将带来企业价值的提升。为使实证经验更加完整，本书依旧在此以权益资本成本为中介变量，检验经营分部信息披露、权益资本成本及企业价值间的逻辑关系，结果如表 4 – 7 所示。首先，在表 4 – 7 列（3）、列（6）与列（9）中，COE 的回归系数均在 1% 的置信水平下显著为负，表明权益资本成本与企业价值间为显著的负相关关系，证实了一般经验。接着，列（1）~ 列（3）、列（4）~ 列（6）、列（7）~ 列（9）依次列示了使用 $OPDQ_1$、$OPDQ_2$、$OPDQ_3$ 为主要自变量时的中介效应过程结果。由表 4 – 7 可见，列（1）~ 列（2）、列（4）~ 列（5）与列（7）~ 列（8）中 $OPDQ_1$、$OPDQ_2$ 与 $OPDQ_3$ 对当期企业价值及权益资本成本的影响均不显著，依据温忠麟等（2004）的研究，本书认为，经营分部信息披露无法直接影响权益资本成本进而影响企业价值[①]，主要原因与上文中经营分部信息披露对权益资本成本无显著影响一致。上述结果也印证了该中介效应过程不存在的关键在于，在我国资本市场中，受限于上市公司披露实践不规范导致的投资者信息处理水平较高，经营分部信息披露无法对权益资本成本产生直接影响。

4.4.3 稳健性检验

（1）进一步控制内生性。在公司金融领域的研究中，双向固定效应模型可较好地控制因个体、时间等因素造成的内生性问题，得到可靠的回归结果（Almeida et al., 2004；连玉君等，2010）。在此，为进一步确保研究结论的稳健性，本书使用上市公司办公地址与该省证监会地址的地理距离（千米）为工具变量进行内生性检验（对地理距离加一后取对数处理），原因如下：其一，现有研究已表明，上市公司与监管部门的距离对信息披露质量具有显著影响（李世辉等，2021）；其二，尚未有研究表明上市公司和监管部门的距离会直接影响企业权益资本成本，同时上市公司办公地址和监管部门的距离是外生的，符合工具变量的要件要求。如表 4 – 8 所示，

---

　　① 为证实该结果的严谨性，本书进一步分别以 $OPDQ_1$、$OPDQ_2$、$OPDQ_3$ 为自变量进行了 Sobel 检验，p 值均未达到显著性水平（分别为 0.8697、0.9929 和 0.5183），表明该中介过程不存在，证实了分步法的结论。

表 4-7　经营分部信息披露对企业价值影响中权益资本成本的中介作用

变量	式(4-14) TOBINQ (1)	式(4-15) COE (2)	式(4-16) TOBINQ (3)	式(4-14) TOBINQ (4)	式(4-15) COE (5)	式(4-16) TOBINQ (6)	式(4-14) TOBINQ (7)	式(4-15) COE (8)	式(4-16) TOBINQ (9)
COE			-1.1181*** (-2.840)			-1.1154*** (-2.827)			-1.3387*** (-3.036)
$OPDQ_1$	0.0838 (0.732)	0.0149 (1.063)	0.0997 (0.870)						
$OPDQ_2$				0.0187 (0.646)	0.0021 (0.693)	0.0210 (0.752)			
$OPDQ_3$							-0.0247 (-1.160)	-0.0002 (-0.080)	-0.0254 (-1.371)
EM	-0.0020 (-0.032)	0.0088*** (2.581)	0.0062 (0.096)	-0.0005 (-0.007)	0.0088*** (2.622)	0.0079 (0.119)	0.0001 (0.004)	0.0133*** (3.590)	0.0150 (0.487)
SIZE	-1.0166*** (-4.378)	-0.0069 (-0.368)	-1.0147*** (-4.373)	-1.0152*** (-4.401)	-0.0064 (-0.342)	-1.0129*** (-4.394)	-0.8256*** (-3.624)	-0.0032 (-0.167)	-0.8172*** (-3.574)
EA	2.3231 (0.940)	-0.7258*** (-3.811)	1.5154 (0.622)	2.3149 (0.937)	-0.7261*** (-3.803)	1.5087 (0.619)	3.3165** (2.189)	-0.6601*** (-3.130)	2.4539* (1.655)
GRTA	-0.1208 (-0.940)	-0.0096 (-0.613)	-0.1531 (-1.225)	-0.1244 (-0.984)	-0.0099 (-0.633)	-0.1571 (-1.281)	-0.1783* (-1.687)	-0.0070 (-0.409)	-0.2135* (-1.901)

续表

变量	式(4-14) TOBINQ (1)	式(4-15) COE (2)	式(4-16) TOBINQ (3)	式(4-14) TOBINQ (4)	式(4-15) COE (5)	式(4-16) TOBINQ (6)	式(4-14) TOBINQ (7)	式(4-15) COE (8)	式(4-16) TOBINQ (9)
EC	0.0018 (0.191)	0.0001 (0.124)	0.0021 (0.224)	0.0016 (0.166)	0.0001 (0.111)	0.0018 (0.197)	-0.0109 (-1.352)	0.0004 (0.457)	-0.0101 (-1.302)
$DUAL$	0.0234 (0.428)	-0.1310 (-0.695)	0.4967 (1.225)	0.5158 (1.282)	-0.0128 (-0.686)	0.5019 (1.240)	0.1188 (0.474)	-0.336 (-1.436)	0.0750 (0.303)
BS	0.0234 (0.428)	0.0052 (0.891)	0.0291 (0.535)	0.0243 (0.440)	0.0052 (0.897)	0.0301 (0.546)	-0.0060 (-0.103)	0.0113 (1.608)	0.0076 (0.128)
β	-0.0066 (-0.029)	0.0051 (0.401)	0.0040 (0.018)	-0.0093 (-0.041)	0.0055 (0.406)	0.0013 (0.006)	-0.1525 (-0.766)	0.0013 (0.080)	-0.1460 (-0.743)
$INST$	0.0404*** (3.730)	-0.0001 (-0.090)	0.0402*** (3.740)	0.0403*** (3.696)	-0.0001 (-0.095)	0.0401*** (3.705)	0.0349*** (4.440)	0.0003 (0.282)	0.0353*** (4.474)
_cons	24.1594*** (5.031)	0.2147 (0.510)	24.1819*** (5.029)	24.1294*** (5.063)	0.2072 (0.488)	24.1410*** (5.059)	20.9098*** (4.396)	0.0525 (0.123)	20.7098*** (4.333)
固定效应	个体/年份	个体/年份	个体/年份	个体/年份	个体/年份	个体/年份	个体/年份	个体/年份	个体/年份
R^2	0.181	0.101	0.187	0.181	0.089	0.187	0.250	0.120	0.263

表 4 - 8　利用工具变量方法控制内生性的稳健性分析结果

变量	经营分部信息披露对权益资本成本的影响			组织可见度的调节作用（以分析师关注为代理）			组织可见度的调节作用（以媒体关注为代理）		
	COE	COE	COE	COE	COE	COE	COE	COE	COE
	(1)	(2)	(3)	(4)	(5)	(6)	(7)	(8)	(9)
$OPDQ_1$	-0.7505 (-0.702)			0.2190 (1.150)			-0.6010 (-0.954)		
$OPDQ_2$		-0.1461 (-0.730)			0.1035 (1.060)			-0.1183 (-0.952)	
$OPDQ_3$			1.4975 (0.073)			1.3105 (0.105)			2.0863 (0.064)
AA				-0.0052 (-0.838)	-0.0051 (-0.821)	-0.1111 (-1.457)			
MA							-0.0070 (-0.399)	-0.0069 (-0.388)	0.1960 (0.070)
$AA \times OPDQ_1$				-0.0194** (-2.023)					
$AA \times OPDQ_2$					-0.0037** (-2.286)				

续表

变量	经营分部信息披露对权益资本成本的影响			组织可见度的调节作用（以分析师关注为代理）			组织可见度的调节作用（以媒体关注为代理）		
	COE	COE	COE	COE	COE	COE	COE	COE	COE
	(1)	(2)	(3)	(4)	(5)	(6)	(7)	(8)	(9)
$AA \times OPDQ_3$						0.0073 (1.525)			
$MA \times OPDQ_1$							0.1376 (0.939)		
$MA \times OPDQ_2$								0.0197 (0.875)	
$MA \times OPDQ_3$									-0.7923 (-0.063)
控制变量	控制	控制	控制	控制	控制	控制	控制	控制	控制
第一阶段 IV 系数	-0.0183*	-0.1652***	-0.0160*	-0.0161*	-0.1125**	-0.1330*	-0.0235*	-0.1222**	-0.0849*
Cragg Donald Wald F 值	18.2	21.0	16.8	17.1	17.6	18.3	17.5	19.1	20.3

各列第一阶段 IV 系数均至少在 10% 置信水平下显著，且各模型对应的 F 值均大于 10% 偏误水平下的临界值 16.38（Stock and Yogo，2005），表明该工具变量的选取是合适的。

（2）替换主要变量。第一，替换会计信息完整性水平指标。在此，本书对样本经营分部信息披露会计信息完整指标体系得分加一后取对数进行连续化处理，记作（$OPDQ_2^*$）。第二，替换经济特征差异性指标。考虑到少数上市公司资产利润率最小的分部存在较大幅度亏损的情况，而此时利用最大值和最小值的差值可能得到较为极端的取值，为规避这一情况，本书在此使用不同经营分部资产利润率最大值和平均值的差值进行替换，记作（$OPDQ_3^*$）。第三，替换分析师关注水平。现有研究普遍认为，研报是分析师发挥信息中介职能及监督职能的重要渠道（张宗新和杨万成，2016），故本书使用上市公司当年分析师所发布的研报数加一后的对数值（AR）来衡量其分析师关注水平。结果如表 4-9 所示。

（3）消除披露惯性影响。考虑到经营分部信息披露存在一定的固有模式（Hayes and Lundholm，1996），使用差分形式表示经营分部信息披露水平有助于消除披露惯性对回归结果的影响，也有助于缓解遗漏变量的问题（Kravet and Muslu，2013），本书参照克拉维特和穆斯鲁（Kravet and Muslu，2013）的研究设立如式（4-18）和式（4-19）所示的差分回归模型作为稳健性检验的补充。结果如表 4-10 所示。

$$COE_{it} = \alpha + u_i + \lambda_t + \beta_1 \Delta OPDQ_{it} + \beta_2 \Delta Control_{it} + \varepsilon_{it} \qquad (4-18)$$

$$COE_{it} = \alpha + u_i + \lambda_t + \beta_1 \Delta OPDQ_{it} + \beta_2 \Delta OV_{it} + \beta_3 \Delta OPDQ_{it} \times OV_{it}$$
$$+ \beta_4 \Delta Control_{it} + \varepsilon_{it} \qquad (4-19)$$

由表 4-8、表 4-9 和表 4-10 可知，类似于前文的研究结果，在未纳入组织可见度的情况下，衡量经营分部信息披露质量的三个变量均无法通过显著性检验。在组织可见度（以分析师关注为代理）的调节作用下，表 4-8、表 4-9 和表 4-10 中的 $AA \times OPDQ_1$（$AR \times OPDQ_1$、$\Delta AA \times OPDQ_1$）和 $AA \times OPDQ_2$（$AR \times OPDQ_2^*$）的回归系数均至少在 10% 的水平上显著为负，且表 4-9 和表 4-10 中的 $AR \times OPDQ_3^*$ 和 $\Delta AA \times OPDQ_3$ 的系数至少在 5% 的水平上显著为正，与前文研究结果高度一致。唯一与前文研究结果

表4-9 替换主要变量的稳健性分析结果

变量	经营分部信息披露对权益资本成本的影响			组织可见度的调节作用（以分析师关注为代理）			组织可见度的调节作用（以媒体关注为代理）		
	COE	COE	COE	COE	COE	COE	COE	COE	COE
	(1)	(2)	(3)	(4)	(5)	(6)	(7)	(8)	(9)
$OPDQ_1$	0.0149 (1.063)			0.0202 (1.441)			0.0244 (1.435)		
$OPDQ_2^*$		0.0091 (1.016)			0.0103 (1.024)			0.0145 (1.320)	
$OPDQ_3^*$			0.0174 (0.799)			0.0214 (0.711)			0.0090 (0.280)
AR				-0.0029 (-0.600)	0.0032 (0.524)	-0.0073 (-0.963)			
MA							0.119 (1.412)	0.0117 (1.598)	0.0136 (1.404)
$AR \times OPDQ_1$				-0.0166** (-2.357)					
$AR \times OPDQ_2^*$					-0.0080* (-1.899)				

续表

变量	COE	COE	COE	COE	COE	COE	COE	COE	COE
	经营分部信息披露对权益资本成本的影响			组织可见度的调节作用（以分析师关注为代理）			组织可见度见的调节作用（以媒体关注为代理）		
	(1)	(2)	(3)	(4)	(5)	(6)	(7)	(8)	(9)
$AR \times OPDQ_3^*$						0.0132 *** (2.710)			
$MA \times OPDQ_1$							−0.0079 (−0.915)		
$MA \times OPDQ_2^*$								−0.0068 (−1.315)	
$MA \times OPDQ_3^*$									0.0188 (0.647)
控制变量	控制	控制	控制	控制	控制	控制	控制	控制	控制
固定效应	个体/年份	个体/年份	个体/年份	个体/年份	个体/年份	个体/年份	个体/年份	个体/年份	个体/年份

表 4－10　使用差分模型的稳健性分析结果

变量	经营分部信息披露对权益资本成本的影响			组织可见度的调节作用（以分析师关注为代理）			组织可见度的调节作用（以媒体关注为代理）		
	COE	COE	COE	COE	COE	COE	COE	COE	COE
	(1)	(2)	(3)	(4)	(5)	(6)	(7)	(8)	(9)
$\Delta OPDQ_1$	-0.0079 (-1.070)			-0.0066 (-0.905)			-0.0015 (-0.245)		
$\Delta OPDQ_2$		0.0001 (0.001)			0.0003 (0.183)			0.0001 (0.164)	
$\Delta OPDQ_3$			0.0014 (0.712)			0.0056 (1.449)			-0.0050 (-1.040)
ΔAA				0.0040 (1.367)	-0.0038 (-1.236)	-0.0082*** (-2.525)			
ΔMA							0.0029 (1.001)	0.0036 (1.301)	0.0029 (1.027)
$\Delta AA \times OPDQ_1$				-0.0085* (-1.731)					
$\Delta AA \times OPDQ_2$					-0.0014 (-1.568)				

续表

变量	经营分部信息披露对权益资本成本的影响			组织可见度的调节作用（以分析师关注为代理）			组织可见度的调节作用（以媒体关注为代理）		
	COE	*COE*	*COE*	*COE*	*COE*	*COE*	*COE*	*COE*	*COE*
	(1)	(2)	(3)	(4)	(5)	(6)	(7)	(8)	(9)
$\Delta AA \times OPDQ_3$						0.0158** (1.959)			
$\Delta MA \times OPDQ_1$							−0.0013 (−0.237)		
$\Delta MA \times OPDQ_2$								−0.0001 (−0.231)	
$\Delta MA \times OPDQ_3$									−0.0033 (−0.556)
控制变量	控制	控制	控制	控制	控制	控制	控制	控制	控制
固定效应	个体/年份	个体/年份	个体/年份	个体/年份	个体/年份	个体/年份	个体/年份	个体/年份	个体/年份

存在些许差异的是表 4 – 8 中的 $AA \times OPDQ_3$ 以及表 4 – 10 中的 $\Delta AA \times OPDQ_2$ 系数未达到10%的显著性水平，但由于其 t 值已十分接近显著的临界线，故可认为以上结果通过了显著性检验。在组织可见度（以媒体关注为代理）的调节作用下，$MA \times OPDQ_1$（$MA \times OPDQ_1$、$\Delta MA \times OPDQ_1$）、$MA \times OPDQ_2$（$MA \times OPDQ_2^*$、$\Delta MA \times OPDQ_2$）、$MA \times OPDQ_3$（$MA \times OPDQ_3^*$、$\Delta MA \times OPDQ_3$）的回归系数均不显著，与上文结果一致，证明了本章研究的稳健性。

4.5　本 章 小 结

本章以信息不对称理论、信号传递理论、委托代理理论为基础，就经营分部信息披露以权益资本成本影响企业价值的机制进行了探究。首先，构建理论模型推导了经营分部信息披露质量对权益资本成本的潜在影响，并基于上述三个理论提出本章的研究假设；其次，以 2014～2019 年我国上证 A 股制造业上市公司为样本，实证检验了经营分部信息披露与权益资本成本的关系，并分别以分析师关注和媒体关注为代理探讨了组织可见度的调节作用；再次，利用中介效应模型对经营分部信息披露以权益资本成本影响企业价值的中介机制进行了检验；最后，利用工具变量、替换变量、差分模型三种方法进行了稳健性检验。

结果表明，尽管理论模型与研究假设推导均得出经营分部信息披露质量的提升可降低企业权益资本成本的结果，但实证研究结果并未支持这一结论，即上市公司披露经营分部信息无法对当期权益资本产生直接影响，也无法以此为中介影响企业价值。主要原因在于，理论模型推及研究假设推导的文献依据均为国外学者基于西方经验的证据，但与西方国家相比，鉴于我国相关制度尚不成熟、上市公司披露规范性较差、投资者信息处理成本较高等原因，上述经验无法直接应用于我国市场。基于上述分析，我国应在制度修订、披露监管等方面作出完善，提升经营分部信息的详细度、规范度和易解读性，降低投资者信息处理成本。以分析师关注衡量组织可见度时，组织可见度既能使企业提高分部划分确定性、会计信息完整性的行为降低权益资本成本，也能使企业透露不同经营分部间经济特征差异的行为提升权益资本成本，表明分析师关注可切实改善投资者对经营性分部信息的解读水平、提高信息使用效率，是经营分部信息披露可作用于权益资本成本的重要条件。

本章的边际贡献在于：就经营分部信息披露、分析师关注与权益资本成本的主题而言，本书在深度和广度方面均有一定突破。在深度方面，尽管布兰科等（Blanco et al.，2015）基于发达资本市场数据进行了探究，得出分部信息披露负向影响权益资本成本的主要结论。但布兰科等（Blanco et al.，2015）仅从会计信息完整性出发展开研究，并未深入到经济特征差异性层次，结果难免存在一定片面性；本书则首次检验了经济特征差异性质量维度对权益资本成本的影响，深化了现有成果。在广度方面，已有研究局限于经营分部信息披露对分析师预测的影响（Heo and Doo，2018；Birt and Shailer，2011；André et al.，2016），本书则探究了分析师关注对经营分部信息披露经济后果的调节作用。此外，本书也丰富了经营分部信息披露与权益资本成本关系在欠发达资本市场的经验。

第 5 章

经营分部信息披露对债务融资成本的影响

依据企业价值理论，债务融资成本是影响企业价值的直接因素，债务融资成本的下降即意味着企业价值的上升（Modigliani and Miller, 1958）。迄今为止，债务融资仍是我国金融服务实体经济的主要方式（黄波等，2018），债务融资成本不仅代表了企业举债扩张支付的代价，更反映了企业获得外部融资的难易程度，是金融服务实体经济的晴雨表（倪娟等，2019）。当前，随着经济下行压力加大，企业融资难、融资贵问题尚未有效缓解①，制约了经济高质量发展。基于信息不对称理论，因市场主体间信息差异产生的逆向选择、委托代理等问题是企业融资成本居高不下的重要原因，为探寻解决方案，国内外学者就信息披露对债务融资成本的潜在影响展开了研究（李志军和王善平，2010；王艺霖和王爱群，2014），并普遍认为高质量的信息披露可消除信息不对称、缓解代理冲突，降低企业债务融资成本。

近年来，我国上市公司多元化经营趋势愈发明显，业务通常横跨多个性质、风险、盈利能力迥异的产业或市场，以公司整体为基础的合并报表信息已无法满足报告使用者需要；进一步了解公司不同地区、业务的经营情况成为银行等主流金融机构开展债务融资授信审查工作的重要诉求，例如，《中国银行授信业务尽职调查指引》要求工作人员在授信过程中全面调查企业经营及财务情况，特别对于有多项业务的综合性公司，应分项分析。对此，财政部于 2009 年发布《企业会计准则解释第 3 号》，要求上市

---

① 李克强总理在第十三届全国人民代表大会第二次会议上作 2019 年《政府工作报告》，引自中华人民共和国中央人民政府网：http://www.gov.cn/premier/2019 – 03/16/content_5374314. htm。

公司以内部组织结构、管理要求、内部报告制度为依据确定经营分部并报告相关信息，由此作为深入解决多元化企业融资过程中借贷双方信息不对称问题、降低债务成本的重要保障。然而，监管政策是否得到了有效落地？据笔者统计，绝大多数企业披露水平与政策要求相去甚远，无法满足贷款人的信息需求。究其原因是管理层在分部信息披露中具备较强的自由裁量权（Nichols et al.，2013；Bugeja et al.，2015），且多出于自利性目标进行自愿性信息披露（杨广青等，2020）。由于国外现有成果在深度性与可应用性方面存有一定不足（Franco et al.，2016），故在当前经营分部信息披露经济后果研究匮乏的情况下，我国上市公司管理层披露动机较弱。因此，本章探究经营分部信息披露作用于债务融资成本进而影响企业价值的机制，为我国上市公司积极提升披露水平提供坚实依据，可使金融更好地服务实体经济，助力经济高质量发展，具有深远的理论及现实意义。

5.1　数理模型分析

5.1.1　模型假设

尽管我国上市公司融资方式较为多样，包括银行贷款、民间融资、发行企业债券等多个渠道，一方面，相对于银行贷款而言，债券融资在我国整体债务融资中占比较低（申香华，2014）；另一方面，民间借贷多存在于中小企业（佟孟华等，2018），上市公司民间借贷比例相对银行贷款而言也微乎其微。故为简化模型，假设债务融资市场上只有两个重要的参与者，即上市公司与商业银行，上市公司通过向商业银行申请贷款获取债务融资。在我国制度背景下，可上市发行股票的企业通常具备一定的资产规模及盈利能力①，符合银行授信的最基本条件，故本书在此不考虑上市公

---

①　发行前 3 年的累计净利润超过 3000 万元人民币；发行前 3 年累计净经营性现金流超过 5000 万元人民币或累计营业收入超过 3 亿元；无形资产与净资产比例不超过 20%；过去 3 年的财务报告中无虚假记载。

司无法从银行获得贷款的情况，仅考虑上市公司在获取贷款后能否顺利履约。作为资金提供方，商业银行在面对不同上市公司时，通常会制定差异化的贷款利率，该利率即是上市公司需承担的债务融资成本，本书以此为切入点，分析经营分部信息披露对多元化经营企业债务融资成本的影响。

假设银行的存款利率为 r_1，贷款利率为 r_2（$r_2 = R_B$，R_B 为多元化上市公司承担的债务融资成本），则存贷利差为 $r_2 - r_1$，上市公司履行贷款合约按期的概率为 q（对特定上市公司而言，先假设对 q 为一个定值），贷款发生损失的概率为 $1 - q$。为保障本息，商业银行在贷款发放前需对多元化企业进行授信审查，在贷款发放后需对企业实施监督，故设银行按期收回本金和利息要花费前期审查及后期监督成本为 C。一方面，C 与上市公司的贷款规模 K 呈正相关关系，故假设 $C = wK$，参数 $w > 0$；另一方面，对多元化经营的上市公司而言，对其业务进行分项分析已成为银行授信审查的重要流程，故其对外披露的经营分部信息是商业银行重要的贷前审查与贷后监督依据，故假设上市公司经营分部信息披露质量 $OPDQ$ 越高（本章变量 $OPDQ$ 的定义与第 4 章一致，不作赘述），银行监督相关成本越低，即 $C = f(OPDQ)wK$，$\dfrac{\partial f}{\partial OPDQ} < 0$。

5.1.2 模型求解

在信息不对称情况下，银行提供贷款的期望利润是贷款金额 K 的函数，表示为：

$$ER(K) = q[(r_2 - r_1)K] - (1 - q)(1 + r_1)K - f(OPDQ)wK$$

$$(5 - 1)$$

银行要实现期望利润最大化，则需要满足下列条件，即：$\partial ER(K)/\partial K = 0$，得到：

$$r_2 = (r_1 + 1)/q + f(OPDQ)w/q - 1 \qquad (5 - 2)$$

式（5 - 2）包括的经济含义是：当银行对多元化企业的经营情况不完全了解时，可基于资金成本（存款利率 r_1）、由上市公司经营分部信息披露质量决定的审查及监督成本 $f(Q)$，来确定不同贷款利率，从而实现期望利润 $ER(K)$ 最大化。由于商业银行的资金成本 r_1 通常由政策、市场等宏观因素决定，故本书假设其为常数；于是，对多元化经营的上市公司而言，经营分部信息披露质量 $OPDQ$ 越高，则 $f(OPDQ)$ 越小，贷款利率越低。

已有研究表明，经营分部信息使多元化经营的上市公司各业务、地区的经营情况更加透明，给债权人全方位监督管理层行为带来便利（Bens and Monahan，2004），减小管理层寻租的可能性，同时提高管理层投资、运营决策质量，保障企业偿债能力。因此，经营分部信息披露质量 Q 极有可能对上市公司履约概率带来积极影响。故进一步假设 $q^* = g(OPDQ)q$，$\dfrac{\partial g(OPDQ)}{OPDQ} > 0$，则式（5-2）可变为：

$$r_2 = (r_1 + 1)/g(OPDQ)q + f(OPDQ)w/g(OPDQ)q - 1 \qquad (5-3)$$

显然，随着经营分部信息披露质量 $OPDQ$ 的增加，$g(OPDQ)$ 值增加，商业银行制定的贷款利率 r_2 将进一步减小，由于 $r_2 = R_B$，即企业向商业银行进行债务融资的成本 R_B 将减小。

接着，依据企业价值理论，企业价值 V 的计算公式为：$V = \sum\limits_{i=1}^{n} \dfrac{NCF}{1 + R_{wacc}}$，其中 $R_{wacc} = \left(\dfrac{S}{B+S}\right)R_s + \left(\dfrac{B}{B+S}\right)R_B(1-t)$（$R_B$ 债务融资成本），可知，债务成本 R_B 是影响企业价值的重要因素，债务融资成本的下降即意味着企业价值的上升。综上所述，经营分部信息披露质量的提升将降低债务融资成本，提升企业价值。

5.2　研究假设提出

5.2.1　经营分部信息披露对债务融资成本的影响

代理理论认为，企业是一个契约集合体，关联着一系列利益相关者，其中与债权人的契约关系尤为重要。在该契约代理成本增加的情况下，债务人的违约风险陡然上升，债权人会抬高风险溢价，进而推动企业债务成本的提高（王艺霖和王爱群，2014）。信息不对称理论认为，拥有信息优势的交易者会剥夺信息劣势交易者的利益，从而导致信息劣势者要求更高的风险溢价来弥补信息缺失（Admati，1985）。随着我国上市公司多元化经营趋势越发显著，其业务通常横跨几个性质、风险、盈利能力迥异的产业和市场。在此情况下，银行等主要贷款人的授信活动也对信息提出了更高需求，例如，《中国银行授信业务尽职调查指引》指出，在银行授信过程中，需对企业经营及财务情况进行全面调查，特别对于具有多项业务的综合性公司，或集团统一授信的多家企业有多重业务的应分项进行分析。在此情况下，即使企业真实地披露合并报表财务信息，也无法使银行全面了解企业各业务的经营情况，同时，多元化经营还为内部人实施寻租行为、损害债权人利益提供了更多机会（王静和张天西，2017），管理层凭借信息优势，可通过盈余管理、过度投资等寻租手段侵占债权人权益，产生代理成本（王晓亮等，2019），提高风险溢价水平。

根据《企业会计准则解释第3号》要求，企业需依照分部划分确定性、会计信息完整性和经济特征差异性三个递进维度披露经营分部信息。上述信息全面地展示了企业多元化经营的总体布局、财务情况和特色优势，为银行等贷款方深入了解公司经营状况、降低信息不对称程度、缓解代理冲突（许志勇和邓超，2019）提供了信息基础，极有可能是解决银企间契约成本问题的重要支撑。第一，多元化经营的上市公司，其业绩、风险及潜在增长机会在不同业务或地区间通常存在较大差异（Blanco et al.，2015），使基于合并报表展开的财务分析只能"浮于表面"。但是较之合并报表，经营分部信息可使投资者单独考察不同业务所产生的现金流及风险，形成精细评估、逐一加总的细化评估方式（Chen and Zhang，2003），有效提升授信前期调查的工作效率和可靠性，从而降低由信息缺失带来的授信风险溢价。第二，经营分部信息使企业各业务、地区的经营情况更加透明，给贷款方从各个角度全方位地监督管理层行为带来便捷性（Bens and Monahan，2004），降低管理层寻租的可能性，同时可提高管理层投资、运营决策质量，保障企业偿债能力，控制违约风险，进而降低由代理成本产生的风险溢价（Hope and Thomas，2008）。综上所述，本书提出如下三个假设。

假设 $H_{5.1a}$：分部划分确定性有助于企业降低债务融资成本。

假设 $H_{5.1b}$：在明确分部划分的基础上，各经营分部会计信息完整性有助于企业降低债务融资成本。

假设 $H_{5.1c}$：在会计信息相对完整的情况下，不同经营分部间经济特征差异性有助于企业降低债务融资成本。

5.2.2 组织可见度的调节作用

基于上文分析，经营分部信息披露可从缓解代理冲突和降低信息不对称性两个方面降低债务融资成本。但目前，在我国尚不发达的金融市场中，市场中的参与者难以分析和消化市场中的所有信息（肖奇和屈文洲，2017），经营分部信息通过上述机制发挥的效能难免会打折扣。而近年来，随着互联网和信息技术的发展，组织可见度对社会经济生活的影响越发突出，可有效协助经营分部信息发挥监督作用，降低信息不对称性。

其一，媒体及分析师可通过对信息的收集、整理、加工和传播降低信息使用者的搜索成本，提升信息披露的受关注度（方军雄等，2018；杨广青等，2020）。具体而言，媒体、分析师对企业经营事件、高管动态以及关联方情况等信息的报道和分解能够提高企业知名度，使企业成为市场焦点（周开国等，2016），不仅增加了上市公司年报受关注程度，还提升了债权人将该企业作为潜在授信客户的意向（刘常建等，2019）。以此为基础，在授信过程中，债权人必将企业披露的经营分部信息作为授信依据进行全面的分析和解读，进一步降低银企间信息不对称水平。杨广青等（2020）发现，媒体报道可对企业年报中的环境信息发挥"放大镜"功能，使该特定信息得到更高水平的社会关注；伊志宏等（2019）研究发现，分析师对特定公司的关注可降低其股票的股价同步性，具体机制在于分析师可使公司特质信息受到更多投资者关注，引起更强烈的市场反应，佐证上述观点。

其二，媒体及分析师关注作为重要的外部治理机制之一，可提升会计稳健性水平（黄静如和刘永模，2020），更好地发挥经营分部信息的内部治理功效。对企业管理者而言，其声誉在财富获取、留任升职等方面发挥着重要作用，而媒体和分析师对企业财务作假等寻租行为的揭露可对其声誉造成严重损害，作为会计稳健性的供给方，管理层为了避免声誉受损导致的巨大损失，将减少虚假披露、盈余管理等行为（Joe et al.，2009；于忠泊等，2011）。此外，媒体及分析师对企业寻租行为的报道还可能引发行政介入及处罚（Dyck，2008；李培功和沈艺峰，2010），给企业带来巨大的监管压力，迫使企业提高会计稳健性（Watts，2003）。因此，在组织可见度较高的情况下，企业对外披露的经营分部信息必将更加真实地反映出其多元化经营水平，提升利益相关者对管理层行为监督的有效性，使债权人可更安心地基于该信息开展授信工作，进一步降低由代理冲突产生的交易成本。故本书提出如下三个假设。

假设 $H_{5.2a}$：组织可见度会加强分部划分确定性降低债务融资成本的效果。

假设 $H_{5.2b}$：组织可见度会加强各经营分部会计信息完整性降低债务融资成本的效果。

假设 $H_{5.2c}$：组织可见度会加强不同经营分部间经济特征差异性降低债务融资成本的效果。

5.2.3 经营分部信息披露对企业价值影响中债务融资成本的中介作用

由企业价值理论可知，债务融资成本的下降即意味着企业价值的上升（Modigliani and Miller，1958；Ross et al.，2008）。已有研究发现，债务融资成本上升意味着债权人的正当收益正在受到威胁，即企业无法支付利息或无法偿还债务，势必影响市场投资者对企业的估值。同时，较高的债务融资成本意味着企业也必须向债权人支付更高的收益回报以争取贷款资金，导致企业融资项目承担了更高的经营成本（吴鲲，2011），使企业不得不以大量营运资金偿还债务利息、增加资金链断裂风险（顾小龙等，2018），影响企业经营活动的稳定性，进而降低企业总体估值水平。

现有学者也就债务融资成本与企业价值的关系展开了一定研究，佐证了债务融资成本与企业价值间的负相关关系。例如，张亚洲（2020）以

2009～2018 年沪深两市 A 股上市公司为研究对象，利用多元回归模型和中介效用模型发现内部控制有效性可以通过缓解企业的融资约束、降低其债务融资成本，提高企业价值；吴世农等（2019）认为，企业采用"应收票据"和"应付账款"会计科目可有效降低债务融资成本，进而提升自身企业价值；贺小刚等（2020）基于 2007～2018 年中国上市企业数据的检验结果表明，期望落差状态下适度的长期债务融资可提高企业的价值能力。综上所述，债务融资成本是影响企业价值的重要因素，债务融资成本的降低可为企业带来价值的提升。同时，结合前文假设分析，经营分部信息披露质量的提升可有效降低企业债务融资成本。故本书提出如下三个假设。

假设 $H_{5.3a}$：分部划分确定性可通过降低债务融资成本提升企业价值。

假设 $H_{5.3b}$：在明确分部划分的基础上，各经营分部会计信息完整性可通过降低债务融资成本提升企业价值。

假设 $H_{5.3c}$：在会计信息相对完整的情况下，不同经营分部间经济特征差异性可通过降低债务融资成本提升企业价值。

5.3 实证研究设计

5.3.1 模型设计

首先，为检验经营分部信息披露质量（$OPDQ_1$、$OPDQ_2$、$OPDQ_3$）对债务融资成本的影响（假设 $H_{5.1a}$、假设 $H_{5.1b}$ 和假设 $H_{5.1c}$），本书构建模型式（5-4）。值得说明的是，由于当期的信息披露质量影响的是未来一期的债务成本，为克服内生性问题，本章参考王艺霖和王爱群（2014）的研究，研究经营分部信息披露质量对未来一期债务融资成本及企业价值的影响，分别记作 COD_{t+1} 和 $TOBINQ_{t+1}$。

与第 4 章一致，本章实证模型均为双向固定效应模型，并对标准误进行聚类稳健处理。

$$COD_{it+1} = \alpha + u_i + \lambda_t + \beta_1 OPDQ_{it} + \beta_2 Control_{it} + \varepsilon_{it} \qquad (5-4)$$

其中，COD_{it+1} 为被解释变量：企业未来一期债务融资成本；u_i 和 λ_t 分别为个体固定效应变量和时间固定效应变量，$OPDQ$ 为主要解释变量，包含分部划分确定性（$OPDQ_1$）、会计信息完整性（$OPDQ_2$）、经济特征差异性（$OPDQ_3$）三个维度，$Control$ 为控制变量向量，包含本章选取的 11 个控制变量，ε_{it} 为残差项。

接着，与上文类似，在式（5-4）的基础上加入组织可见度 OV（包含分析师关注水平 AA、媒体关注水平 MA）和经营分部信息披露质量与组织可见度的乘积项（$OPDQ * OV$），构建出由式（5-5）代表的调节效应模型验证组织可见度对分部划分确定性、会计信息完整性、经济特征差异性与债务融资成本关系的调节作用（假设 $H_{5.2a}$、假设 H5.2b 和假设 $H_{5.2c}$）。

$$COD_{it+1} = \alpha + u_i + \lambda_t + \beta_1 OPDQ_{it} + \beta_2 OV_{it} + \beta_3 OPDQ_{it} * OV_{it}$$
$$+ \beta_4 Control_{it} + \varepsilon_{it} \qquad (5-5)$$

最后，为检验债务融资成本在经营分部信息披露质量与企业价值间的中介作用（假设 $H_{5.3a}$、假设 $H_{5.3b}$ 和假设 $H_{5.3c}$），与上一章类似，本书基于温忠麟等（2004）的观点，构建式（5-6）、式（5-7）和式（5-8）组成的中介效应模型（该中介模型控制变量与式（5-4）、式（5-5）一致）。

$$TOBINQ_{it+1} = \alpha + u_i + \lambda_t + \beta_1 OPDQ_{it} + \beta_2 Control_{it} + \varepsilon_{it} \qquad (5-6)$$

$$COD_{it+1} = \alpha + u_i + \lambda_t + \beta_1 OPDQ_{it} + \beta_2 Control_{it} + \varepsilon_{it} \qquad (5-7)$$

$$TOBINQ_{it+1} = \alpha + u_i + \lambda_t + \beta_1 OPDQ_{it} + \beta_2 COD_{it+1} + \beta_3 Control_{it} + \varepsilon_{it}$$
$$(5-8)$$

5.3.2　变量说明

（1）被解释变量：债务融资成本（COD_{t+1}）。本书参考倪娟（2019）、王营和曹廷求（2014）的方法，采用企业未来一年的利息支出占总负债的比重对其进行衡量。企业价值沿用上一章的刻画方式，即用企业未来一年的 $TOBINQ_{t+1}$ 值对其进行衡量。

（2）解释变量：经营分部信息披露质量（$OPDQ$）。与第 4 章实证部分一致，依次从分部划分确定性（$OPDQ_1$）、各经营分部会计信息完整性（$OPDQ_2$）以及不同经营分部间经济特征差异性（$OPDQ_3$）三个递进指标对其进行评价。

（3）调节变量：组织可见度（OV）。与上文研究一致，选用分析师关注（AA）和媒体关注（MA）两个指标衡量企业组织可见度水平，分别以跟踪企业的分析师人数加一后的对数值和在《中国重要报纸全文数据库》中每家公司的年度新闻报道量加一后的对数值进行刻画。

（4）控制变量。现有研究认为，企业特征、盈利能力、内部控制质量、公司治理、产权性质、股权结构等是影响公司债务融资成本的重要因素（苏灵等，2011；陈汉文和周中胜，2014；顾乃康和周艳利，2017；潘爱玲等，2019；范小云等，2017；Jabbouri and Naili，2019；贺小刚等，2020；王运通和姜付秀，2017；杨昌辉和张可莉，2016），因此，本书选取了资产规模（$SIZE$）、企业性质（EN）、资产负债率（ALR）、有形资产率（TAR）、现金流水平（CF）、盈利能力（ROA）、净利润增长率（$NPGR$）、竞争地位（PMC）、风险水平（β）、股权集中度（EC）、独立董事占比（PID）11 个控制变量。各变量定义及说明如表 5 - 1 所示。

表 5 - 1 　　　　　　　　　　　各变量定义及说明

变量性质	变量名称	变量符号	变量描述
被解释变量	未来一期债务融资成本	COD_{t+1}	利息支出/负债总额
	未来一期企业价值	$TOBINQ_{t+1}$	（年末股权市值 + 年末净债务市值）/年末总资产账面价值，其中：非流通股权市值用净资产代替计算
解释变量	分部划分确定性	$OPDQ_1$	0 - 1 变量，若企业当年说明了分部的划分情况及依据，取值为 1，反之则为 0
	会计信息完整性	$OPDQ_2$	由文章 3.2 节中表 3 - 1 所示的指标体系进行评分得到
	经济特征差异性	$OPDQ_3$	特定上市公司各经营分部资产利润率最大值与最小值之差

续表

变量性质	变量名称	变量符号	变量描述
调节变量	组织可见度（以分析师关注水平为代理）	OV（AA）	当年跟踪上市公司的分析师数加 1 后取自然对数
	组织可见度（以媒体关注水平为代理）	OV（MA）	在《中国重要报纸全文数据库》中每家公司的全年的新闻报道数量加 1 后取自然对数
控制变量	资产规模	$SIZE$	总资产的对数值
	企业性质	EN	若企业为国有企业为 1，非国有企业为 0
	资产负债率	ALR	总负债/总资产
	有形资产率	TAR	有形资产/总资产
	现金流水平	CF	企业当年经营活动现金流
	盈利能力	ROA	净利润/总资产
	净利润增长率	$NPGR$	（当年净利润—去年净利润)/去年净利润
	竞争地位	PMC	企业勒那指数
	风险水平	β	上市公司贝塔系数
	股权集中度	EC	前五大股东持股比例
	独立董事占比	PID	独立董事人数/董事总人数

5.3.3　样本选择与数据来源

与本书第 4 章一致，将样本定位于我国上证 A 股制造业上市公司群体，且样本的时间区间为 2014～2019 年。在数据处理方面，首先剔除 ST 企业、重要财务数据残缺的企业，并进一步对利息支出为负的样本企业进行了剔除，共得到样本企业 734 家。

本书通过手工整理各上市公司年报获得经营分部信息披露质量的相关数据；组织可见度中的媒体关注数据利用 Python 的方法基于《中国重要报纸全文数据库》检索而来，其他指标数据均由 CSMAR 数据库获得。

5.4 实证结果与分析

5.4.1 描述性统计与相关性分析

表 5-2 为本书各变量描述性统计及共线性检验结果。由表 5-2 可见：（1）$TOBINQ_{t+1}$ 与 COD_{t+1} 的均值分别为 2.3051 和 0.0232，标准差为 4.2471 和 0.0155，表明本章样本企业的企业价值与债务融资成本适中，不同企业间存在一定差异。（2）$OPDQ_1$、$OPDQ_2$、$OPDQ_3$ 的均值分别为 0.4460、4.7583 和 0.3916，标准差分别为 0.4973、3.1251 和 0.3517，表明样本企业在分部划分确定性、会计信息完整性、经济特征差异性方面水平参差不齐，且距有关部门要求仍有一定距离。（3）其余控制变量均值、标准差、极值均在合理范围内，在此不再赘述。各变量 VIF 值的结果均小于 5，表明本书模型不存在多重共线性问题。

表 5-2　　　　　　　　各变量描述性统计及 VIF 检验结果

变量名	均值	标准差	最小值	最大值	VIF 值
$TOBINQ_{t+1}$	2.3051	4.2471	0.7154	126.95	
COD_{t+1}	0.0232	0.0155	0.0002	0.0740	1.35
$OPDQ_1$	0.4460	0.4973	0	1	3.30
$OPDQ_2$	4.7583	3.1251	0	0	3.30
$OPDQ_3$	0.3916	0.3517	0.0001	2.3444	1.02
AA	1.3234	1.2099	0	4.3307	1.11
MA	0.7178	0.9818	0	5.6347	1.26
$SIZE$	22.2638	1.2878	19.5397	25.8846	2.08
EN	0.3623	0.4807	0	1	1.22
ALR	0.4344	0.2084	0.0647	0.9889	2.17
TAR	0.9395	0.0573	0.6914	1	1.08

变量名	均值	标准差	最小值	最大值	VIF 值
CF	6.71e+08	1.83e+09	−1.48e+09	1.13e+10	1.50
ROA	0.0464	0.0590	−0.1838	0.2073	2.53
$NPGR$	−2.1872	63.6865	−3489.227	505.8035	1.10
PMC	0.0799	0.1405	−0.6665	0.4269	2.01
β	1.2044	0.3595	0.0219	3.0324	1.09
EC	50.0423	15.5879	16.2465	85.2607	1.16
PID	0.3644	0.0773	0	0.5714	1.03

本章同样利用 Pearson 相关系数矩阵对各变量多重共线性问题进行了补充验证，结果如表 5 - 3 所示，各变量间相关系数均小于 0.5，进一步证明了本书模型不存在多重共线性问题。

5.4.2 回归结果分析

5.4.2.1 主模型回归结果

与上一章一致，本章同样采用聚类稳健标准误的双向固定效应模型进行回归。表 5 - 4 中列（1）~列（3）列示了式（5 - 4）分别以分部划分确定性（$OPDQ_1$）、会计信息完整性（$OPDQ_2$）和经济特征差异性（$OPDQ_3$）为主要解释变量时的回归结果。

结果显示，$OPDQ_1$ 的回归系数未通过显著性检验，$OPDQ_2$ 和 $OPDQ_3$ 的回归系数均在 10% 的置信水平下显著为负，表明尽管企业改善分部划分确定性无法对债务融资成本产生显著影响，但提升会计信息完整性以及经济特征差异性有助于其降低未来一期债务融资成本，验证了本章假设 $H_{5.1b}$ 和假设 $H_{5.1c}$。出现上述结果的原因可能是，若企业仅披露各分部的划分情况，债权人仅能获得企业经营业务或地区的大致轮廓，对商业银行授信前期需进行的尽职调查而言帮助甚微。但会计信息完整性可使授信方详细了解企业不同经营分部的财务信息，是尽职调查的关键信息。此外，对于在披露中体现不同经营分部间经济特征差异的上市公司，授信者可利用财务分析手段比较各分部的前景差异（Harris，1998），进而挖掘出该企业

表 5 - 3　各变量的 Pearson 相关系数矩阵

变量	TOBINQ	COD	$OPDQ_1$	$OPDQ_2$	$OPDQ_3$	AA	MA	SIZE	EN	ALR	TAR	CF	ROA	NPGR	PMC	β	EC	PID
TOBINQ	1.000																	
COD	-0.097	1.000																
$OPDQ_1$	-0.081	0.080	1.000															
$OPDQ_2$	-0.071	0.063	0.832	1.000														
$OPDQ_3$	-0.045	-0.015	0.047	0.045	1.000													
AA	-0.055	-0.075	0.076	0.109	-0.044	1.000												
MA	-0.004	0.077	0.079	0.106	-0.267	0.221	1.000											
SIZE	-0.249	0.197	0.217	0.285	0.046	0.471	0.338	1.000										
EN	-0.043	0.069	0.067	0.143	-0.123	-0.013	0.206	0.274	1.000									
ALR	0.035	0.487	0.083	0.125	-0.002	-0.039	0.182	0.401	0.273	1.000								
TAR	-0.054	-0.093	-0.108	-0.093	-0.036	-0.007	-0.017	0.001	0.106	-0.045	1.000							
CF	-0.047	0.003	0.133	0.167	0.041	0.367	0.249	0.543	0.116	0.107	0.027	1.000						
ROA	0.063	-0.328	-0.080	-0.080	-0.005	0.388	-0.017	-0.098	-0.224	-0.496	0.060	0.175	1.000					
NPGR	-0.002	-0.032	0.013	0.013	0.008	0.036	0.014	0.006	-0.008	-0.070	0.037	0.023	0.127	1.000				
PMC	-0.117	-0.171	-0.001	-0.030	-0.002	0.379	0.007	0.073	-0.164	-0.349	-0.007	0.137	0.697	0.065	1.000			
β	-0.079	0.017	0.046	0.011	-0.030	-0.114	-0.191	-0.094	0.013	-0.047	0.045	-0.154	-0.060	0.035	0.001	1.000		
EC	-0.115	-0.174	0.046	0.045	-0.026	0.170	-0.043	0.110	-0.026	-0.138	0.064	0.188	0.245	0.011	0.220	0.022	1.000	
PID	0.035	-0.042	-0.040	-0.022	-0.132	0.048	0.083	-0.029	0.063	-0.021	0.012	0.040	0.046	-0.008	0.019	0.001	0.056	1.000

表 5 - 4　　　　　经营分部信息披露对债务融资成本的影响

变量	COD_{t+1}	COD_{t+1}	COD_{t+1}
	（1）	（2）	（3）
$OPDQ_1$	-0.0014 （-0.443）		
$OPDQ_2$		-0.0009 * （-1.748）	
$OPDQ_3$			-0.0007 * （-1.709）
$SIZE$	-0.0034 （-1.151）	-0.0032 （-1.151）	0.0032 （0.827）
EN	-0.0206 （-1.251）	-0.0213 ** （-2.047）	-0.0099 （-0.481）
ALR	0.0341 ** （2.321）	0.0336 *** （3.474）	0.0298 （1.374）
TAR	-0.0638 * （-1.941）	-0.0675 *** （-2.627）	-0.0597 （-1.368）
CF	0.0001 * （1.649）	0.0001 （1.088）	0.0001 （1.337）
ROA	-0.0293 （-1.287）	-0.0315 （-1.473）	-0.0419 （-1.267）
$NPGR$	0.0001 （0.334）	0.0001 （0.177）	-0.0001 ** （-2.261）
PMC	-0.0081 （-0.517）	-0.0077 （-0.546）	-0.0007 （-0.030）
β	0.0030 （1.175）	0.0031 （1.361）	0.0054 （1.564）
EC	-0.0001 （-0.105）	-0.0001 （-0.177）	-0.0001 （-0.454）
PID	-0.0250 （-1.318）	-0.0243 （-1.095）	-0.0389 * （-1.658）

续表

变量	COD_{t+1}	COD_{t+1}	COD_{t+1}
	（1）	（2）	（3）
_cons	0.1507 * (2.085)	0.1521 ** (2.172)	0.0024 (0.027)
固定效应	个体/年份	个体/年份	个体/年份
R^2	0.115	0.118	0.105

通过实施多元化战略形成的独特竞争优势及利润增长点，同时，对于不少制造业企业而言，该竞争优势往往分布于绿色低碳、现代物流、资本服务等领域，具备光明的发展前景，可获得债权人的高度认可（李平等，2017），使其愿意以更低的回报要求出借资金。

与上一章结果不同的是，提升经营分部信息披露中的会计信息完整性和经济特征差异性可直接作用于企业未来一期债务融资成本，造成这一差异的原因在于，与资本市场广大普通投资者相比，银行授信人员通常具备一定的金融专业知识，对上市公司年报具备一定的解读能力，可直接利用经营分部信息改善授信过程；而普通投资者财务分析能力较弱，需借助如分析师等专业人士的辅助方可提升估值及监督水平。

在控制变量方面，资产负债率 *ALR* 的回归结果显著为正，表明负债水平较高的企业债务融资成本更高；有形资产率 *TAR* 的回归结果显著为负，说明商业银行通常会给予抵押担保条件较好的企业以更低的贷款利率；上述结果均符合一般常识。

5.4.2.2　调节效应模型回归结果

为进一步验证假设 $H_{5.2a}$、假设 $H_{5.2b}$ 和假设 $H_{5.2c}$，考察组织可见度的调节作用，本书对式（5-5）进行回归。首先，本书以分析师关注（*AA*）作为组织可见度（*OV*）的代理变量进行回归，并重点关注分部划分确定性与分析师关注的乘积项（$AA \times OPDQ_1$）、会计信息完整性与分析师关注的乘积项（$AA \times OPDQ_2$）和经济特征差异性与分析师关注的乘积项（$AA \times OPDQ_3$）的结果。由表 5-5 可见，列（1）~列（3）中 $AA \times OPDQ_1$、$AA \times OPDQ_2$ 和 $AA \times OPDQ_3$ 的回归系数均未通过显著性检验，表明分析师无法对经营分部信息披露与企业未来一期债务融资成本的关系起到调节作用。

表5-5   组织可见度（以分析师关注为代理）对经营分部信息披露
与债务融资成本关系的调节作用

变量	COD_{t+1}	COD_{t+1}	COD_{t+1}
	（1）	（2）	（3）
$OPDQ_1$	0.0013 （0.328）		
$OPDQ_2$		-0.0006 （-0.794）	
$OPDQ_3$			0.0006 （0.328）
AA	0.0016 （1.340）	0.0016 （1.310）	0.0019 （1.181）
$AA \times OPDQ_1$	-0.0015 （-1.220）		
$AA \times OPDQ_2$		-0.0002 （-0.645）	
$AA \times OPDQ_3$			-0.0007 （-0.837）
$SIZE$	-0.0041 （-1.366）	-0.0039 （-1.295）	-0.0046 （-1.210）
EN	-0.0191 （-1.225）	-0.0199 （-1.314）	-0.0101 （-0.458）
ALR	0.0348** （2.353）	0.0344** （2.307）	0.0319 （1.546）
TAR	-0.0677** （-2.074）	-0.0703** （-2.145）	-0.0675 （-1.549）
CF	0.0001 （1.626）	0.0001 （1.607）	0.0001** （2.389）
ROA	-0.0300 （-1.315）	-0.0326 （-1.449）	-0.0359 （-1.193）
$NPGR$	0.0001 （0.503）	0.0001 （0.384）	-0.0001** （-2.480）

续表

变量	COD_{t+1}	COD_{t+1}	COD_{t+1}
	（1）	（2）	（3）
PMC	− 0.0084 （− 0.550）	− 0.0081 （− 0.529）	− 0.0117 （− 0.525）
β	0.0027 （1.092）	0.0029 （1.157）	0.0010 （0.307）
EC	− 0.0001 （− 0.005）	− 0.0001 （− 0.105）	0.0001 （0.202）
PID	− 0.0280 （− 1.472）	− 0.0267 （− 1.417）	− 0.0405 * （− 1.860）
_cons	0.1677 ** （2.290）	0.1671 ** （2.290）	0.1792 ** （2.032）
固定效应	个体/年份	个体/年份	个体/年份
R^2	0.119	0.122	0.126

接着，本书以媒体关注（MA）作为组织可见度（OV）的代理变量，回归结果如表 5 - 6 所示，列（2）和列（3）中的 $MA \times OPDQ_2$ 和 $MA \times OPDQ_3$ 的回归系数分别在 10% 及 1% 的水平下显著为负，R^2 值分别为 0.119 和 0.124，较表 5 - 4 中列（2）和列（3）分别提高了 0.001 和 0.019，表明媒体关注能提升会计信息完整性、经济特征差异性降低未来一期债务融资成本的效果，证实了假设 $H_{5.2b}$ 和假设 $H_{5.2c}$ 的推论。这一结果源于：分析师与媒体相比，分析师更侧重于专业分析能力，媒体则更侧重于宣传和声誉作用，由于银行授信人员等债权方拥有一定的专业评估和分析能力，并不需要依赖分析师研报等开展授信工作；此外，分析师研报也主要针对该公司未来股票价格走势进行分析，而非评估授信企业未来偿债能力，且其主要使用者多为资本市场投资者，并非银行授信的参考依据。而媒体关注可起到显著调节作用的原因在于，相对于分析师而言，媒体报道具备更强的声誉机制，一方面，该声誉机制能更大程度地提高企业知名度，增加银行的潜在授信意向；另一方面，该声誉对企业管理者而言意义重大，可对企业

管理者财务作假等寻租行为发挥出强大的威慑力，迫使其减少虚假披露、盈余管理等行为，提高信息披露的可靠性（Joe et al.，2009；于忠泊等，2011），使债权人可更为放心地对企业进行授信，降低债务融资成本。

表 5 - 6　　组织可见度（以媒体关注为代理）对经营分部信息披露
与债务融资成本关系的调节作用

变量	COD_{t+1}	COD_{t+1}	COD_{t+1}
	(1)	(2)	(3)
$OPDQ_1$	-0.0017 (-0.433)		
$OPDQ_2$		-0.0009 (-1.281)	
$OPDQ_3$			-0.0001 (-0.066)
MA	0.0007 (0.505)	0.0009 (0.653)	0.0012 (0.790)
$MA \times OPDQ_1$	0.0004 (0.290)		
$MA \times OPDQ_2$		-0.0007* (-1.857)	
$MA \times OPDQ_3$			-0.0016*** (-3.118)
$SIZE$	-0.0034 (-1.141)	-0.0032 (-1.090)	-0.0037 (-0.991)
EN	-0.0202 (-1.217)	-0.0210 (-1.312)	-0.0123 (-0.535)
ALR	0.0343** (2.321)	0.0338** (2.276)	0.0299 (1.472)
TAR	-0.0637* (-1.946)	-0.0669** (-2.030)	-0.0662 (-1.507)
CF	0.0001* (1.663)	0.0001* (1.714)	0.0001** (2.367)

续表

变量	COD_{t+1}	COD_{t+1}	COD_{t+1}
	(1)	(2)	(3)
ROA	-0.0301	-0.0323	-0.0353
	(-1.318)	(-1.422)	(-1.144)
NPGR	0.0001	0.0001	-0.0001***
	(0.410)	(0.257)	(-2.584)
PMC	-0.0077	-0.0077	-0.0094
	(-0.493)	(-0.497)	(-0.420)
β	0.0030	0.0031	0.0014
	(1.166)	(1.225)	(0.411)
EC	-0.0001	-0.0001	0.0001
	(-0.136)	(-0.211)	(0.092)
PID	-0.0253	-0.0248	-0.0390*
	(-1.336)	(-1.320)	(-1.824)
_cons	0.1502**	0.1515**	0.1617*
	(2.058)	(2.084)	(1.867)
固定效应	个体/年份	个体/年份	个体/年份
R^2	0.116	0.119	0.124

5.4.2.3 中介效应模型回归结果

与第 4 章一致，本书在此进一步验证经营分部信息披露降低未来一期债务融资成本，提升未来一期企业价值的中介过程，结果如表 5-7 所示，首先，列（3）、列（6）和列（9）中的 COD_{t+1} 的回归系数均显著为负，验证了债务融资成本与企业价值的负相关关系。接着，列（1）~列（3）、列（4）~列（6）、列（7）~列（9）依次列示了使用 $OPDQ_1$、$OPDQ_2$、$OPDQ_3$ 为主要自变量时的中介效应过程结果。由表 5-7 可见，列（4）、列（7）中的 $OPDQ_2$ 与 $OPDQ_3$ 对企业未来一期价值的影响均在 10% 的置信水平下显著为正，列（5）和列（8）中 $OPDQ_2$ 与 $OPDQ_3$ 可降低企业未来一期债务融资成本。同时，列（6）与列（9）中的 COD 的回归系数显著

表5-7 经营分部信息披露对企业价值影响中债务融资成本的中介作用

变量	式(5-6) $TOBINQ_{t+1}$	式(5-7) COD_{t+1}	式(5-8) $TOBINQ_{t+1}$	式(5-6) $TOBINQ_{t+1}$	式(5-7) COD_{t+1}	式(5-8) $TOBINQ_{t+1}$	式(5-6) $TOBINQ_{t+1}$	式(5-7) COD_{t+1}	式(5-8) $TOBINQ_{t+1}$
	(1)	(2)	(3)	(4)	(5)	(6)	(7)	(8)	(9)
COD_{t+1}			-4.0098* (-1.760)			-3.8483* (-1.745)			-5.7546** (-2.180)
$OPDQ_1$	0.0896 (0.663)	-0.0014 (-0.443)	0.0841 (0.611)						
$OPDQ_2$				0.0452* (1.675)	-0.0009* (-1.748)	0.0416 (1.281)			
$OPDQ_3$							0.1257* (1.920)	-0.0007* (-1.709)	0.0338 (0.773)
$SIZE$	-2.2531*** (-3.952)	-0.0034 (-1.151)	-2.2666*** (-3.995)	-2.2614*** (-13.448)	-0.0032 (-1.151)	-2.2737*** (-13.527)	-2.1332*** (-10.433)	0.0032 (0.827)	-0.0338 (-0.773)
EN	-1.1425** (-2.285)	-0.0206 (-1.251)	-1.2250** (-2.297)	-1.1123* (-1.757)	-0.0213** (-2.047)	-1.1943* (-1.884)	0.1436 (0.224)	-0.0099 (-0.481)	-0.9124* (-1.696)
ALR	2.9041** (2.017)	0.0341** (2.321)	3.0410** (2.123)	2.9267*** (4.968)	0.0336*** (3.474)	3.0562*** (5.154)	1.7814** (2.389)	0.0298 (1.374)	2.6937*** (3.658)
TAR	8.0103* (1.883)	-0.0638* (-1.941)	7.7544* (1.825)	8.1760*** (5.234)	-0.0675*** (-2.627)	7.9163*** (5.051)	2.5525 (1.380)	-0.0597 (-1.368)	3.8320* (1.734)

续表

变量	式 (5-6) $TOBINQ_{t+1}$ (1)	式 (5-7) COD_{t+1} (2)	式 (5-8) $TOBINQ_{t+1}$ (3)	式 (5-6) $TOBINQ_{t+1}$ (4)	式 (5-7) COD_{t+1} (5)	式 (5-8) $TOBINQ_{t+1}$ (6)	式 (5-6) $TOBINQ_{t+1}$ (7)	式 (5-7) COD_{t+1} (8)	式 (5-8) $TOBINQ_{t+1}$ (9)
CF	0.0001 (1.633)	0.0001* (1.649)	0.0001* (1.684)	0.0001** (2.202)	0.0001 (1.088)	0.0001** (2.272)	0.0001 (1.304)	0.0001 (1.337)	0.0001* (1.672)
ROA	5.5190** (1.991)	-0.0293 (-1.287)	5.4073** (1.960)	5.6208*** (4.318)	-0.0315 (-1.473)	5.4995*** (4.225)	5.0366*** (2.899)	-0.0419 (-1.267)	1.9359 (1.003)
$NPGR$	-0.0043* (-1.856)	0.0001 (0.334)	-0.0042* (-1.917)	-0.0040** (-2.046)	0.0001 (0.177)	-0.0040** (-2.038)	0.0335*** (3.741)	-0.0001** (-2.261)	-0.0026* (-1.770)
PMC	-2.3329 (-0.595)	-0.0081 (-0.517)	-2.3637 (-0.603)	-2.3340*** (-2.719)	-0.0077 (-0.546)	-2.3636*** (-2.757)	-2.9435** (-2.448)	-0.0007 (-0.030)	2.3689 (1.281)
β	-0.2579* (-1.788)	0.0030 (1.175)	-0.2460* (-1.730)	-0.2645* (-1.890)	0.0031 (1.361)	-0.2525* (-1.804)	-0.2994* (-1.852)	0.0054 (1.564)	-0.4170*** (-2.708)
EC	0.0169 (1.066)	-0.0001 (-0.105)	0.0168 (1.081)	0.0175* (1.755)	-0.0001 (-0.177)	0.0174* (1.746)	0.0427*** (3.612)	-0.0001 (-0.454)	0.0319*** (3.071)
PID	-0.0109 (-0.010)	-0.0250 (-1.318)	-0.1094 (-0.096)	-0.0469 (-0.035)	-0.0243 (-1.095)	-0.1406 (-0.104)	2.4445 (1.499)	-0.0389* (-1.658)	1.4626 (1.135)
$\_cons$	44.9259*** (4.215)	0.1507** (2.085)	45.5303*** (4.311)	44.8708*** (10.536)	0.1521** (2.172)	45.4561*** (10.654)	44.9477*** (8.710)	0.0024 (0.027)	40.6666*** (6.426)
固定效应	个体/年份	个体/年份	个体/年份	个体/年份	个体/年份	个体/年份	个体/年份	个体/年份	个体/年份
R^2	0.362	0.116	0.365	0.364	0.119	0.366	0.253	0.105	0.320

均至少在10%的置信水平下显著为负，依据温忠麟等（2004）的研究可知，债务融资成本在会计信息完整性、经济特征差异性影响企业价值的过程中发挥了部分中介效应，证实了本书假设 $H_{5.3b}$ 与假设 $H_{5.3c}$ [1]。分部划分确定性 $OPDQ_1$ 无法直接影响企业价值的原因与其无法影响债务融资成本一致，不作赘述。

5.4.3 稳健性检验

（1）控制内生性。与第4章一致，为进一步确保研究结论的稳健性，本书使用上市公司办公地址与该省证监会的地理距离为工具变量进行内生性检验（对地理距离加1后取对数处理），该工具变量的选取依据上章已有说明，不再赘述。如表5-8所示，各列第一阶段Ⅳ系数均至少在10%的置信水平下显著，且各模型对应的F值均大于10%偏误水平下的临界值16.38（Stock and Yogo，2005），表明该工具变量是合适的。

（2）对主要变量进行了重新定义。首先，参照倪娟（2019）将利息支出、手续费用、其他财务费用进行加总，用该加总值对总负债的比重作为衡量债务融资成本的指标。其次，对样本企业经营分部信息披露会计信息完整指标体系的得分加1后取对数进行连续化处理（$OPDQ_2^*$）。再次，使用不同经营分部资产利润率最大值和平均值的差值衡量经济特征差异性（$OPDQ_3^*$），以规避少数上市公司资产利润率最小的分部亏损时造成的极端取值；最后，使用分析师发布研报数加一后的对数值（AR）衡量分析师关注水平，结果如表5-9所示。

（3）消除披露惯性影响。与上一章一致，为消除披露惯性对回归结果的影响，同时缓解遗漏变量的问题（Kravet and Muslu，2013），本书参照克拉维特和穆斯鲁（Kravet and Muslu，2013）的研究设立如式（5-9）和式（5-10）所示的差分回归模型作为稳健性检验的补充。结果如表5-10所示。

---

① 为证实该结果的严谨性，本书进一步分别以 $OPDQ_1$、$OPDQ_2$、$OPDQ_3$ 为自变量进行了 Sobel 检验，除 $OPDQ_1$ 的 P 值（0.1418）未达到显著性水平外，$OPDQ_2$、$OPDQ_3$ 的 P 值（分别为 0.0598 和 0.0082）均达到了显著水平，两者的 Proportion of total effect that is mediated 分别为 15.49% 和 69.15%，证实了分步法的结论。

表5－8　利用工具变量方法控制内生性问题的稳健性分析结果

变量	经营分部信息披露对债务融资成本的影响			组织可见度的调节作用（以分析师关注为代理）			组织可见度的调节作用（以媒体关注为代理）		
	COD_{t+1}	COD_{t+1}	COD_{t+1}	COD_{t+1}	COD_{t+1}	COD_{t+1}	COD_{t+1}	COD_{t+1}	COD_{t+1}
	(1)	(2)	(3)	(4)	(5)	(6)	(7)	(8)	(9)
$OPDQ_1$	0.0377 (0.505)			-0.1308 (-0.367)			0.0071 (0.447)		
$OPDQ_2$		-0.0009* (-1.781)			-0.0132 (-1.546)			-0.0007* (-1.921)	
$OPDQ_3$			-0.0065** (-2.173)			-0.1966 (-1.388)			-0.0002 (-0.177)
AA				-0.0056 (-0.637)	0.0043 (0.364)	0.0927 (0.464)			
MA							-0.0018 (-0.664)	0.0002 (0.211)	0.0010 (0.781)
$AA \times OPDQ_1$				0.0021 (0.369)					
$AA \times OPDQ_2$					-0.0038 (-0.565)				

续表

变量	经营分部信息披露对债务融资成本的影响			组织可见度的调节作用（以分析师关注为代理）			组织可见度的调节作用（以媒体关注为代理）		
	COD_{t+1}	COD_{t+1}	COD_{t+1}	COD_{t+1}	COD_{t+1}	COD_{t+1}	COD_{t+1}	COD_{t+1}	COD_{t+1}
	(1)	(2)	(3)	(4)	(5)	(6)	(7)	(8)	(9)
$AA \times OPDQ_3$						0.0927 (0.388)			
$MA \times OPDQ_1$							−0.0111 (−0.429)		
$MA \times OPDQ_2$								−0.0808** (−2.379)	
$MA \times OPDQ_3$									−0.0010* (−1.816)
控制变量	控制	控制	控制	控制	控制	控制	控制	控制	控制
第一阶段 IV 系数	−0.0177**	−0.2836**	−0.0312*	−0.2420*	−0.4865**	−0.2099*	−0.0146*	−0.1373*	−0.1610*
CraggDonald WaldF 值	18.0	25.3	19.6	20.0	21.0	16.4	23.5	18.9	17.1

表 5－9　替换主要变量的稳健性分析结果

变量	经营分部信息披露对债务融资成本的影响			组织可见度的调节作用（以分析师关注为代理）			组织可见度的调节作用（以媒体关注为代理）		
	COD_{t+1}	COD_{t+1}	COD_{t+1}	COD_{t+1}	COD_{t+1}	COD_{t+1}	COD_{t+1}	COD_{t+1}	COD_{t+1}
	(1)	(2)	(3)	(4)	(5)	(6)	(7)	(8)	(9)
$OPDQ_1$	-0.0018 (-0.975)			0.0056 (0.728)			0.0052 (1.271)		
$OPDQ_2^*$		-0.0016 (-1.547)			0.0058 (1.288)			0.0046* (1.819)	
$OPDQ_3^*$			-0.0024* (-1.707)			-0.0005 (-0.594)			0.0075** (2.065)
AR				-0.0004 (-0.239)	0.0002 (0.128)	-0.0018 (-0.942)			
MA							-0.0001 (-0.126)	-0.0001 (-0.009)	0.0004 (0.377)
$AR \times OPDQ_1$				-0.0015 (-0.550)					
$AR \times OPDQ_2^*$					-0.0011 (-1.070)				

147

变量	经营分部信息披露对债务融资成本的影响			组织可见度的调节作用（以分析师关注为代理）			组织可见度的调节作用（以媒体关注为代理）		
	COD_{t+1}	COD_{t+1}	COD_{t+1}	COD_{t+1}	COD_{t+1}	COD_{t+1}	COD_{t+1}	COD_{t+1}	COD_{t+1}
	（1）	（2）	（3）	（4）	（5）	（6）	（7）	（8）	（9）
$AR \times OPDQ_3^*$						0.0020 (0.924)			
$MA \times OPDQ_1$							-0.0025 (-1.068)		
$MA \times OPDQ_2^*$								-0.0021* (-1.786)	
$MA \times OPDQ_3^*$									-0.0067** (-2.075)
控制变量	控制	控制	控制	控制	控制	控制	控制	控制	控制
固定效应	个体/年份	个体/年份	个体/年份	个体/年份	个体/年份	个体/年份	个体/年份	个体/年份	个体/年份

表 5 – 10　　使用差分模型的稳健性分析结果

变量	经营分部信息披露对债务融资成本的影响			组织可见度的调节作用（以分析师关注作为代理）			组织可见度的调节作用（以媒体关注作为代理）		
	COD_{t+1}	COD_{t+1}	COD_{t+1}	COD_{t+1}	COD_{t+1}	COD_{t+1}	COD_{t+1}	COD_{t+1}	COD_{t+1}
	(1)	(2)	(3)	(4)	(5)	(6)	(7)	(8)	(9)
$\Delta OPDQ_1$	-0.0022 (-0.867)			0.0012 (0.601)			0.0014 (0.840)		
$\Delta OPDQ_2$		-0.0004* (-1.734)			0.0002 (0.071)			0.0002 (0.843)	
$\Delta OPDQ_3$			-0.0036* (-1.705)			-0.0008 (-1.144)			-0.0008* (-1.649)
ΔAA				-0.0005 (-0.634)	-0.0008 (-0.824)	-0.0005 (-0.676)			
ΔMA							-0.0001 (-0.097)	0.0006 (0.754)	-0.0001 (-0.081)
$\Delta AA \times OPDQ_1$				0.0021 (1.120)					
$\Delta AA \times OPDQ_2$					-0.0001 (-0.210)				

续表

变量	经营分部信息披露对债务融资成本的影响			组织可见度的调节作用（以分析师关注为代理）			组织可见度的调节作用（以媒体关注为代理）		
	COD_{t+1}	COD_{t+1}	COD_{t+1}	COD_{t+1}	COD_{t+1}	COD_{t+1}	COD_{t+1}	COD_{t+1}	COD_{t+1}
	(1)	(2)	(3)	(4)	(5)	(6)	(7)	(8)	(9)
$\Delta AA \times OPDQ_3$						-0.0021 (-1.246)			
$\Delta MA \times OPDQ_1$							0.0021 (0.944)		
$\Delta MA \times OPDQ_2$								-0.0006 (-1.501)	
$\Delta MA \times OPDQ_3$									-0.0026*** (-2.668)
控制变量	控制	控制	控制	控制	控制	控制	控制	控制	控制
固定效应	个体/年份	个体/年份	个体/年份	个体/年份	个体/年份	个体/年份	个体/年份	个体/年份	个体/年份

$$COD_{it+1} = \alpha + u_i + \lambda_t + \beta_1 \Delta OPDQ_{it} + \beta_2 \Delta Control_{it} + \varepsilon_{it} \qquad (5-9)$$

$$COD_{it+1} = \alpha + u_i + \lambda_t + \beta_1 \Delta OPDQ_{it} + \beta_2 \Delta OV_{it} + \beta_3 \Delta OPDQ_{it} * OV_{it}$$
$$+ \beta_4 \Delta Control_{it} + \varepsilon_{it} \qquad (5-10)$$

由表 5 - 8、表 5 - 9、表 5 - 10 可知，类似于前文的研究结果，会计信息完整性、经济特征差异性均可显著降低企业未来一期债务融资成本。在组织可见度（以媒体关注为代理）的调节作用下，在表 5 - 8、表 5 - 9、表 5 - 10 中，$OPDQ_2$（$\Delta OPDQ_2$）、$OPDQ_3$（$OPDQ_3^*$、$\Delta OPDQ_3$），$MA \times OPDQ_2$（$MA \times OPDQ_2^*$）和 $MA \times OPDQ_3$（$MA \times OPDQ_3^*$、$\Delta MA \times OPDQ_3$）的回归系数均至少在 10% 的水平上显著为负。唯一与前文研究结果存在些许差异的是表 5 - 9 中列（2）的 $OPDQ_2^*$ 系数以及表 5 - 10 列（8）中 $\Delta MA \times OPDQ_2$ 未达到 10% 的显著性水平，但由于上述两个变量的回归 t 值已十分接近显著的临界线，故可认为该结果通过了稳健性检验。在组织可见度（以分析师关注为代理）的调节作用下，$AA \times OPDQ_1$（$AR \times OPDQ_1$、$\Delta AA \times OPDQ_1$）、$AA \times OPDQ_2$（$AR \times OPDQ_2^*$、$\Delta AA \times OPDQ_2$）、$AA \times OPDQ_3$（$AR \times OPDQ_3^*$、$\Delta AA \times OPDQ_3$）的回归系数均无法通过显著性检验，与前文结果一致，证明了本章研究的稳健性。

5.5　本章小结

本章以信息不对称理论、信号传递理论、委托代理理论为基础，就经营分部信息披露以债务融资成本影响企业价值的机制进行了探究。首先，构建理论模型推导了经营分部信息披露质量对债务融资成本的潜在影响，并基于上述三个理论提出本章的研究假设；其次，以 2014～2019 年我国上证 A 股制造业上市公司为样本实证检验了经营分部信息披露与债务融资成本的关系，并分别以分析师关注和媒体关注为代理探讨了组织可见度的调节作用；再次，利用中介效应模型对经营分部信息披露以债务融资成本影响企业价值的中介机制进行了检验；最后，利用工具变量法、替换变量法和差分模型进行了稳健性检验。

结果表明：（1）企业在经营分部信息披露中提升会计信息完整性和经济特征差异性有助于降低未来一期债务融资成本，进而提升未来一期企业价值。表明经营分部信息已成为我国商业银行开展授信工作的重要依据。（2）以媒体关注衡量组织可见度时，组织可见度进一步提升会计信息完整性、经济特征差异性降低债务成本的效果；以分析师关注衡量组织可见度时，组织可见度无法在经营分部信息披露与债务融资成本的关系间起到有效调节作用。说明金融机构授信人员与市场投资者专业性存在一定差异，分析师研报并非其开展授信业务的主要依据，而媒体关注可发挥一定的声誉效应，帮助授信人员更好地依据企业披露的信息完成授信工作。

本章的边际贡献在于，国内外学者对经营分部信息披露与债务融资成本关系的研究较为匮乏，仅有的文献在研究深度与应用广度方面存有一定不足（Franco et al.，2016），本书提升了现有研究成果的深入性和可应用性。尽管布兰科等（Franco et al.，2016）研究发现，分部信息披露质量较高的公司在发行债券时通常只需提供相对较低的必要收益率，为我国上市公司债务融资过程提供了一定参考，但也存在三点不足。第一，布兰科等（Franco et al.，2016）在对分部信息披露质量衡量的过程中，仅考虑了会计科目的完整性程度，而实际上，经济特征差异性也是经营分部信息质量的重要内涵，银行等贷款人可借此快速识别企业独特的竞争优势（André et al.，2016；Ettredge et al.，2006），提升授信效率；第二，相对于银行贷款而言，债券融资在我国整体债务融资中占比较低（申香华，2014），债券利率的大小并不能全面反映我国企业债务融资成本；第三，国外分部信息披露的相关准则较我国而言经历了更长的发展历程，基于发达资本市场的结论是否适用于中国情境仍需进一步验证。本书研究工作不仅深入到经济特征差异性层面，且变量选择更加契合我国企业实际的债务融资过程，弥补了上述不足。

————————————— 第6章 —————————————

经营分部信息披露对经营性现金流的影响

依据企业价值理论，经营性现金流是影响企业价值的重要因素，经营性现金流的下降将给企业价值造成损失（Modigliani and Miller, 1958）。此外，经营性现金流还是企业生存和发展的"血脉"，在企业的经营管理活动中，对规模经济的追求、对技术研发的投入和对扩张战略的实施都需要以稳定的现金流为支撑。公司金融理论认为，市场参与者更偏好那些能够获得稳定现金流的企业，并给予其较高的估值：其一，稳定的现金流意味着企业有稳定的经营能力，这表明企业抗风险能力较强；第二，稳定的现金流意味着企业可使用内源融资方式进行扩张，有助于缓解融资约束。

近年来，信息披露对经营性现金流的潜在影响开始受到了国内外学者的广泛关注，但遗憾的是现有研究局限于环境信息披露领域（张淑惠等，2011；任力和洪喆，2017；Marshall, 2009）。随着上市公司多元化经营趋势愈发明显，其业务通常横跨几个性质、风险、盈利能力迥异的产业和市场，分部信息披露的作用日益凸显，分部信息披露对经营性现金流的潜在影响开始受到关注，且约瓦诺维奇（Jovanovic, 1982）提出的专有成本理论对此提供了理论基础。但目前，仅国外学者对此进行了一定探究，如塔尔哈（Talha et al., 2009）利用马来西亚数据证实了经营分部信息披露对企业营业利润的损害；海斯和伦德霍尔姆（Hayes and Lundholm, 1996）构建理论模型分析认为，对外披露经济特征具有差异的经营分部将恶化企业未来的现金流入（Flora and Manuel, 2016），尽管披露分部信息将带来专有成本，激化同行竞争，削弱企业异常利润，但该信息也对潜在进入者形成了壁垒，在二者的共同作用下，分部信息披露水平与公司异常盈利能力之间呈现倒"U"型关系。可见，就经营分部信息披露对经营性现金流的潜在影响而言，已有研究仍存在不完善之处：一方面，目前仍缺乏经济特征差异性对现金流影响的实证经验；另一方面，现有研究尚未形成统一结论，仍需补充和完善。故本章工作具备一定的现实意义及理论创新。

6.1　数理模型分析

6.1.1　模型假设

现有文献多采用古诺模型或伯特兰德模型分析信息披露与企业竞争的关系（骆嘉琪等，2019；叶飞和令狐大智，2015），上述模型均将"同质产品"作为假设基础，并未考虑产品在空间上的差异。当下电子商务及物流技术高度发达，不同地区的上市公司间同样可能存在竞争关系（王曙光和郭凯，2020），且此时产品必然存在一定空间差异。为使研究结论更具现实意义，本书以 Hotelling 线性市场模型为基础，分析经营分部信息披露对企业经营性现金流的影响。模型假设如下。

（1）考虑两家寡头企业竞争的情况，上市公司 A 和企业 B（A 为上市公司，需进行经营分部信息披露；B 为与 A 业务类似的企业，暂未上市，无须对外披露经营分部信息），二者均已在原有业务的基础上进一步实施多元化战略，同时拓展新兴业务 S（对应 S 产品），并以 S 业务为基础划分经营分部 S 并报告相关信息，且 S 业务所属市场只存在上述两个企业。

（2）另设，p_A、q_A、p_B、q_B 依次代表上市公司 A 与企业 B 销售 S 产品的价格与销量，c_A、c_B 则分别代表上述企业生产 S 产品的边际成本，该生产成本最初不存在差异，但之后上市公司 A 通过有效创新行为降低了 S 产品的生产成本，形成了"独特的竞争优势"，但 B 企业并未采取这一行动。

（3）由于上市公司 A 与企业 B 在空间位置上存在差异，故设二者与市场消费者均位于线性市场区间 [−0.5，0.5]，上市公司 A 和企业 B 的

位置分别为 x_A 和 x_B，（$x_A < x_B$）；消费者对 S 产品具有一定需求，且其购买特定企业 S 产品所获得的消费者剩余为二次成本函数 $U = R - P_i - d_i^2$①，$i = A$，B。其中 R 指消费者对 S 产品愿意支付的最高价格，另 $R > p_A$。$d_{i,i=A,B}$ 为消费者到上市公司 A 或企业 B 的距离，且消费者运输成本为 d_i^2。

《企业会计准则解释第 3 号》规定，各经营分部应能够在日常活动中产生收入、发生费用，且企业管理层能够定期评价该组成部分的经营成果，即经营分部信息披露应建立在企业产品生产、销售等过程完成的基础上。为充分考虑经营分部信息披露的现实意义，本书模型共包含四阶段的博弈过程。

$t = 0$ 阶段为产品生产阶段，上市公司 A 与企业 B 均依照 S 产品的平均单位成本 $\bar{c}$ 进行生产。

在 $t = 1$ 阶段，上市公司 A 通过有效的创新行为将单位生产成本降低至 $\bar{c} - \delta(\delta > 0)$。其中，$\delta$ 的真实值为上市公司 A 的私有信息，企业 B 仅可推测出 δ 的类型空间为 $\delta = \{\delta_L, \delta_H\}$，$0 < \delta_L < \delta_H$。在此基础上，$\delta$ 的取值决定了此时上市公司 A 关于 S 产品的成本类型，即若 $\delta = \delta_H$，则上市公司 A 为低成本类；若 $\delta = \delta_L$，上市公司 A 为高成本类。另设 δ 的概率分布为 $p(\delta = \delta_H) = \theta$，$p(\delta = \delta_L) = 1 - \theta$，$\theta \in (0, 1)$，该信息为上市公司 A 与企业 B 的共有信息。

$t = 2$ 阶段为经营分部信息披露阶段，上市公司 A 决定经营分部信息披露质量（$OPDQ_A$）（$OPDQ_A = OPDQ_H$ 或 $OPDQ_A = OPDQ_L$；$OPDQ_H$ 表示高质量经营分部信息，$OPDQ_L$ 表示低质量经营分部信息）并通过年报对外公开（本章变量 $OPDQ$ 的定义与第 4 章一致，不作赘述）。据此，竞争对手可以更好地了解披露企业 S 产品的成本结构等专有信息（Botosan and Stanford，2005）。由于经营分部信息是上市公司多元化经营水平的具体体现，可向投资者、债权人等传递积极信号，为企业带来融资便利，故一般情况下，经营情况越好的上市公司其信息披露质量也越高（徐建中等，2018），因此，若上市公司 A 为低成本类型，则其披露高质量经营分部信息的概率为 $p(OPDQ_H | \delta_H) = \gamma \in (0, 1)$，若上市公司 A 为低成本类型，则其披露高质量经营分部信息的概率为 $p(OPDQ_H | \delta_L) = \rho \in (0, 1)$，有 $\gamma > \rho$。

---

① 二次成本模型应为 $U = R - P_i - \tau d_i^2$，由于参数 τ 不影响本章所设模型结果，故令 $\tau = 1$。

在 $t=3$ 阶段，上市公司 A 和企业 B 同时作出竞争决策。

6.1.2 模型求解

依据上文假设，由于消费者在区间 $[-0.5, 0.5]$ 中的位置为 x，$x \in [-0.5, 0.5]$，在消费者能从上市公司 A 和企业 B 购买 S 产品获得相同效用的情况下，有：

$$R - p_A - (x_A - x)^2 = R - p_B - (x_B - x)^2 \qquad (6-1)$$

对式（6-1）求解可得，此时消费者需求为：$x = \dfrac{p_B - p_A + x_B^2 - x_A^2}{2(x_B - x_A)}$，因此，

当消费者在区间 $\left[-0.5, \dfrac{p_B - p_A + x_B^2 - x_A^2}{2(x_B - x_A)}\right]$ 时，将购买上市公司 A 生产的 S 产品，而在区间 $\left[\dfrac{p_B - p_A + x_B^2 - x_A^2}{2(x_B - x_A)}, 0.5\right]$ 时，消费者将购买企业 B 生产的 S 产品。

因此，上市公司 A 和企业 B 市场需求函数 q_A、q_B 分别为：

$$q_A = 0.5 + \frac{p_B - p_A + x_B^2 - x_A^2}{2(x_B - x_A)}, \quad q_B = 0.5 - \frac{p_B - p_A + x_B^2 - x_A^2}{2(x_B - x_A)} \qquad (6-2)$$

在 $t=1$ 阶段，上市公司 A 实现创新驱动后的成本信息为私人信息，仅其成本的分布概率为共同知识。在 $t=2$ 阶段后，企业 B 可以根据此概率信息，同时结合上市公司 A 经营分部信息披露质量，对上市公司 A 的成本类型作出后验判断。依据贝叶斯公式，在 $t=2$ 阶段后，企业 B 对上市公司 A 类型的概率推断情况如表 6-1 所示。

表 6-1　　　　　企业 B 对上市公司 A 的 S 产品成本类型的判断

企业 B 推断上市公司 A 成本类型	$t=2$ 阶段后，上市公司 A 披露高质量经营分部信息，$OPDQ_A = OPDQ_H$	$t=2$ 阶段后，上市公司 A 披露低质量经营分部信息，$OPDQ_A = OPDQ_L$	$t=2$ 阶段前
低成本类 $\bar{c} - \delta_H$	$\dfrac{\gamma \cdot \theta}{\gamma \cdot \theta + \rho \cdot (1+\theta)}$	$\dfrac{(1-\gamma) \cdot \theta}{(1-\gamma) \cdot \theta + (1-\rho) \cdot (1-\theta)}$	θ
高成本类 $\bar{c} - \delta_L$	$\dfrac{\rho \cdot (1-\theta)}{\gamma \cdot \theta + \rho \cdot (1-\theta)}$	$\dfrac{(1-\rho) \cdot (1-\theta)}{(1-\gamma) \cdot \theta + (1-\rho) \cdot (1-\theta)}$	$1-\theta$

企业 B 在获得上市公司 A 所披露的经营分部信息，并形成对其 S 业务成本类型的后验概率判断后，将以最大化利润为目的制订其对上市公司 A 的最优的价格决策，形成反应函数，表达式为：

$$
\max\begin{cases}
(p_B - c_B)\left\{\dfrac{\gamma \cdot \theta}{\gamma \cdot \theta + \rho \cdot (1-\theta)}[0.5 - \varphi(c_H)]\right. \\
\quad \left. + \dfrac{\rho \cdot (1-\theta)}{\gamma \cdot \theta + \rho \cdot (1-\theta)}[0.5 - \varphi(c_L)]\right\}, \; i_A = i_H \\
(p_B - c_B)\left\{\dfrac{(1-\gamma) \cdot \theta}{(1-\gamma) \cdot \theta + (1-\rho) \cdot (1-\theta)}[0.5 - \varphi(c_H)]\right. \\
\quad \left. + \dfrac{(1-\rho) \cdot (1-\theta)}{(1-\gamma) \cdot \theta + (1-\rho) \cdot (1-\theta)}[0.5 - \varphi(c_L)]\right\}, \; i_A = i_L
\end{cases}
\tag{6-3}
$$

其中，$\varphi(C_H) = \dfrac{p_B - p_A(C_H) + X_B^2 - X_A^2}{2(X_B - X_A)}$，$\varphi(C_H) = \dfrac{p_B - p_A(C_L) + X_B^2 - X_A^2}{2(X_B - X_A)}$

由于上市公司 A 拥有 $t=1$ 阶段后自身 S 产品成本的私有信息以及最初 S 产品的平均成本信息，故上市公司 A 对于企业 B 的反应函数并不受其自身的信息披露决策所影响，故上市公司 A 对企业 B 的反应函数为：

$$
\max：(p_B - p_A)\left[0.5 + \frac{p_B - p_A + X_B^2 - X_A^2}{2(X_B - X_A)}\right]
\tag{6-4}
$$

在此基础上，本书根据利润最大化原则，依据式（6-2）、式（6-3）和式（6-4）求上市公司 A 和企业 B 的最优价格决策，即博弈的贝叶斯纳什均衡解。表 6-2 显示了 $t=2$ 阶段前后贝叶斯纳什均衡解的情况。

$$
\omega = \frac{1}{3}\left[3\bar{c} + 3(X_B + X_A) + (X_B^2 - X_A^2) - \frac{3}{2}\delta_H - \frac{1}{2}\delta_L\right];
$$

$$
\kappa = \frac{1}{3}\left[3\bar{c} + 3(X_B + X_A) + (X_B^2 - X_A^2) - 2\delta_L\right];
$$

$$
\psi = \frac{1}{3}\left[3\bar{c} - \delta_L + 3(X_B + X_A) - (X_B^2 - X_A^2)\right]
$$

设上市公司 A 在 S 业务中实现的经营性现金流为产品销量与市场均衡价格的乘积，有 $OPCF = pq_a$。为探明经营分部信息披露质量对上市公司 A 经营性现金流的影响，本书拟分别从市场均衡价格 p 与上市公司 A 的销量 q_a 两个方面进行分析。

表6-2 　　　　上市公司A经营分部信息披露质量差异性下的
两企业的贝叶斯纳什均衡解

贝叶斯纳什均衡解	$t=2$阶段，上市公司A披露高质量经营分部信息，$OPDQ_A = OPDQ_H$	$t=2$阶段，上市公司A披露低质量经营分部信息，$OPDQ_A = OPDQ_L$	$t=2$阶段前，上市公司A未进行经营分部信息披露
$P_A^*(\delta_H, OPDQ_A)$	$\omega - \dfrac{\gamma \cdot \theta}{6[\gamma \cdot \theta + \rho \cdot (1-\theta)]}(\delta_H - \delta_L)$	$\omega - \dfrac{(1-\gamma) \cdot \theta}{6[(1-\gamma) \cdot \theta + (1-\rho) \cdot (1-\theta)]}(\delta_H - \delta_L)$	$\omega - \dfrac{\theta}{6}(\delta_H - \delta_L)$
$P_A^*(\delta_L, OPDQ_A)$	$\kappa - \dfrac{\gamma \cdot \theta}{6[\gamma \cdot \theta + \rho \cdot (1-\theta)]}(\delta_H - \delta_L)$	$\kappa - \dfrac{(1-\gamma) \cdot \theta}{6[(1-\gamma) \cdot \theta + (1-\rho) \cdot (1-\theta)]}(\delta_H - \delta_L)$	$\kappa - \dfrac{\theta}{6}(\delta_H - \delta_L)$
$P_B(OPDQ_A)$	$\psi - \dfrac{\gamma \cdot \theta}{3[\gamma \cdot \theta + \rho \cdot (1-\theta)]}(\delta_H - \delta_L)$	$\psi - \dfrac{(1-\gamma) \cdot \theta}{3[(1-\gamma) \cdot \theta + (1-\rho) \cdot (1-\theta)]}(\delta_H - \delta_L)$	$\psi - \dfrac{\theta}{3}(\delta_H - \delta_L)$

（1）经营分部信息披露质量对于双方定价策略及市场价格的影响。

由表6-2可知，分别比较信息披露前后上市公司A和企业B的最优定价，我们可以发现：当$OPDQ_A = OPDQ_H$时，企业B的最优定价$\psi - \dfrac{\gamma \cdot \theta}{3[\gamma \cdot \theta + \rho \cdot (1-\theta)]}(\delta_H - \delta_L)$低于$t=2$阶段前的定价$\psi - \dfrac{\theta}{3}(\delta_H - \delta_L)$，即若上市公司A披露高质量的经营分部信息，企业B将采取降价的竞争策略。而当$OPDQ_A = OPDQ_L$时，企业B的最优定价$\psi - \dfrac{(1-\gamma) \cdot \theta}{3[(1-\gamma) \cdot \theta + (1-\rho) \cdot (1-\theta)]}(\delta_H - \delta_L)$高于$t=2$阶段前的定价$\psi - \dfrac{\theta}{3}(\delta_H - \delta_L)$，即若上市公司A披露低质量的经营分部信息，企业B将采取涨价的竞争策略。而对上市公司A而言，无论其S产品的成本类型如何，在$OPDQ_A = OPDQ_H$的情况下，其最优价格均较未披露信息时要低：$\omega - \dfrac{\gamma \cdot \theta}{6[\gamma \cdot \theta + \rho \cdot (1-\theta)]}(\delta_H - \delta_L)$小于$\omega - \dfrac{\theta}{6}(\delta_H - \delta_L)$，且$\kappa - \dfrac{\gamma \cdot \theta}{6[\gamma \cdot \theta + \rho \cdot (1-\theta)]}(\delta_H - \delta_L)$小于$\kappa - \dfrac{\theta}{6}(\delta_H - \delta_L)$。这一结果说明，在$OPDQ_A = OPDQ_H$情况下，上市公司A的最优定价决策为降低价格；而在$OPDQ_A = OPDQ_L$的情况下，无论上市公司A中S产品的成本类型如何，其最优价均较$t=2$阶段前更高：因为$\omega - \dfrac{(1-\gamma) \cdot \theta}{6[(1-\gamma) \cdot \theta + (1-\rho) \cdot (1-\theta)]}(\delta_H -$

δ_L) 大于 $\omega - \dfrac{\theta}{6}(\delta_H - \delta_L)$，且 $\kappa - \dfrac{(1-\gamma)\cdot\theta}{6[(1-\gamma)\cdot\theta+(1-\rho)\cdot(1-\theta)]}(\delta_H -$

$\delta_L)$ 大于 $\kappa - \dfrac{\theta}{6}(\delta_H - \delta_L)$，说明在 $OPDQ_A = OPDQ_L$ 的情况下上市公司 A 的

最优定价决策为提高价格。

综上，从市场均衡价格的角度看，在上市公司 A 对 S 业务披露高质量经营分部信息时，竞争双方的最优定价策略均为降低价格，意味着市场均衡价格 p 将下跌；而当上市公司 A 对 S 业务披露低质量经营分部信息时，竞争双方的最优定价均上升，即意味着市场均衡价格 p 将上升。

（2）经营分部信息披露质量对竞争双方市场需求和市场份额的影响。

上市公司 A 对 S 产品的销量亦是影响其经营性现金流的重要因素。设 S 产品的市场总需求为定值，上市公司 A 与企业 B 分别占据的市场份额为其 S 产品的总销量。由于 x_A 和 x_B 为既定参数，由式（6 - 2）$q_A = 0.5 + \dfrac{p_B - p_A + x_B^2 - x_A^2}{2(x_B - x_A)}$、$q_B = 0.5 - \dfrac{p_B - p_A + x_B^2 - x_A^2}{2(x_B - x_A)}$ 可知，要比较 $t = 2$ 阶段前后信息披露质量对于上市公司 A 和企业 B 市场份额的影响，只需要比较 p_B 与 p_A 之间的差值 $p_B - p_A$ 大小。由于 x_A 小于 x_B，故当 $p_B - p_A$ 增大时，上市公司 A 的市场份额也将上升；当 $p_B - p_A$ 减小时，企业 B 的市场份额将增加，意味着上市公司 A 的市场份额下降。表 6 - 3 显示了 $t = 2$ 阶段前后 $P_B - P_A$ 的差值情况。

表 6 - 3　　　　　　　　$t = 2$ 阶段前后 $p_B - p_A$ 的差值情况

$p_B - p_A$	$OPDQ_A = OPDQ_H$	$OPDQ_A = OPDQ_L$	无信息披露 $i_A = 0$
$P_B^*(OPDQ_A) - P_A^*(\delta_H, OPDQ_A)$	$(\psi - \omega) - \dfrac{\gamma\cdot\theta}{6[\gamma\cdot\theta+\rho(1-\theta)]}(\delta_H - \delta_L)$	$(\psi - \omega) - \dfrac{(1-\gamma)\cdot\theta}{6[(1-\gamma)\cdot\theta+(1-\rho)\cdot(1-\theta)]}(\delta_H - \delta_L)$	$(\psi - \omega) - \dfrac{\theta}{6}(\delta_H - \delta_L)$
$P_B^*(OPDQ_A) - P_A^*(\delta_L, OPDQ_A)$	$(\psi - \kappa) - \dfrac{\rho(1-\theta)}{6[\gamma\cdot\theta+\rho(1-\theta)]}(\delta_H - \delta_L)$	$(\psi - \kappa) - \dfrac{(1-\gamma)\cdot\theta}{6[(1-\gamma)\cdot\theta+(1-\rho)\cdot(1-\theta)]}(\delta_H - \delta_L)$	$(\psi - \kappa) - \dfrac{\theta}{6}(\delta_H - \delta_L)$

由表 6 - 3 可知，若 $OPDQ_A = OPDQ_H$，无论上市公司 A 在 $t = 1$ 阶段后

的成本类型如何，其 $t = 2$ 阶段后的市场份额均会下降，而企业 B 的市场份额（销量）则会上升；若 $OPDQ_A = OPDQ_L$，无论上市公司 A 在 $t = 1$ 阶段后的成本类型如何，其 $t = 2$ 阶段后其市场份额均会上升，而企业 B 的市场份额（销量）将下降。

上文已完成对上市公司 A 在 $t = 2$ 阶段披露高质量或低质量经营分部信息情况下，其销量和市场均衡价格的变化趋势的推导。由于经营性现金流 $OPCF$ 在一定程度上可认为是均衡条件下市场价格与企业销量的乘积，故如表 6 – 4 所示，在 $t = 2$ 阶段，若上市公司 A 披露低质量的经营分部信息（$OPDQ_A = OPDQ_L$），市场均衡价格与披露企业销量均会上升，披露企业经营性现金流必然上升；若上市公司 A 披露高质量的经营分部信息（$OPDQ_A = OPDQ_H$），市场均衡价格与披露企业销量均将下降，披露企业经营性现金流必然下降。即高质量的经营分部信息披露将对披露企业的经营性现金流造成不利影响。

表 6 – 4 $t = 2$ 阶段前后上市公司 A 经营性现金流情况

信息披露类型	市场均衡价格 p	上市公司 A 销量 q_A	经营性现金流（均衡价格 * 销量）
$OPDQ_A = OPDQ_H$	降低	降低	较低
$OPDQ_A = OPDQ_L$	升高	升高	较高

接着，企业价值 V 的计算公式为：$V = \sum_{i=1}^{n} \dfrac{NCF}{1 + R_{wacc}}$，在债务融资成本和权益资本成本一定的情况下，经营性现金流的下降即意味着企业价值的下降。综上，经营分部信息披露质量的提升极有可能对企业经营性现金流造成不利影响，进而导致企业价值的下降。

6.2   研究假设提出

6.2.1   经营分部信息披露对经营性现金流的影响

约瓦诺维奇（Jovanovic，1982）提出的专有成本理论为经营分部信息披露对经营性现金流影响机制提供了基础。该理论指出，信息披露对公司净收益的影响在很大程度上取决于其竞争对手可能的反应（王雄元等，2009），如果披露公司的竞争对手利用信息制定针对性经营策略，则可能会对披露公司造成负面影响。若将多元化经营的上市公司比作一个由各类业务组成的"黑箱"，仅依靠合并报表财务信息只能知晓"黑箱"的外部整体情况，无法对其内部进行更深入的探析，而分部信息恰好为竞争对手提供了"黑箱"内部有价值的情报（Emmanuel and Garrod，1992）。

《企业会计准则解释第 3 号》要求企业依照"管理法"划分出各经营分部，旨在提升报告使用者的决策体验，使其可"透过管理层眼睛"了解公司情况（桑士俊和吕斐适，2002）。不少学者指出，经营分部信息给市场投资者、监管者、债权者等利益相关方提供信息的同时，也方便企业的直接竞争对手从管理层的角度深入了解"黑箱"内部业务架构，明晰披露企业的业务和产品布局战略，为其拓展相似业务或研发替代产品提供机会（Nagarajan and Sridhar，1996），加剧市场产品同质化程度，瓜分披露企业专有竞争优势，挤占其超额利润。

明晰分部划分后，企业还需披露各经营分部的资产、负债、收入、成本、利润等财务信息，竞争对手可以较为深入地了解企业各业务经营情况，包括披露企业各业务资金占用、杠杆水平、盈利情况等，甚至可据此推断出披露企业按产品线划分的收入、定价和成本结构等专有信息（Botosan and Stanford，2005）。在此基础上，竞争对手可进行针对性的产量规划及定价设计，挤占披露企业利润，赢得竞争优势。此外，披露较为详细的分部财务信息也可能使公司在与客户或供应商的谈判中处于劣势（Pardal et al.，2015），压缩销售利润的同时增加产品采购成本，进一步削弱披露企业的定价能力，损害其市场竞争地位，恶化经营性现金流。

依照《企业会计准则解释第 3 号》要求，企业在相对完整地披露分部财务信息的基础上，还需将经济特征相似的分部进行合并，旨在让报告使用者更真实地了解企业各分部经营状况差异。通常情况下，上市公司在不同业务上的资金成本、技术禀赋和人力资源等要素往往存在固有差异，导致不同业务的盈利能力、投资风险、市场前景等经济特征均可能存在较大区别（Chen and Zhang，2003），相对于同质化程度较高的经营分部而言，跨部门盈利能力存在一定的变异性才是企业细分市场经营状况差异的"真实"反映（Ettredge et al.，2006）。换言之，若上市公司对外披露的各分部经济特征具有差异，则大概率说明上市公司管理层更"诚实"地进行了报告，这给竞争对手更好地了解"黑箱"内部的真实情况，采取针对性策略创造条件和机会。此外，已有研究还表明，上市公司管理层为避免披露可能产生的专有成本，通常不愿意披露平均回报率相对较高的分部（Harris，1998；Botosan and Stanford，2005），或利用自由裁量权将独具优势的分部与其他分部合并，以此隐瞒"独具特色"的业务（Hayes and Lundholm，1996）。由此可知，若企业对外披露有明显经济特征差异的经营分部，竞争对手可通过对比各分部财务指标，快速发现披露企业多元化经营中具有超额利润的产品和业务，侵占其客户资源（王雄元和喻长秋，2014），蚕食披露企业竞争地位（Berger and Hann，2007），降低其经营性现金流净值（Dye，1986）。综上，本书提出如下三个假设。

假设 $H_{6.1a}$：分部划分确定性将降低企业经营性现金流。

假设 $H_{6.1b}$：在明确分部划分的基础上，各经营分部的会计信息完整性将降低企业经营性现金流。

假设 $H_{6.1c}$：在会计信息相对完整的情况下，不同经营分部间的经济特征差异性将减少企业经营性现金流。

6.2.2 组织可见度的调节作用

组织可见度被多数文献定义为"组织能被看到或注意到的现象的程度"（Bowen，2000），诚然，较高的组织可见度使企业的行为、信息受到广大投资者、授信方的关注。但上市公司的主要竞争对手本就对其实施多元化战略、开辟新业务等经营情况具有高度关注度，披露企业在年报中发布的经营分部信息必然会被竞争对手重点分析（Verrecchia，1990；Harris，1998；Hayes and Lundholm，1996）。

随着社会主义市场经济的不断完善，企业间的竞争日益加剧，厘清竞争对手的战略布局、发展动向等"情报"工作正受到越来越多企业的重视，甚至为之配备专业的人员或设立独立的信息搜集、分析及战略决策部门（张清海，2015）。我国上市公司及其直接竞争对手均具备较大规模，往往具备完善的信息搜集部门、财务分析部门和战略规划部门，可极大程度上替代媒体及分析师的职能，为企业制订竞争战略、出谋划策（沈宏斌，2008）。现有研究表明，在不依赖分析师及外部媒体帮助的情况下，上市公司竞争对手可直接依据其公开披露的信息作出针对性决策，佐证了本书观点（傅传锐和洪运超，2018；王雄元和刘焱，2008）。综上，组织可见度的提高并不会增加披露企业的专有成本，对披露企业经营性现金流无额外负面影响，本书提出如下三个假设。

假设 $H_{6.2a}$：组织可见度对分部划分确定性与经营性现金流的关系无显著调节作用。

假设 $H_{6.2b}$：组织可见度对各经营分部会计信息完整性与经营性现金流的关系无显著调节作用。

假设 $H_{6.2c}$：组织可见度对不同经营分部间经济特征差异性与经营性现金流的关系无显著调节作用。

6.2.3 经营分部信息披露对企业价值影响中经营性现金流的中介作用

由企业价值理论可知，经营性现金流与企业价值呈正相关关系（Modigliani and Miller，1958；Ross et al.，2008）。同时，以理查森等（Richardson et al.，1999）、任力和洪喆（2017）为代表的学者也均认为，在资本成本一定的情况下，现金流量效应是影响企业价值的重要机制。

由于企业经营性现金流与企业价值的关系较为清晰，现有学者较少直接检验经营性现金流与企业价值的关系，但现有学者从成长性、经营绩效、运作能力等与企业价值的关系展开了探究，考虑到企业经营性现金流水平是其成长性、经营绩效、运作能力等的重要体现，相关研究结果佐证了本书观点。如张淑惠等（2011）研究发现，环境信息披露质量的提升有利于增加企业现金流量，从而提升企业价值。张思宁（2006）使用托宾 Q 值来衡量企业的市场价值，对企业的经营能力和市场价值之间的关系进行考察，结果发现，其中存在正相关关系。谢赤等（2018）对创业板上市公司的成长性和企业价值进行分析和评估，发现成长性较高的公司的企业价值也相对较大。任力和洪喆（2017）研究发现，对外披露高质量的环境信息会对经营性现金流造成负面影响，进而降低企业价值。综上，经营性现金流是影响企业价值的重要因素，经营性现金流的降低则意味着企业价值的下降。同时，结合上文分析，经营分部信息披露质量的提升会对经营性现金流造成潜在不利影响，故本书提出如下三个假设。

假设 $H_{6.3a}$：分部划分确定性会降低经营性现金流，进而对企业价值造成不利影响。

假设 $H_{6.3b}$：在分部划分明确的基础上，各经营分部会计信息完整性会降低经营性现金流，进而对企业价值造成不利影响。

假设 $H_{6.3c}$：在会计信息相对完整的情况下，不同经营分部间经济特征差异性会降低经营性现金流，进而对企业价值造成不利影响。

6.3 实证研究设计

6.3.1 模型设计

首先，为检验经营分部信息披露质量（$OPDQ_1$、$OPDQ_2$、$OPDQ_3$）对经营性现金流的影响（假设 $H_{6.1a}$、假设 $H_{6.1b}$ 和假设 $H_{6.1c}$），本书构建式（6-5）。值得说明的是，由于上市公司年度报告多发布于次年中上旬，无法对当期业绩造成直接影响，且竞争对手依据披露企业公开信息进行战略布局也需要一定时间，故本书参考任力和洪喆（2017）的思路，拟分析经营分部信息披露对两年后经营性现金流的影响，记作 $OPCF_{t+2}$。

与第4章一致，本章模型均为双向固定效应模型，并对标准误进行聚类稳健处理。

$$OPCF_{it+2} = \alpha + u_i + \lambda_t + \beta_1 OPDQ_{it} + \beta_2 Control_{it} + \varepsilon_{it} \qquad (6-5)$$

其中，$OPCF_{it+2}$ 为被解释变量：企业未来两期经营性现金流；u_i 和 λ_t

分别为个体固定效应变量和时间固定效应变量；$OPDQ$ 为主要解释变量，包含分部划分确定性（$OPDQ_1$）、会计信息完整性（$OPDQ_2$）、经济特征差异性（$OPDQ_3$）三个维度；$Control$ 为控制变量向量，包含本章的 10 个控制变量；ε_{it} 为残差项。

其次，与上文类似，在式（6−5）的基础上加入组织可见度 OV（包含分析师关注水平 AA、媒体关注水平 MA）和经营分部信息披露质量与组织可见度的乘积项（$OPDQ * OV$），构建出由式（6−6）代表的调节效应模型验证组织可见度对经营分部信息披露与经营性现金流关系的调节作用（假设 $H_{6.2a}$、假设 $H_{6.2b}$ 和假设 $H_{6.2c}$）。

$$OPCF_{it+2} = \alpha + u_i + \lambda_t + \beta_1 OPDQ_{it} + \beta_2 OV_{it} + \beta_3 OPDQ_{it} * OV_{it}$$
$$+ \beta_4 Control_{it} + \varepsilon_{it} \tag{6-6}$$

最后，为检验经营性现金流在经营分部信息披露与企业价值间的中介作用（假设 $H_{6.3a}$、假设 $H_{6.3b}$ 和假设 $H_{6.3c}$），本书基于温忠麟等（2004）的观点，构建式（6−7）、式（6−8）和式（6−9）组成的中介效应模型（该中介模型控制变量与式（6−5）、式（6−6）一致）。同时，为保证企业价值与经营性现金流期数一致，本章实证所用的企业价值亦为两期后的企业价值，记作 $TOBINQ_{t+2}$。

$$TOBINQ_{it+2} = \alpha + u_i + \lambda_t + \beta_1 OPDQ_{it} + \beta_2 Control_{it} + \varepsilon_{it} \tag{6-7}$$

$$OPCF_{it+2} = \alpha + u_i + \lambda_t + \beta_1 OPDQ_{it} + \beta_2 Control_{it} + \varepsilon_{it} \tag{6-8}$$

$$TOBINQ_{it+2} = \alpha + u_i + \lambda_t + \beta_1 OPDQ_{it} + \beta_2 OPCF_{it+2} + \beta_3 Control_{it} + \varepsilon_{it}$$
$$\tag{6-9}$$

6.3.2 变量说明

（1）被解释变量：经营性现金流（$OPCF$）。任力和洪喆（2017）使用企业两年后经营性现金流的预测值作为经营性现金流的代理，本书考虑到分析师盈余预测并未普遍运用于我国市场（代昀昊，2018），使用预测值会存在大量数据缺失的情况，故本书直接使用企业两年后实际每股经营性现金流对其进行衡量。企业价值的衡量方式与第 4 章一致，即为企业未来两年的 $TOBINQ$ 值。

（2）解释变量：经营分部信息披露质量（$OPDQ$）。与上文实证部分一致，依次从分部划分确定性（$OPDQ_1$）、各经营分部会计信息完整性（$OPDQ_2$）以及不同经营分部间经济特征差异性（$OPDQ_3$）三个递进维度指标对其进行评价。

（3）调节变量：组织可见度（OV）。与上文研究一致，选用分析师关注（AA）和媒体关注（MA）两个指标衡量企业组织可见度水平，分别以跟踪企业的分析师人数加一后的对数值和在《中国重要报纸全文数据库》中每家公司的年度新闻报道量加一后的对数值进行刻画。

（4）控制变量。现有研究认为，企业规模、所有权性质、杠杆情况、竞争地址、内部治理等是影响经营性现金流的重要因素（陈志斌和王诗雨，2015；任力和洪喆，2017；乔睿蕾和陈良华，2017；周冬华和赵玉洁，2014），因此，本书选取了企业规模（$SIZE$）、所有权性质（ON）、资产负债率（AL）、利息保障倍数（ICR）、现金替代物（CS）、股权集中度（EC）、监事会规模（SBZ）、管理层持股比例（MSR）、机构投资者持股比例（$INST$）、企业竞争地位（PMC）10个控制变量。各变量定义及说明如表6－5所示。

表6－5　　　　　　　　　　　各变量定义及说明

变量性质	变量名称	变量符号	变量描述
被解释变量	未来两期经营性现金流	$OPCF_{t+2}$	企业两年后的每股经营性现金流量
	未来两期企业价值	$TOBINQ_{t+2}$	（年末股权市值＋年末净债务市值）/年末总资产账面价值，其中：非流通股权市值用净资产代替计算
解释变量	分部划分确定性	$OPDQ_1$	0－1变量，若企业当年说明了分部的划分情况及依据，取值为1，反之则为0
	会计信息完整性	$OPDQ_2$	由文章3.2节中表3－1所示的指标体系进行评分得到
	经济特征差异性	$OPDQ_3$	特定上市公司各经营分部资产利润率最大值与最小值之差

变量性质	变量名称	变量符号	变量描述
调节变量	组织可见度（以分析师关注水平为代理）	*OV*（*AA*）	当年跟踪上市公司的分析师数加 1 后取自然对数
	组织可见度（以媒体关注水平为代理）	*OV*（*MA*）	在《中国重要报纸全文数据库》中每家公司的全年的新闻报道数量加 1 后取自然对数
控制变量	企业规模	*SIZE*	年末总资产的对数值
	所有权性质	*ON*	国有企业为 1，非国有企业为 0
	资产负债率	*AL*	总负债/总资产
	利息保障倍数	*ICR*	息税前利润/利息费用
	现金替代物	*CS*	（流动资产 – 流动负债 – 货币资金 – 交易性金融资产）/总资产
	股权集中度	*EC*	企业前五大股东持股比例
	监事会规模	*SBZ*	企业监事会人数
	管理层持股比例	*MSR*	管理层持股数/企业总股本
	机构投资者持股比例	*INST*	机构投资者持股数/年末流通股数
	企业竞争地位	*PMC*	用企业所处细分行业的勒纳指数

6.3.3　样本选择与数据来源

与上文一致，将样本定位于我国上证 A 股制造业上市公司群体，且样本的时间区间为 2014～2019 年。在剔除 ST 企业、重要财务数据残缺的企业后，共得到样本企业 897 家。

本书通过手工整理各上市公司年报获得经营分部信息披露质量的相关数据；组织可见度中的媒体关注数据利用 Python 方法基于《中国重要报纸全文数据库》检索而来，其他指标数据均由 CSMAR 数据库获得。

6.4　实证结果与分析

6.4.1　描述性统计与相关性分析

表 6 – 6 为本书各变量描述性统计及 VIF 值检验结果。由表 6 – 6 可见：

（1）$OPCF_{t+2}$的均值为 0.6864，标准差为 1.6213，且最大值（35.99）与最小值（-3.61）存在较大差距，表明本书所选样本企业经营性现金流水平差异较大；（2）企业价值、经营分部信息披露质量相关变量结果、组织可见度相关变量结果与上文基本一致，不再赘述。（3）其余控制变量均值、标准差、极值也均在合理范围内。各变量的 VIF 值结果均小于 5，表明本书模型不存在多重共线性问题。

表 6-6　　　　　　　　　各变量描述性统计及 VIF 检验结果

变量名	均值	标准差	最小值	最大值	VIF 值
$TOBINQ_{t+2}$	2.1876	3.4681	0.7154	92.2988	
$OPCF_{t+2}$	0.6864	1.6213	-3.61	35.99	1.18
$OPDQ_1$	0.4393	0.4964	0	1	3.24
$OPDQ_2$	4.8541	2.3496	0	10	3.29
$OPDQ_3$	0.4263	0.6905	0.0001	3.2558	1.05
AA	1.3746	1.1171	0	4.2046	1.11
MA	0.7900	0.9557	0	5.6347	1.20
$SIZE$	22.2374	1.3269	17.2770	27.3073	1.60
ON	0.4388	0.4963	0	1	1.51
AL	0.4700	1.2823	0.0280	63.9712	2.65
ICR	107.1282	2967.066	-5182.888	125199.1	1.02
CS	0.0255	0.2515	-2.62	0.8760	2.28
EC	35.9609	14.9492	3.3904	89.0930	1.07
SBZ	3.6645	1.1639	1	12	1.35
MSR	0.0980	0.1886	0	0.8790	1.42
$INST$	2.9860	4.9137	0	60.90	1.09
PMC	-0.0130	0.1708	-0.8717	0.6708	1.33

本章同样利用 Pearson 相关系数矩阵对各变量多重共线性问题进行了补充验证，结果如表 6-7 所示，各变量间相关系数均小于 0.5，进一步证明了本章模型不存在多重共线性问题。

表 6－7 　 各变量的 Pearson 相关系数矩阵

变量	$TOBINQ_{t+2}$	$OPCF$	$OPDQ_1$	$OPDQ_2$	$OPDQ_3$	AA	MA	$SIZE$	ON	AL	ICR	CS	EC	SBZ	MSR	$INST$	PMC
$TOBINQ_{t+2}$	1.000																
$OPCF_{t+2}$	0.059	1.000															
$OPDQ_1$	-0.089	0.008	1.000														
$OPDQ_2$	-0.074	0.011	0.833	1.000													
$OPDQ_3$	0.031	-0.027	0.038	0.041	1.000												
AA	-0.079	0.215	0.095	0.125	-0.045	1.000											
MA	-0.009	0.195	0.098	0.130	0.040	0.244	1.000										
$SIZE$	-0.310	0.190	0.211	0.277	0.033	0.442	0.408	1.000									
ON	-0.063	0.026	0.068	0.149	-0.009	-0.051	0.163	0.300	1.000								
AL	0.054	-0.028	-0.006	0.005	0.045	-0.037	0.016	-0.009	0.037	1.000							
ICR	0.005	0.029	0.021	0.012	-0.016	-0.018	0.007	-0.026	0.019	-0.048	1.000						
CS	-0.097	-0.055	-0.024	-0.065	-0.069	0.074	-0.174	-0.263	-0.248	-0.333	0.027	1.000					
EC	-0.108	0.119	0.047	0.047	-0.045	0.135	0.005	0.181	0.118	-0.044	0.016	0.084	1.000				
SBZ	-0.063	-0.011	0.098	0.133	0.004	0.060	0.176	0.326	0.363	0.031	-0.018	-0.215	0.029	1.000			
MSR	-0.023	0.008	-0.073	-0.128	-0.085	0.028	-0.206	-0.310	-0.440	-0.063	-0.007	0.290	0.009	-0.242	1.000		
$INST$	-0.005	0.008	0.090	0.111	-0.001	0.178	0.112	0.159	0.011	-0.004	-0.001	-0.037	-0.069	0.003	-0.152	1.000	
PMC	0.067	0.240	-0.041	-0.053	0.021	0.235	0.033	-0.141	-0.234	-0.089	0.048	0.259	0.025	-0.130	0.174	0.026	1.000

6.4.2 回归结果分析

6.4.2.1 主模型回归结果

表 6-8 中列（1）～列（3）列示了式（6-5）分别以分部划分确定性（$OPDQ_1$）、会计信息完整性（$OPDQ_2$）和经济特征差异性（$OPDQ_3$）为主要解释变量时，聚类稳健标准误下双向固定效应的回归结果。

表 6-8   经营分部信息披露对经营性现金流的影响

变量	$OPCF_{t+2}$	$OPCF_{t+2}$	$OPCF_{t+2}$
	（1）	（2）	（3）
$OPDQ_1$	0.0254 （0.235）		
$OPDQ_2$		0.0039 （0.172）	
$OPDQ_3$			-0.1090** （-1.996）
SIZE	0.1045 （1.297）	0.1044 （1.294）	0.1470 （1.388）
ON	-0.1686 （-0.659）	-0.1705 （-0.663）	-0.1903 （-0.571）
AL	0.8311** （2.325）	0.8325** （2.311）	0.4642 （1.249）
ICR	0.0001 （0.383）	0.0001 （0.381）	-0.0001 （-0.184）
CS	0.6740** （2.049）	0.6751** （2.052）	0.5844 （1.414）
EC	-0.0136** （-2.201）	-0.0136** （-2.202）	-0.0197*** （-2.533）
SBZ	-0.1123 （-1.260）	-0.1128 （-1.256）	-0.1382 （-1.003）

续表

变量	$OPCF_{t+2}$	$OPCF_{t+2}$	$OPCF_{t+2}$
	（1）	（2）	（3）
MSR	−0.4470 （−1.152）	−0.4463 （−1.151）	0.0770 （0.216）
INST	−0.0080 （−1.081）	−0.0080 （−1.079）	−0.0133 （−1.632）
PMC	1.7664 *** （2.629）	1.7707 *** （2.631）	1.4022 * （1.826）
_cons	−1.1411 （−0.631）	−1.1335 （−0.624）	−1.5958 （−0.664）
固定效应	个体/年份	个体/年份	个体/年份
R^2	0.0795	0.0795	0.1021

结果显示，列（1）中 $OPDQ_1$ 和列（2）中 $OPDQ_2$ 的回归系数均未通过显著性检验，表明企业在经营分部信息披露中提升分部划分确定性、会计信息完整性均不会对未来两期经营性现金流产生影响，本书假设 $H_{6.1a}$、假设 $H_{6.1b}$ 无法得到证实。列（3）中 $OPDQ_3$ 的回归系数在 5% 的水平下显著为负，表明企业在会计信息相对完整的情况下，进一步提高各分部间经济特征差异性将在未来两期显著降低经营性现金流量，证实了本书假设 $H_{6.1c}$。此外，企业资产负债率（AL）、竞争地位（PMC）、现金替代物（CS）三个控制变量的回归系数显著为正，表明杠杆较高、具备竞争优势和准货币储备充足的企业往往具备较高的经营性现金流水平，符合一般常识。

由表 6 - 8 结果可知，我国上市公司说明经营分部划分情况及依据、披露相对完整的经营分部会计信息，并不会对经营性现金流产生负面影响。只有在此基础进一步提升不同分部间的经济特征差异性，才会给企业带来巨大的专有成本，进而降低经营性现金流。这一结果可能源于以下两个原因：其一，多数国外学者研究表明，经营分部信息披露产生专有成本的关键在于，不同经营分部经济特征必须存在一定差异性。因为，对于披露企业的主要竞争对手而言，是否应采取针对性的战略布局主要在于该市场是否"有超额利润可图"，而在披露企业对外公布的不同经营分部经济特征"雷同"的情况下，相对于合并报表财务信息而言，并没有为竞争对手提供额外的情报，直接竞争对手无法有效识别披露企业多元化经营中各业务盈利能力、发展前景的具体差异，挖掘出该企业所处的具有超额利润的市场，并制订针对性经营战略，威胁披露企业现金流量。此时，仅详尽披露经营分部财务信息产生的专有成本是微乎其微的（Harris，1998；Hayes and Lundholm，1996），本章研究结果支持了上述观点。其二，尽管企业明确经营分部划分情况和依据、提升分部信息会计科目完整仍可能产生较少的专有成本，恶化经营性现金流；但从委托代理理论出发，上述信息也为企业的利益相关者提供了各经营分部的财务资料，可有效减少管理者和利益相关者间的信息不对称（Greenstein and Sami，1994），为其监督管理层行为带来便捷性（Bens and Monahan，2004），降低管理层采取寻租行为的可能性，提高管理者投资及运营决策的质量，改善企业经营性现金流水平，抵消专有成本的负面效应。

6.4.2.2 调节效应模型回归结果

基于前文论述，组织可见度不会加深企业披露经营分部信息产生的专有成本，有助于调动上市公司的披露积极性。本节拟对此进行验证（假设 $H_{6.2a}$、假设 $H_{6.2b}$ 和假设 $H_{6.2c}$）。

本节继续使用双向固定效应模型，分别以分析师关注水平（AA）和媒体关注水平（MA）衡量组织可见度（OV）对式（6-6）进行回归。并重点关注分部划分确定性与分析师（媒体）关注的乘积项（AA、$MA \times OPDQ_1$）、会计信息完整性与分析师（媒体）关注的乘积项（AA、$MA \times OPDQ_2$）和经济特征差异性与分析师（媒体）关注的乘积项（AA、$MA \times OPDQ_3$）的结果，结果分别如表6-9和表6-10所示。由表6-9和表6-10可见，无论是以分析师或媒体关注衡量企业组织可见度，在经营分部信息披露对企业未来两期经营性现金流的影响中，组织可见度均不具备显著的调节作用，验证了本书假设 $H_{6.2a}$、假设 $H_{6.2b}$、假设 $H_{6.2c}$ 的观点。

表 6 – 9 组织可见度（以分析师关注为代理）对经营分部信息披露
与经营性现金流关系的调节作用

变量	$OPCF_{t+2}$	$OPCF_{t+2}$	$OPCF_{t+2}$
	（1）	（2）	（3）
$OPDQ_1$	− 0.1730 （− 1.439）		
$OPDQ_2$		− 0.0221 （− 0.893）	
$OPDQ_3$			− 0.1038 （− 1.262）
AA	− 0.0214 （− 0.597）	0.0074 （0.225）	0.0379 （0.840）
$AA \times OPDQ_1$	0.0830 （1.495）		
$AA \times OPDQ_2$		0.0052 （0.549）	
$AA \times OPDQ_3$			0.0030 （0.051）
$SIZE$	0.1151 （1.196）	0.1164 （1.201）	0.1314 （1.122）
ON	− 0.1950 （− 0.848）	− 0.1836 （− 0.785）	− 0.1650 （− 0.519）
AL	0.8098 ** （2.140）	0.8239 ** （2.182）	0.4190 （1.011）
ICR	0.0001 （0.386）	0.0001 （0.389）	− 0.0001 （− 0.074）
CS	0.7441 ** （2.086）	0.7604 ** （2.143）	0.5224 （1.145）
EC	− 0.0109 （− 1.556）	− 0.0111 （− 1.561）	− 0.0187 ** （− 2.255）

变量	$OPCF_{t+2}$	$OPCF_{t+2}$	$OPCF_{t+2}$
	（1）	（2）	（3）
SBZ	-0.1305 （-1.435）	-0.1310 （-1.427）	-0.1370 （-1.001）
MSR	-0.4065 （-1.086）	-0.4589 （-1.239）	0.0176 （0.048）
INST	-0.0045 （-0.641）	-0.0038 （-0.547）	-0.0134 （-1.625）
PMC	1.8701 *** （2.683）	1.8209 *** （2.594）	1.5451 * （1.936）
_cons	-1.3241 （-0.606）	-1.3854 （-0.627）	-1.3274 （-0.496）
固定效应	个体/年份	个体/年份	个体/年份
R^2	0.081	0.080	0.101

表 6 - 10   组织可见度（以媒体关注为代理）对经营分部信息披露
与经营性现金流关系的调节作用

变量	$OPCF_{t+2}$	$OPCF_{t+2}$	$OPCF_{t+2}$
	（1）	（2）	（3）
$OPDQ_1$	-0.0619 （-0.573）		
$OPDQ_2$		-0.0115 （-0.576）	
$OPDQ_3$			-0.0248 （-0.294）
MA	-0.0278 （-0.631）	-0.0109 （-0.223）	0.0651 （1.084）
$MA \times OPDQ_1$	0.0094 （0.132）		
$MA \times OPDQ_2$		-0.0055 （-0.531）	

续表

变量	$OPCF_{t+2}$	$OPCF_{t+2}$	$OPCF_{t+2}$
	（1）	（2）	（3）
$MA \times OPDQ_3$			− 0.0710 （− 1.182）
SIZE	0.1191 （1.239）	0.1237 （1.284）	0.1390 （1.192）
ON	− 0.2017 （− 0.807）	− 0.1977 （− 0.808）	− 0.1575 （− 0.484）
AL	0.8220 ** （2.146）	0.8273 ** （2.176）	0.3695 （0.892）
ICR	0.0001 （0.317）	0.0001 （0.287）	− 0.0001 （− 0.127）
CS	0.7513 ** （2.103）	0.7611 ** （2.149）	0.5014 （1.108）
EC	− 0.0110 （− 1.540）	− 0.0112 （− 1.568）	− 0.0187 ** （− 2.267）
SBZ	− 0.1346 （− 1.498）	− 0.1305 （− 1.433）	− 0.1401 （− 1.024）
MSR	− 0.4667 （− 1.230）	− 0.4743 （− 1.247）	0.0692 （0.196）
INST	− 0.0035 （− 0.506）	− 0.0034 （− 0.498）	− 0.0127 （− 1.544）
PMC	1.8203 *** （2.595）	1.8079 *** （2.587）	1.4671 * （1.855）
_cons	− 1.3943 （− 0.636）	− 1.5138 （− 0.687）	− 1.4780 （− 0.555）
固定效应	个体/年份	个体/年份	个体/年份
R^2	0.080	0.080	0.101

6.4.2.3 中介效应模型回归结果

与前文一致，本书在此进一步验证经营性现金流在经营分部信息披露影响企业价值过程中的中介效应，结果如表 6 - 11 所示。首先，在列（3）、

表6－11 经营分部信息披露对企业价值影响中经营性现金流的中介作用

变量	式(6-7) (1) $TOBINQ_{t+2}$	式(6-8) (2) $OPCF_{t+2}$	式(6-9) (3) $TOBINQ_{t+2}$	式(6-7) (4) $TOBINQ_{t+2}$	式(6-8) (5) $OPCF_{t+2}$	式(6-9) (6) $TOBINQ_{t+2}$	式(6-7) (7) $TOBINQ_{t+2}$	式(6-8) (8) $OPCF_{t+2}$	式(6-9) (9) $TOBINQ_{t+2}$
$OPCF_{t+2}$			0.0605*** (3.296)			0.0599*** (3.234)			0.0329* (1.665)
$OPDQ_1$	0.2919** (2.255)	0.0254 (0.235)	0.2204* (1.906)						
$OPDQ_2$				0.0795*** (2.857)	0.0039 (0.172)	0.0582** (2.118)			
$OPDQ_3$							0.0545 (0.630)	-0.1090** (-1.996)	0.0089 (0.152)
$SIZE$	0.4353*** (2.625)	0.1045 (1.297)	0.0905 (1.155)	0.4054** (2.429)	0.1044 (1.294)	0.0714 (0.881)	0.2913** (2.010)	0.1470 (1.388)	0.2267*** (2.734)
ON	-0.1600 (-0.444)	-0.1686 (-0.659)		-0.1831 (-0.513)	-0.1705 (-0.663)	0.1818 (0.728)	-0.1823 (-0.368)	-0.1903 (-0.571)	0.3825*** (2.675)
AL	-1.2343 (-0.861)	0.8311** (2.325)	0.7065** (2.279)	-1.2409 (-0.867)	0.8325** (2.311)	0.7322*** (2.341)	-2.3803 (-1.064)	0.4642 (1.249)	0.4083 (1.177)
ICR	-0.0001 (-1.081)	0.0001 (0.383)	-0.0002 (-1.105)	-0.0001 (-1.115)	0.0001 (0.381)	-0.0002 (-1.133)	-0.0001 (-0.349)	-0.0001 (-0.184)	-0.0001 (-0.061)

续表

变量	式(6-7)	式(6-8)	式(6-9)	式(6-7)	式(6-8)	式(6-9)	式(6-7)	式(6-8)	式(6-9)
	$TOBINQ_{t+2}$	$OPCF_{t+2}$	$TOBINQ_{t+2}$	$TOBINQ_{t+2}$	$OPCF_{t+2}$	$TOBINQ_{t+2}$	$TOBINQ_{t+2}$	$OPCF_{t+2}$	$TOBINQ_{t+2}$
	(1)	(2)	(3)	(4)	(5)	(6)	(7)	(8)	(9)
CS	-1.7939	0.6740**	0.1411	-1.8204	0.6751**	0.1307	-3.7910	0.5844	0.1611
	(-1.134)	(2.049)	(0.599)	(-1.151)	(2.052)	(0.557)	(-1.606)	(1.414)	(0.563)
EC	-0.0077	-0.0136**	0.0008	-0.0075	-0.0136**	0.0010	-0.0003	-0.0197***	-0.0010
	(-0.927)	(-2.201)	(0.137)	(-0.903)	(-2.202)	(0.161)	(-0.039)	(-2.533)	(-0.133)
SBZ	-0.1247	-0.1123	-0.0936	-0.1384*	-0.1128	-0.1038	-0.0892	-0.1382	-0.0446
	(-1.488)	(-1.260)	(-1.462)	(-1.675)	(-1.256)	(-1.631)	(-1.160)	(-1.003)	(-1.084)
MSR	0.0364	-0.4470	1.1802	0.1232	-0.4463	1.2398	0.0798	0.0770	1.3176
	(0.029)	(-1.152)	(1.450)	(0.099)	(-1.151)	(1.509)	(0.056)	(0.216)	(1.479)
INST	0.0125	-0.0080	0.0075	0.0127	-0.0080	0.0078	0.0167	-0.0133	0.0001
	(1.093)	(-1.081)	(1.017)	(1.127)	(-1.079)	(1.078)	(1.375)	(-1.632)	(0.022)
PMC	1.8663	1.7664***	0.8931**	1.8801	1.7707***	0.9439***	1.8832	1.4022*	0.7798
	(0.811)	(2.629)	(2.433)	(0.817)	(2.631)	(2.582)	(0.603)	(1.826)	(1.458)
_cons	-5.7075	-1.1411	-0.2565	-5.0288	-1.1335	0.1839	-2.4077	-1.5958	-3.1975
	(-1.571)	(-0.631)	(-0.129)	(-1.372)	(-0.624)	(0.090)	(-0.628)	(-0.664)	(-1.490)
固定效应	个体/年份	个体/年份	个体/年份	个体/年份	个体/年份	个体/年份	个体/年份	个体/年份	个体/年份
R^2	0.089	0.079	0.263	0.090	0.079	0.270	0.099	0.102	0.283

列（6）及列（9）的回归结果中，*OPCF* 的系数均显著为正，印证了经营性现金流与企业价值的正相关关系，符合一般常识。接着，列（1）~ 列（3）、列（4）~ 列（6）、列（7）~ 列（9）依次列示了使用 $OPDQ_1$、$OPDQ_2$、$OPDQ_3$ 为主要自变量时的中介效应过程结果。由表 6 - 11 可见：首先，以 $OPDQ_1$ 和 $OPDQ_2$ 为主要自变量时，列（1）和列（4）中 $OPDQ_1$ 与 $OPDQ_2$ 对未来两期企业价值具备显著的正向影响，同时由于列（2）和列（5）中 $OPDQ_1$ 与 $OPDQ_2$ 对未来两期经营性现金流的影响并不显著，故在 $OPDQ_1$ 与 $OPDQ_2$ 影响企业价值的过程中经营性现金流未发挥中介作用。出现这一结果的原因可能是，由于分部划分确定性与会计信息完整性产生的专有成本有限，无法对企业经营性现金流造成显著不利影响，故中介效应过程并不成立。同时，本章所用企业价值为未来两期变量，企业提升分部划分确定性与会计信息完整性在经过两年资本市场与债务市场参与者的解读后，可发挥缓解信息不对称的作用，降低企业融资成本，提升企业价值。

以 $OPDQ_3$ 为主要自变量时，列（8）中的 $OPDQ_3$ 显著负向影响企业经营性现金流，但列（7）中的 $OPDQ_3$ 对企业价值的影响未通过显著性检验；该结果表明，尽管在经营分部信息披露中体现经济特征差异性会对未来两期的经营性现金流造成不利影响，但鉴于经济特征差异性可对债务融资成本产生积极影响，抵消了其现金流效应对企业价值的负面影响，故经济特征差异性负向影响经营性现金流，进而降低企业价值的中介过程并不成立[①]。

6.4.3　稳健性检验

（1）控制内生性。为更好地控制内生性问题，本节参照杨广青等（2020）、刘生龙等（2009）使用系统 GMM 的方法进行稳健性检验，同时本节还利用 Hansen 检验对工具变量进行过度识别检验，以确保在估计过程中所使用的矩条件工具变量在总体上是有效的。结果如表 6 - 12 所示，各列 Hansen 检验的 P 值均在 0.1 ~ 0.5 之间，证明了工具变量的有效性。

---

① 为证实该结果的严谨性，本书进一步分别以 $OPDQ_1$、$OPDQ_2$、$OPDQ_3$ 为自变量进行了 Sobel 检验，p 值均未达到显著性水平（分别为 0.4869、0.5920 和 0.4823），表明该中介过程不存在，证实了分步法的研究结论。

表6－12　利用系统GMM方法控制内生性的稳健性分析结果

变量	经营分部信息披露对经营性现金流的影响			组织可见度的调节作用（以分析师关注为代理）			组织可见度的调节作用（以媒体关注为代理）		
	$OPCF_{t+2}$	$OPCF_{t+2}$	$OPCF_{t+2}$	$OPCF_{t+2}$	$OPCF_{t+2}$	$OPCF_{t+2}$	$OPCF_{t+2}$	$OPCF_{t+2}$	$OPCF_{t+2}$
	(1)	(2)	(3)	(4)	(5)	(6)	(7)	(8)	(9)
L1.	0.3015*** (5.811)	0.3047*** (5.882)	0.2122*** (3.639)	0.3097*** (5.730)	0.3143*** (5.810)	0.2132*** (3.541)	0.3020*** (5.640)	0.3015*** (5.648)	0.2110*** (3.498)
$OPDQ_1$	-0.0044 (-0.023)			-0.1849 (-0.655)			0.0214 (0.097)		
$OPDQ_2$		-0.0204 (-0.552)			-0.0435 (-0.817)			-0.0295 (-0.714)	
$OPDQ_3$			-0.2475* (-1.698)			-0.2384 (-0.979)			-0.2580 (-1.421)
AA				0.0772 (0.789)	0.0968 (1.089)	0.1653* (1.757)			
MA							0.0620 (0.686)	0.0328 (0.389)	0.1184 (1.188)
$AA \times OPDQ_1$				0.0596 (0.500)					

续表

变量	经营分部信息披露对经营性现金流的影响			组织可见度的调节作用（以分析师关注为代理）			组织可见度的调节作用（以媒体关注为代理）		
	$OPCF_{t+2}$	$OPCF_{t+2}$	$OPCF_{t+2}$	$OPCF_{t+2}$	$OPCF_{t+2}$	$OPCF_{t+2}$	$OPCF_{t+2}$	$OPCF_{t+2}$	$OPCF_{t+2}$
	(1)	(2)	(3)	(4)	(5)	(6)	(7)	(8)	(9)
$AA \times OPDQ_2$					0.0040 (0.203)				
$AA \times OPDQ_3$						0.0098 (0.082)			
$MA \times OPDQ_1$							-0.1267 (-1.075)		
$MA \times OPDQ_2$								-0.0166 (-0.881)	
$MA \times OPDQ_3$									0.0296 (0.206)
控制变量	控制	控制	控制	控制	控制	控制	控制	控制	控制
Hansen P值	0.31	0.22	0.16	0.19	0.17	0.20	0.33	0.35	0.42

（2）替换主要变量。首先，替换会计信息完整性水平指标。在此，本书对样本企业会计信息完整得分加一后取对数进行连续化处理，记作（$OPDQ_2^*$）。其次，替换经济特征差异性指标。考虑到少数上市公司资产利润率最小的分部存在较大幅度亏损的情况，此时各分部资产利润率最大值和最小值的差值可能得到较为极端的取值，为规避这一情况，本书在此使用不同经营分部资产利润率最大值和平均值的差值进行替换，记作（$OPDQ_3^*$）。再次，基于上文结果，企业市场竞争地位也是影响其经营性现金流的重要因素，为使结果更加稳健，本章在此参考曾世宏和向国成（2013）的方法对勒纳指数按细分行业作均值平减处理，计作 PMC^*。最后，使用分析师发布研报数加一后的对数值（AR）衡量分析师关注水平。结果如表 6 – 13 所示。

（3）消除披露惯性影响。与上一章一致，为消除披露惯性对回归结果的影响，同时缓解遗漏变量的问题（Kravet and Muslu, 2013），本书参照克拉维特和穆斯鲁（Kravet and Muslu, 2013）的研究，设立如式（6 – 10）和式（6 – 11）所示的差分回归模型作为稳健性检验的补充。结果如表 6 – 14 所示。

$$OPCF_{it+2} = \alpha + u_i + \lambda_t + \beta_1 \Delta OPDQ_{it} + \beta_2 \Delta Control_{it} + \varepsilon_{it} \quad (6-10)$$

$$OPCF_{it+2} = \alpha + u_i + \lambda_t + \beta_1 \Delta OPDQ_{it} + \beta_2 \Delta OV_{it} + \beta_3 \Delta OPDQ_{it} * OV_{it}$$
$$+ \beta_4 \Delta Control_{it} + \varepsilon_{it} \quad (6-11)$$

由表 6 – 12、表 6 – 13、表 6 – 14 中列（1）~列（3）可见，在经营分部信息披露质量三个维度对经营性现金流的影响中，经济特征差异性（$OPDQ_3$、$\Delta OPDQ_3$）的回归结果显著为负，同时表 6 – 13 中 $OPDQ_3^*$ 的回归系数已十分接近 10% 的不显著水平，证实了本书主模型回归结果的稳健性。此外，上述三表列（4）~列（9）中组织可见度与经营分部信息披露质量的乘积 $AA \times OPDQ_1$（$AR \times OPDQ_1$、$\Delta AA \times OPDQ_1$）、$AA \times OPDQ_2$（$AR \times OPDQ_2^*$、$\Delta AA \times OPDQ_2$）、$AA \times OPDQ_3$（$AR \times OPDQ_3^*$、$\Delta AA \times OPDQ_3$）、$MA \times OPDQ_1$（$\Delta MA \times OPDQ_1$）、$MA \times OPDQ_2$（$MA \times OPDQ_2^*$、$\Delta MA \times OPDQ_2$）、$MA \times OPDQ_3$（$MA \times OPDQ_3^*$、$\Delta MA \times OPDQ_3$）的回归系数均无法通过显著性检验，即组织可见度在经营分部信息披露对企业未来两期经营性现金流的影响中无显著调节作用，与上文结果一致，证明了本章研究结论的稳健性。

表6-13　替换主要变量的稳健性分析结果

变量	经营分部信息披露对经营性现金流的影响			组织可见度的调节作用（以分析师关注为代理）			组织可见度的调节作用（以媒体关注为代理）		
	$OPCF_{t+2}$	$OPCF_{t+2}$	$OPCF_{t+2}$	$OPCF_{t+2}$	$OPCF_{t+2}$	$OPCF_{t+2}$	$OPCF_{t+2}$	$OPCF_{t+2}$	$OPCF_{t+2}$
	(1)	(2)	(3)	(4)	(5)	(6)	(7)	(8)	(9)
$OPDQ_1$	0.0179 (0.168)			-0.1333 (-1.081)			-0.0720 (-0.678)		
$OPDQ_2^*$		0.0036 (0.058)			-0.0489 (-0.601)			-0.0447 (-0.636)	
$OPDQ_3^*$			-0.1541 (-1.414)			-0.1172 (-0.773)			-0.0397 (-0.242)
AR				-0.0177 (-0.616)	0.0028 (0.081)	0.0246 (0.583)			
MA							-0.0299 (-0.684)	-0.0136 (-0.281)	0.0680 (1.089)
$AR \times OPDQ_1$				0.0386 (0.807)					
$AR \times OPDQ_2^*$					-0.0007 (-0.083)				

续表

变量	经营分部信息披露对经营性现金流的影响			组织可见度的调节作用（以分析师关注为代理）			组织可见度的调节作用（以媒体关注为代理）		
	$OPCF_{t+2}$	$OPCF_{t+2}$	$OPCF_{t+2}$	$OPCF_{t+2}$	$OPCF_{t+2}$	$OPCF_{t+2}$	$OPCF_{t+2}$	$OPCF_{t+2}$	$OPCF_{t+2}$
	(1)	(2)	(3)	(4)	(5)	(6)	(7)	(8)	(9)
$AR \times OPDQ_3^*$						-0.0127 (-0.236)			
$MA \times OPDQ_1$							0.0042 (0.058)		
$MA \times OPDQ_2^*$								-0.0064 (-0.546)	
$MA \times OPDQ_3^*$									-0.0764 (-0.836)
PMC^*	0.9360* (1.857)	0.9371*** (3.694)	0.5458** (2.034)	0.9724* (1.848)	0.9683*** (3.805)	0.5801** (2.131)	0.9763* (1.852)	0.9784*** (3.845)	0.5669** (2.082)
其余控制变量	控制	控制	控制	控制	控制	控制	控制	控制	控制
固定效应	个体/年份	个体/年份	个体/年份	个体/年份	个体/年份	个体/年份	个体/年份	个体/年份	个体/年份

表6-14　使用差分模型的稳健性分析结果

变量	经营分部信息披露对经营性现金流的影响			组织可见度的调节作用（以分析师关注为代理）			组织可见度的调节作用（以媒体关注为代理）		
	$OPCF_{t+2}$	$OPCF_{t+2}$	$OPCF_{t+2}$	$OPCF_{t+2}$	$OPCF_{t+2}$	$OPCF_{t+2}$	$OPCF_{t+2}$	$OPCF_{t+2}$	$OPCF_{t+2}$
	(1)	(2)	(3)	(4)	(5)	(6)	(7)	(8)	(9)
$\Delta OPDQ_1$	0.0425 (0.378)			-0.2790* (-1.914)			0.0314 (0.258)		
$\Delta OPDQ_2$		0.0346 (1.126)			-0.0125 (-0.356)			0.0245 (0.759)	
$\Delta OPDQ_3$			-0.1303* (-1.794)			-0.1836* (-1.666)			-0.1081 (-1.369)
ΔAA				-0.0658 (-1.359)	-0.0237 (-0.500)	0.0474 (0.788)			
ΔMA							0.0083 (0.143)	-0.0041 (-0.064)	0.0192 (0.288)
$\Delta AA \times OPDQ_1$				0.1551 (0.246)					
$\Delta AA \times OPDQ_2$					0.0173 (1.401)				

变量	$OPCF_{t+2}$	$OPCF_{t+2}$	$OPCF_{t+2}$	$OPCF_{t+2}$	$OPCF_{t+2}$	$OPCF_{t+2}$	$OPCF_{t+2}$	$OPCF_{t+2}$	$OPCF_{t+2}$
	经营分部信息披露对经营性现金流的影响			组织可见度的调节作用（以分析师关注为代理）			组织可见度的调节作用（以媒体关注为代理）		
	(1)	(2)	(3)	(4)	(5)	(6)	(7)	(8)	(9)
$\Delta AA \times OPDQ_3$						0.0451 (0.661)			
$\Delta MA \times OPDQ_1$							−0.1053 (−1.263)		
$\Delta MA \times OPDQ_2$								−0.0136 (−1.214)	
$\Delta MA \times OPDQ_3$									−0.0115 (−0.158)
控制变量	控制	控制	控制	控制	控制	控制	控制	控制	控制
固定效应	个体/年份	个体/年份	个体/年份	个体/年份	个体/年份	个体/年份	个体/年份	个体/年份	个体/年份

185

6.5 本 章 小 结

本章以专有成本理论为基础，就经营分部信息披露对经营性现金流的影响进行了分析。首先，构建理论模型推导了经营分部信息披露对经营性现金流的潜在影响，并提出本章的研究假设；其次，以 2014～2019 年我国上证 A 股制造业上市公司为样本实证检验了经营分部信息披露与经营性现金流的关系，并分别以分析师关注和媒体关注为代理探讨了组织可见度的调节作用；再次，利用中介效应模型对经营分部信息披露以经营性现金流影响企业价值的中介机制进行了检验；最后，利用系统 GMM 模型、替换变量法和差分模型进行了稳健性检验。

结果表明：（1）上市公司提高分部划分确定性、会计信息完整性并不会对自身未来两期经营性现金流造成显著影响；尽管提升不同分部间经济特征差异性将恶化其未来两期经营性现金流量，但未降低其未来两期企业价值。（2）以分析师关注或媒体关注衡量组织可见度时，组织可见度均不会在经营分部信息披露与经营性现金流间的关系间起到有效调节作用。本章研究为经营分部信息披露对经营性现金流的潜在不利影响提供了证据，但在作用于企业价值时，该不利影响被经营分部信息披露的其他正面效应抵消；同时发现提升组织可见度并不会进一步恶化这一影响。结合上文研究结果，这意味着企业可结合自身情况选择适当的经济特征差异性披露决策，并主动提升自身组织可见度强化经营分部信息带来的资本成本红利。

本章的边际贡献在于，一方面，国外相关研究多从分部划分确定性和会计信息完整性维度切入（Talha et al.，2009；Zhou et al.，2014），虽然海斯和伦德霍尔姆（Hayes and Lundholm，1996）构建理论模型从经济特征差异性的角度进行了分析，但并未提供实证经验，本章工作弥补了这一不足。另一方面，首次基于我国资本市场经验探究了研究经营分部信息披露对经营性现金流的影响，丰富了现有的研究结论。

第7章

异质性研究

7.1 基于行业层面的异质性分析

7.1.1 研究背景

2020年7月30日召开的中央政治局会议提出了"加快形成以国内大循环为主体、国内国际双循环相互促进的新发展格局",旨在更好地挖掘国内市场潜力,全面提升国内市场规模、容量和质量,形成完整的内需体系,助推经济高质量发展。但近年来我国经济市场存在"供需错位"的结构性失衡,严重阻碍内需的有效释放:传统制造业行业中的产能过剩问题已成为市场的沉重负担,而高端制造业产品供给仍存在巨大缺口。其中,造成传统制造业产能过剩的重要原因便是GDP增长激励下金融的资源配置扭曲;造成高新制造业产能相对不足的问题的原因在于政府、金融资源对高新技术产业领域的支持力度仍待加强。可见,这一结构失衡问题与资源配置的低效密切相关。对此,十九大报告明确指出要"优化存量资源配置,扩大优质增量供给,实现供需动态平衡",不仅要抑制金融资源继续流向淘汰产能,倒逼产能过剩行业企业转型升级,还要加大资源对新一代信息技术、高端装备、新材料等朝阳企业的支持。

高质量的信息披露是优化资源配置的重要着力点,由于我国制造业企业正大力开展多元化业务,提升经营分部信息质量显然有利于市场的资源配置功能的发挥。考虑到企业追求价值最大化的自然属性，两类企业也必然以此作为提升信息披露的出发点，那么经营分部信息披露对两类企业的价值会造成怎么样的影响？鉴于现有经营分部信息披露研究多集中于国外，故尚未有研究表明经营分部信息披露对两类企业价值影响的差异。为鼓励各类企业提升经营分部披露质量，优化资源配置，助力解决我国制造业"供需错位"问题，本书在此拟将样本按是否属于产能过剩行业分组作进一步分析。

7.1.2　描述性统计

如何界定企业是否属于产能过剩行业一直以来受到了学界的关注，其中较为有代表性的为韩国高等（2011）在微观经济学生产、成本、均衡理论的基础上，利用面板模型方法对我国工业行业产能利用水平进行测量，这一成果受到了广大学者的认可与沿用（余东华和吕逸楠，2015；王自锋和白玥明，2017）。在此，本书沿用韩国高等（2011）的成果，选择了以黑色金属为代表的 7 个行业[①]作为产能过剩行业，并依据国泰安数据库中上市公司行业代码将上文样本分为产能过剩行业企业和非产能过剩行业企业两组。

本节首先对两类企业经营分部信息披露水平进行描述性统计分析。如表 7 - 1 和表 7 - 2 所示，2014 ~ 2019 年产能过剩行业企业与非产能过剩行业企业分部划分确定性得分和会计信息完整性得分均呈现逐年上升趋势，但二者各年得分差异未通过 T 检验，表明对于两类企业而言，二者均没有明确的披露意向差异。

如表 7 - 3 所示，产能过剩行业企业与非产能过剩行业企业各分部间经济特征差异性均呈不规律波动趋势，且二者不存在显著差异。上述结果表明，由于披露的经济后果尚不明确，产能过剩行业企业与非产能过剩行业企业的披露实践均处于探索阶段，故不存在显著的披露倾向差异。

---

① 7 个产能过剩行业分别为证监会《上市公司行业分类指引》（2012 年修订）所划分的造纸和纸制品业（C22）、石油加工、炼焦和核燃料加工业（C25）、化学原料和化学制品制造业（C26）、化学纤维制造业（C28）、非金属矿物制品业（C30）、黑色金属冶炼和压延加工业（C31）、有色金属冶炼和压延加工业（C32）。

表 7 - 1 分部划分确定性描述性统计结果

年份	产能过剩行业企业		非产能过剩行业企业		组间均值差异
	均值	标准差	均值	标准差	T 检验 P 值
2014	0.3881	0.4889	0.4134	0.4931	0.5962
2015	0.4207	0.4951	0.4292	0.4956	0.8525
2016	0.4400	0.4978	0.4439	0.4992	0.5868
2017	0.4587	0.4995	0.4583	0.4977	0.8014
2018	0.4596	0.4980	0.4589	0.4987	0.6963
2019	0.4661	0.4972	0.4814	0.5000	0.2794

表 7 - 2 会计信息完整性描述性统计结果

年份	产能过剩行业企业		非产能过剩行业企业		组间均值差异
	均值	标准差	均值	标准差	T 检验 P 值
2014	4.4305	2.1427	4.7154	2.4853	0.4408
2015	4.7101	2.2235	4.8588	2.3541	0.5466
2016	4.8480	2.2177	4.9577	2.3636	0.7169
2017	4.8168	2.2366	4.9433	2.3904	0.8145
2018	4.8223	2.2446	4.9500	2.4545	0.4040
2019	4.8441	2.3688	5.1368	2.4581	0.2759

表 7 - 3 经济特征差异性描述性统计结果

年份	产能过剩行业企业		非产能过剩行业企业		组间均值差异
	均值	标准差	均值	标准差	T 检验 P 值
2014	0.4744	0.7209	0.4961	1.1013	0.8400
2015	0.4219	0.3032	0.4488	0.9864	0.5462
2016	0.5008	0.8806	0.4191	0.5867	0.2354
2017	0.4004	0.3654	0.3606	0.3271	0.2083
2018	0.3591	0.3484	0.3948	0.5102	0.3858
2019	0.4485	0.8151	0.3370	0.3353	0.1158

7.1.3 对权益资本成本影响的异质性

1. 不同行业类型企业经营分部信息披露对权益资本成本的影响

本节依旧以双向固定效应模型对式（4-12）进行分组回归，以考察不同类型企业经营分部信息披露对权益资本成本的影响是否存在差异。同时，为更严谨地得出研究结论，本节采用 Bootstrap 组间差异检验方法，从统计上对该模型关键变量回归结果的组间差异显著性进行检验，结果如表7-4 所示。

表7-4　　不同行业类别企业经营分部信息披露对权益资本成本的影响

变量	COE		COE		COE	
	（1）	（2）	（3）	（4）	（5）	（6）
	产能过剩	非产能过剩	产能过剩	非产能过剩	产能过剩	非产能过剩
$OPDQ_1$	-0.0633*	0.0302**				
	（-1.922）	（2.139）				
$OPDQ_2$			-0.0196**	0.0070**		
			（-2.446）	（2.186）		
$OPDQ_3$					-0.0054	-0.0013
					（-0.072）	（-0.405）
EM	0.0092*	0.0051	0.0098**	0.0053	0.0136***	-0.0069
	（1.818）	（0.570）	（1.997）	（0.583）	（3.806）	（-0.359）
$SIZE$	-0.0433	0.0164	-0.0188	0.0174	-0.0861	0.0304
	（-0.830）	（0.817）	（-0.324）	（0.866）	（-1.431）	（1.486）
EA	-0.9119	-0.6114***	-0.8468	-0.6030***	-0.6440	-0.6971***
	（-1.579）	（-4.227）	（-1.498）	（-4.145）	（-1.327）	（-4.041）
$GRTA$	0.0414	-0.0329**	0.0340	-0.0340**	0.0850	-0.3511
	（0.815）	（-2.131）	（0.672）	（-2.194）	（1.345）	（-1.515）
EC	0.0015	-0.0004	0.0014	-0.0005	0.0016	-0.0003
	（0.757）	（-0.608）	（0.736）	（-0.731）	（0.799）	（-0.338）

续表

变量	COE		COE		COE	
	（1）	（2）	（3）	（4）	（5）	（6）
	产能过剩	非产能过剩	产能过剩	非产能过剩	产能过剩	非产能过剩
DUAL	− 0.0319 （− 0.646）	− 0.0189 （− 1.040）	− 0.0357 （− 0.709）	− 0.0167 （− 0.952）	− 0.0520 （− 1.506）	− 0.0311 （− 1.179）
BS	0.0092 （0.859）	0.0047 （1.003）	0.0098 （0.941）	0.0051 （1.074）	0.0180 * （1.632）	0.0065 （1.271）
β	0.0853 ** （2.349）	− 0.0137 （− 0.998）	0.0892 ** （2.420）	− 0.0148 （− 1.065）	0.0404 （1.033）	− 0.0152 （− 0.854）
INST	0.0034 * （1.705）	− 0.0014 * （− 1.949）	0.0039 ** （2.025）	− 0.0014 * （− 1.941）	0.0042 * （1.832）	− 0.0015 （− 1.586）
_cons	0.9014 （0.728）	− 0.2494 （− 0.566）	0.3504 （0.256）	− 0.0274 （− 0.621）	1.7600 （1.275）	− 0.5388 （− 1.182）
固定效应	个体/年份	个体/年份	个体/年份	个体/年份	个体/年份	个体/年份
$OPDQ_{i,i=1,2,3}$ 的经验 p 值	0.012 **		0.001 ***		0.397	
R^2	0.164	0.165	0.182	0.169	0.204	0.170

其一，以 $OPDQ_1$ 为解释变量时，列（1）中的 $OPDQ_1$ 的回归系数显著为负，列（2）中的 $OPDQ_1$ 的回归系数显著为正，且列（1）和列（2）中变量 $OPDQ_1$ 组间差异的经验 P 值[①]为 0.012，在 5% 的水平下显著，表明分部划分确定性对产能过剩行业企业和非产能过剩行业企业将产生截然相反的结果：显著降低产能过剩行业企业当期的权益资本成本，增加非产能过剩行业企业的权益资本成本。与之类似，以 $OPDQ_2$ 为解释变量时，列（3）和列（4）的结果表明，产能过剩行业企业可通过提高会计信息完整性降低权益资本成本，非产能过剩行业企业采取此类行为则会造成适得其反的结果。

---

① 经验 P 值用于检验变量组间差异的显著性，通过自体抽样（bootstrap）1000 次得到。

该结果说明，上文中经营分部信息披露无法显著影响权益资本成本的另一个重要原因是，对不同类型企业而言，提升分部划分确定性、会计信息完整性对权益资本成本产生了截然相反的影响，导致以全样本进行回归无法直接得出正向或负向的显著结果。导致这一结果的可能原因在于：上市公司在分部报告中体现分部划分确定性和会计信息完整性将占据较大的年报篇幅，可传递给投资者企业大力实施多元化经营的视觉直观感受，且这一直观感受并不需要专业的财务知识来支撑。依据预期理论，预期与感知的一致性是影响投资者决策的重要因素（Vroom，1964），由于投资者对着这两类企业是否应进行多元化经营通常存有相反的预期，故极可能就此感知对二者作出不同的回应：第一，产能过剩行业企业面临巨大淘汰压力，盲目扩充规模、重复低水平建设的粗放式发展模式已难以为继，投资者大多期望其能通过多元化经营完成转型，此时企业明确分部划分、提升会计信息完整性容易被投资者视为进行产品结构调整、积极"自救"的信号，可获得市场的高度认可，降低权益资本成本。第二，非产能过剩行业企业通常存在一定的供给缺口，市场投资者更倾向其在原有产品基础上贯彻提质增效的发展战略，并认为拓展多元化业务必然分散人力、物力，拖累原有产品优势，在此情况下，企业明确分部划分并报告各分部财务信息极有可能被投资者解读为"不务正业"的信号，使结果事与愿违。

其二，以 $OPDQ_2$ 为解释变量时，列（5）和列（6）中的 $OPDQ_3$ 均不显著，结果说明两类企业展示出不同分部间的经济差异并不会影响其当期权益资本成本，这可能源于我国资本市场大部分投资者专业知识较为缺乏，尚未对经营分部财务信息展开进一步分析，无法识别这一指标的深层次内涵。

2. 组织可见度对不同行业类别企业的调节作用

为进一步探究组织可见度对经营分部信息披露与权益资本成本关系的调节作用是否具有基于行业特征的异质性，本书在此沿用上节的分组样本分别对式（4-13）进行回归，并对经营分部信息披露质量与组织可见度水平的乘积项（ $OPDQ_{i,i=1,2,3} \times (AA，MA)$ ）进行组间差异的显著性检验。

首先，以分析师关注为组织可见度的代理变量时，结果如表 7-5 所示。列（1）和列（2）描述了以 $OPDQ_1$ 为主要自变量时的结果：列（2）中 $OPDQ_1$ 的回归系数依旧显著为正，此时 $AA \times OPDQ_1$ 的回归系数在 5% 的置信水平下显著为负，同时列（1）和列（2）中变量 $AA \times OPDQ_1$ 组间差异的经验 P 值在 10% 的置信水平下显著，表明分析师关注仅会负向调节非产能过剩行业企业分部划分确定性对权益资本成本的影响。此外，列（3）和列（4）结果中的主要自变量符号与显著性与列（1）和列（2）基本一致，表明在分析师关注下，非产能过剩行业企业提升会计信息完整性对权益资本成本的正向影响也会受到抑制，即在分析师关注下，分部划分确定性、会计信息完整性给市场投资者带来的企业"不务正业"的误解会得到一定程度的消除。产生上述结果的原因可能是：作为资本市场中的专业人士，分析师十分明确非产能过剩行业企业同样可以大力发展与制造业紧密相关的生产性服务业，推动服务功能区和服务平台建设。这不仅有助于制造业企业延伸服务链条，拓展盈利点，更有助于企业发展个性化定制服务、全生命周期管理、网络精准营销和在线支持服务等，形成独特的竞争优势和品牌特色。在此基础上，分析师可利用研报等手段帮助投资者解读该信号，消除投资者对非产能过剩行业企业披露经营分部信息即是"不务正业"的误解。

表 7－5　　组织可见度（以分析师关注为代理）对不同行业类别企业
经营分部信息披露与权益资本成本关系的调节作用

变量	COE		COE		COE	
	（1）	（2）	（3）	（4）	（5）	（6）
	产能过剩	非产能过剩	产能过剩	非产能过剩	产能过剩	非产能过剩
$OPDQ_1$	－ 0.0592 * （－ 1.729）	0.0364 *** （2.635）				
$OPDQ_2$			－ 0.0189 ** （－ 2.347）	0.0076 ** （2.348）		
$OPDQ_3$					－ 0.0073 （－ 0.097）	－ 0.0008 （－ 0.316）

续表

变量	COE		COE		COE	
	（1）	（2）	（3）	（4）	（5）	（6）
	产能过剩	非产能过剩	产能过剩	非产能过剩	产能过剩	非产能过剩
AA	− 0. 0176 （ − 1. 355）	− 0. 0004 （ − 0. 058）	− 0. 0181 （ − 1. 429）	0. 0003 （0. 047）	− 0. 0247 * （ − 1. 776）	− 0. 0011 （ − 0. 148）
$AA \times OPDQ_1$	− 0. 0079 （ − 0. 403）	− 0. 0221 ** （ − 2. 396）				
$AA \times OPDQ_2$			− 0. 0002 （ − 0. 067）	− 0. 0032 ** （ − 1. 984）		
$AA \times OPDQ_3$					0. 0795 * （1. 927）	0. 0031 （0. 644）
EM	0. 0092 * （1. 814）	0. 0033 （0. 370）	0. 0098 ** （2. 003）	0. 0028 （0. 300）	0. 0130 *** （3. 878）	0. 0046 （0. 494）
$SIZE$	− 0. 0469 （ − 0. 881）	0. 0129 （0. 657）	− 0. 0259 （ − 0. 450）	0. 0133 （0. 663）	− 0. 1016 * （ − 1. 742）	0. 0178 （0. 854）
EA	− 0. 8568 （ − 1. 486）	− 0. 5936 *** （ − 4. 261）	− 0. 7917 （ − 1. 403）	− 0. 5771 *** （ − 3. 989）	− 0. 6175 （ − 1. 328）	− 0. 6209 *** （ − 3. 618）
$GRTA$	0. 0463 （0. 913）	− 0. 0342 ** （ − 2. 224）	0. 0400 （0. 793）	− 0. 0352 ** （ − 2. 240）	0. 0973 （1. 598）	− 0. 0334 ** （ − 2. 131）
EC	0. 0013 （0. 673）	− 0. 0003 （ − 0. 456）	0. 0012 （0. 663）	− 0. 0004 （ − 0. 606）	0. 0009 （0. 513）	− 0. 0003 （ − 0. 485）
$DUAL$	− 0. 0305 （ − 0. 603）	− 0. 0189 （ − 1. 107）	− 0. 0355 （ − 0. 676）	− 0. 018 （ − 1. 060）	− 0. 0490 （ − 1. 443）	− 0. 0206 （ − 1. 088）
BS	− 0. 0098 （ − 0. 919）	0. 0050 （1. 070）	0. 0103 （0. 987）	0. 0046 （0. 958）	0. 0193 * （1. 820）	0. 004 （0. 877）
β	0. 0826 ** （2. 214）	− 0. 0134 （ − 0. 987）	0. 0872 ** （2. 284）	− 0. 0132 （ − 0. 951）	0. 0373 （0. 914）	− 0. 0124 （ − 0. 902）
$INST$	0. 0040 ** （2. 108）	− 0. 0013 * （ − 1. 904）	0. 0045 ** （2. 413）	− 0. 0013 * （ − 1. 805）	0. 0057 *** （2. 525）	− 0. 0013 * （ − 1. 892）

续表

变量	COE		COE		COE	
	（1）	（2）	（3）	（4）	（5）	（6）
	产能过剩	非产能过剩	产能过剩	非产能过剩	产能过剩	非产能过剩
_cons	0.9549 (0.757)	−0.1660 (−0.384)	0.4658 (0.342)	−0.1638 (−0.374)	2.115 (1.595)	−0.2686 (−0.586)
固定效应	个体/年份	个体/年份	个体/年份	个体/年份	个体/年份	个体/年份
$AA \times OPDQ_{i,i=1,2,3}$ 的经验 p 值	0.072 *		0.088 *		0.063 *	
R²	0.173	0.180	0.190	0.180	0.246	0.157

其次，由列（5）和列（6）可见，列（5）中 $AA \times OPDQ_3$ 的回归系数在 10% 的水平下显著为正，而列（6）中 $AA \times OPDQ_3$ 的回归系数并不显著，同时 $AA \times OPDQ_3$ 的经验 P 值为 0.063，表明分析师关注使产能过剩行业企业经济特征差异性起到了提升权益资本成本的作用，而对非产能过剩行业企业无显著影响。这主要是由于对产能过剩行业企业而言，直接竞争对手往往也面临产能过剩的困境，正试图寻找转型出路，分析师研报在对特定企业经济特征差异性展开解读时难免提到同行业竞争对手的相关表现，极有可能使投资者挖掘出特征类似，但在转型自救方面表现更加突出的其他企业，影响了投资者对披露企业的忠诚度，降低了披露企业股票需求量和流动性，提升了披露企业权益资本成本。

最后，以媒体关注为组织可见度的代理变量时，结果如表 7－6 所示。列（1）和列（3）中 $MA \times OPDQ_1$ 和 $MA \times OPDQ_2$ 的回归系数在 10% 的水平下显著为负。而列（2）和列（4）中上述变量的回归系数均不显著，相关变量的经验 P 值均达到了 10% 的显著性水平，印证了这一差异的稳健性。表明媒体关注会正向调节产能过剩行业企业分部划分确定性、会计信息完整性降低权益资本成本的效果。出现这一结果的可能原因是媒体新闻报道可以起到一定的信息传递作用，对于产能过剩行业企业而言，分部划分确定性和会计信息完整性将在年报中占据一定的报告篇幅，是向投资者传递企业积极实施多元化经营、转型自救的直观信号，同时媒体宣传则可使投资者有效接收到这一信号，提高对企业的认可度。此外，列（5）和列（6）中 $MA \times OPDQ_3$ 的回归系数均不显著，原因在于与分析师相比，媒体财务分析的专业能力相对欠缺，无法提炼出经济特征差异性所蕴含的内在信息。

表 7 - 6　　组织可见度（以媒体关注为代理）对不同行业类别企业
经营分部与权益资本成本关系的调节作用

变量	COE		COE		COE	
	（1）	（2）	（3）	（4）	（5）	（6）
	产能过剩	非产能过剩	产能过剩	非产能过剩	产能过剩	非产能过剩
$OPDQ_1$	-0.0239 （-0.731）	0.0232 （1.308）				
$OPDQ_2$			-0.0083 （-0.788）	0.0062 * （1.863）		
$OPDQ_3$					-0.0356 （-0.849）	-0.0023 （-0.540）
MA	0.0267 ** （2.106）	0.0007 （0.140）	0.0251 * （1.803）	-0.0015 （-0.283）	0.0326 ** （2.452）	0.0013 （0.241）
$MA \times OPDQ_1$	-0.0325 * （-1.797）	0.0068 （0.966）				
$MA \times OPDQ_2$			-0.0073 * （-1.827）	0.0012 （0.781）		
$MA \times OPDQ_3$					0.0969 （1.458）	0.0061 （1.312）
EM	0.0120 ** （2.258）	0.0054 （0.594）	0.0122 * （1.769）	0.0036 （0.543）	0.0046 （0.494）	0.0051 （0.562）
$SIZE$	-0.0578 （-1.184）	0.0182 （0.902）	-0.0274 （-0.470）	0.0409 *** （3.001）	-0.0670 （-1.297）	0.0195 （0.967）
EA	-0.9877 （-1.625）	-0.6112 *** （-4.256）	-0.9831 *** （-2.769）	-0.5197 *** （-3.680）	-1.1615 * （-1.918）	-0.5963 *** （-4.073）

变量	COE		COE		COE	
	（1）	（2）	（3）	（4）	（5）	（6）
	产能过剩	非产能过剩	产能过剩	非产能过剩	产能过剩	非产能过剩
GRTA	0.0381 （0.738）	− 0.0335 ** （− 2.193）	0.0414 （0.673）	− 0.0444 *** （− 4.467）	0.0419 （0.776）	− 0.0336 ** （− 2.177）
EC	0.0010 （0.557）	− 0.0005 （− 0.669）	0.0011 （0.558）	− 0.0008 （− 1.199）	0.0007 （0.372）	− 0.0005 （− 0.599）
DUAL	− 0.0317 （− 0.674）	− 0.0192 （− 1.039）	− 0.0340 （− 0.813）	− 0.0200 （− 1.336）	− 0.0166 （− 0.432）	− 0.0204 （− 1.058）
BS	0.0109 （1.015）	0.0048 （1.012）	0.0094 （0.791）	0.0042 （0.885）	0.0069 （0.673）	0.0040 （0.845）
β	0.0756 ** （2.192）	− 0.0147 （− 1.059）	0.0936 *** （3.703）	0.0008 （0.073）	0.0839 ** （2.458）	− 0.0133 （− 0.959）
INST	0.0033 * （1.912）	− 0.0014 * （− 1.893）	0.0036 * （1.944）	− 0.0014 ** （− 2.064）	0.0042 ** （2.228）	− 0.0014 * （− 1.943）
_cons	1.1932 （1.048）	− 0.2748 （− 0.613）	0.4979 （0.372）	− 0.7653 ** （− 2.582）	1.4599 （1.216）	− 0.2996 （− 0.671）
固定效应	个体/年份	个体/年份	个体/年份	个体/年份	个体/年份	个体/年份
$MA \times OPDQ_{i,i=1,2,3}$ 的经验 p 值	0.087 *		0.086 *		0.351	
R²	0.196	0.168	0.216	0.138	0.208	0.160

7.1.4 对债务融资成本影响的异质性

7.1.4.1 不同行业类别企业经营分部信息披露对债务融资成本的影响

与上节一致，将样本分为产能过剩行业企业和非产能过剩行业企业两组，依照式（5-4）进行回归，以考察不同行业类别企业经营分部信息披露质量对债务融资成本影响的差异。在此，本书同样采用 Bootstrap 组间差异检验方法，从统计上对关键变量回归结果组间差异的显著性进行检验，结果如表 7-7 所示。

表7-7 不同行业类别企业经营分部信息披露对债务融资成本的影响

变量	COD_{t+1}		COD_{t+1}		COD_{t+1}	
	(1)	(2)	(3)	(4)	(5)	(6)
	产能过剩	非产能过剩	产能过剩	非产能过剩	产能过剩	非产能过剩
$OPDQ_1$	-0.0032 (-0.823)	0.0012 (0.404)				
$OPDQ_2$			-0.0014 * (-1.686)	-0.0001 (-0.101)		
$OPDQ_3$					-0.0007 * (-1.758)	-0.0030 (-0.629)
$SIZE$	-0.0002 (-0.052)	-0.0052 (-1.617)	-0.0001 (-0.010)	-0.0051 (-1.362)	0.0038 (0.981)	-0.0036 (-0.379)
ALR	0.0153 (0.819)	0.0355 ** (1.981)	0.0146 (0.805)	0.0355 *** (3.067)	0.0306 (1.198)	0.0301 (0.940)
TAR	0.0239 (0.602)	-0.0999 ** (-2.348)	0.0233 (0.584)	-0.1013 *** (-3.084)	-0.1004 * (-1.900)	0.0770 (1.427)
CF	0.0001 (1.337)	0.0001 (1.001)	0.0001 (1.473)	0.0001 (0.536)	0.0001 (0.280)	0.0001 *** (2.948)
ROA	-0.0520 (-1.469)	-0.0100 (-0.344)	-0.0501 (-1.581)	-0.0102 (-0.335)	-0.0249 (-0.662)	-0.0797 * (-1.645)
$NPGR$	0.0001 (0.704)	-0.0001 (-0.889)	0.0001 (0.683)	-0.0001 (-0.591)	-0.0001 (-0.347)	-0.0001 (-1.394)
PMC	-0.0197 (-0.822)	0.0149 (0.530)	-0.0193 (-0.828)	0.0145 (0.724)	0.0085 (0.253)	-0.0287 (-0.867)
β	0.0023 (0.445)	0.0042 (1.291)	0.0026 (0.490)	0.0043 (1.528)	0.0051 (1.149)	-0.0037 (-0.519)
EC	0.0005 (1.461)	-0.0002 (-1.189)	0.0005 (1.512)	-0.0002 (-0.983)	-0.0002 (-1.081)	0.0002 (0.477)
PID	-0.0265 (-1.149)	-0.0259 (-0.931)	-0.0275 (-1.154)	-0.0258 (-0.897)	-0.0485 (-1.435)	-0.0618 ** (-2.397)

续表

变量	COD_{t+1}		COD_{t+1}		COD_{t+1}	
	（1）	（2）	（3）	（4）	（5）	（6）
	产能过剩	非产能过剩	产能过剩	非产能过剩	产能过剩	非产能过剩
_cons	−0.0179 （−0.159）	0.2142*** （2.895）	−0.0211 （−0.189）	0.2145** （2.274）	0.0292 （0.314）	0.0328 （0.141）
固定效应	个体/年份	个体/年份	个体/年份	个体/年份	个体/年份	个体/年份
$OPDQ_{i,i=1,2,3}$ 的经验 p 值	0.231		0.028**		0.062*	
R^2	0.109	0.143	0.113	0.142	0.071	0.147

以 $OPDQ_1$ 为解释变量时，列（1）和列（2）中 $OPDQ_1$ 的回归系数均未通过显著性检验。表明产能过剩行业企业和非产能过剩行业企业仅披露经营分部划分情况均无法对其未来一期债务融资成本带来显著影响，主要原因在于银行等金融机构的授信行为需要具体的财务信息，仅说明分部划分情况无法为授信工作提供明显帮助。以 $OPDQ_2$ 和 $OPDQ_3$ 为解释变量时，产能过剩行业企业 $OPDQ_2$ 和 $OPDQ_3$ 的结果显著为负（列（3）、列（5）），而非产能过剩行业企业 $OPDQ_2$ 和 $OPDQ_3$ 的结果未通过显著性检验（列（4）、列（6）），二者的组间差异的经验 P 值均在 1% 的置信水平下显著，表明仅产能过剩行业企业可通过提高会计信息完整性和经济特征差异性来降低未来一期债务融资成本。该结果说明，各经营分部详细的会计信息则可帮助贷款方控制信贷审查中的财务风险，对授信工作开展更具价值；更重要的是，相对非产能过剩企业而言，产能过剩企业提升会计信息完整性和经济特征差异性可给予授信方明确信号，即该企业已经付诸实施多元化经营的转型战略，且取得了一定成绩，形成了新的利润增长点，在未来具备可靠的还本付息能力。

7.1.4.2 组织可见度对不同行业类别企业的调节作用

为进一步探究组织可见度对经营分部信息披露与债务融资成本关系的调节作用是否具有基于企业行业特征的异质性，本书在此沿用上节的分组样本分别对式（5-5）进行回归，并对经营分部信息披露质量与组织可见度水平的乘积项（$OPDQ_{i,i=1,2,3} \times (AA，MA)$）进行组间差异的显著性检验。

首先，以分析师关注为组织可见度的代理变量时，结果如表7-8所示。由表7-8可见，列（1）～列（6）中 $AA \times OPDQ_1$、$AA \times OPDQ_2$ 和 $AA \times OPDQ_3$ 的回归系数均未通过显著性检验，与全样本结果一致。说明分析师关注并不能帮助两类企业获得更低的债务融资成本，主要原因在于银行等金融机构授信人员具备一定的专业基础和明确的授信流程，并不需要依赖分析师研报等开展授信工作；此外，分析师研报主要针对该公司未来股票价格走势进行分析，相关信息对银行授信工作人员参考价值较小。

表7-8　组织可见度（以分析师关注为代理）对不同行业类别企业
经营分部与债务融资成本关系的调节作用

变量	COD_{t+1}		COD_{t+1}		COD_{t+1}	
	（1）	（2）	（3）	（4）	（5）	（6）
	产能过剩	非产能过剩	产能过剩	非产能过剩	产能过剩	非产能过剩
$OPDQ_1$	0.0017 (0.263)	0.0040 (0.971)				
$OPDQ_2$			−0.0004 (−0.267)	0.0002 (0.335)		
$OPDQ_3$					−0.0011 (−0.138)	0.0007 (0.385)
AA	0.0027 (1.410)	0.0012 (0.819)	0.0026 (1.375)	0.0012 (0.823)	0.0056** (2.410)	−0.0004 (−0.208)
$AA \times OPDQ_1$	−0.0026 (−1.060)	−0.0015 (−1.034)				
$AA \times OPDQ_2$			−0.0004 (−0.798)	−0.0002 (−0.549)		
$AA \times OPDQ_3$					−0.0013 (−0.412)	−0.0007 (−0.707)
$SIZE$	−0.0011 (−0.238)	−0.0058* (−1.796)	−0.0008 (−0.163)	−0.0057* (−1.745)	−0.0054 (−0.578)	−0.0036 (−0.930)

续表

变量	COD_{t+1}		COD_{t+1}		COD_{t+1}	
	（1）	（2）	（3）	（4）	（5）	（6）
	产能过剩	非产能过剩	产能过剩	非产能过剩	产能过剩	非产能过剩
ALR	0.0162 (0.836)	0.0359 ** (1.991)	0.0156 (0.822)	0.0359 ** (1.977)	0.0348 (1.079)	0.0284 (1.204)
TAR	0.0110 (0.309)	−0.1033 ** (−2.430)	0.0142 (0.395)	−0.1038 ** (−2.465)	0.0584 (1.148)	0.0284 (1.204)
CF	0.0001 (1.313)	0.0001 (0.998)	0.0001 (1.300)	0.0001 (0.946)	0.0001 *** (2.683)	0.0001 (1.318)
ROA	−0.0489 (−1.360)	−0.0106 (−0.368)	−0.0509 (−1.474)	−0.0116 (−0.402)	−0.0596 (−1.273)	−0.0193 (−0.527)
NPGR	0.0001 (0.927)	−0.0001 (−0.914)	0.0001 (0.812)	−0.0001 (−0.889)	−0.0001 (−0.504)	−0.0001 (−0.937)
PMC	−0.0251 (−1.072)	0.0159 (0.572)	−0.0240 (−1.038)	0.0158 (0.568)	−0.0539 (−1.416)	0.0090 (0.240)
β	0.0017 (0.327)	0.0041 (1.264)	0.0018 (0.348)	0.0042 (1.288)	−0.0042 (−0.625)	0.0034 (0.788)
EC	0.0005 (1.333)	−0.0002 (−1.077)	0.0005 (1.354)	−0.0298 (−1.065)	0.0002 (0.287)	−0.0001 (−0.435)
PID	−0.0216 (−0.956)	−0.0312 (−1.110)	−0.0251 (−1.111)	0.0002 (0.335)	−0.0631 *** (−2.669)	−0.0415 (−1.289)
_cons	0.0111 (0.093)	0.2308 *** (3.073)	0.0020 (0.017)	0.2287 *** (3.041)	0.0878 (0.366)	0.1970 ** (2.116)
固定效应	个体/年份	个体/年份	个体/年份	个体/年份	个体/年份	个体/年份
$AA \times OPDQ_{i, i=1,2,3}$ 的经验 p 值	0.254		0.448		0.562	
R^2	0.120	0.145	0.124	0.144	0.176	0.152

其次，以媒体关注为组织可见度的代理变量时，结果如表 7 - 9 所示。列（1）和列（2）中 $MA \times OPDQ_1$ 的回归结果均不显著，表明媒体关注对两类企业分部划分确定性与债务融资成本的关系均不具备调节作用，与全

样本结果一致，在此不作赘述。列（4）和列（6）中 $MA \times OPDQ_2$ 和 $MA \times OPDQ_3$ 的回归系数在 5% 和 1% 的水平下显著为负，同时列（3）和列（5）中上述变量回归系数均不显著，这一组间差异均通过了 10% 水平下的显著性检验。表明在媒体关注的作用下，非产能过剩行业企业会计信息完整性、经济特征差异性可起到降低未来一期债务融资成本的作用；但媒体关注对产能过剩行业企业经营分部信息披露与债务融资成本的关系无显著的调节作用。本书认为，出现这一结果的原因极有可能是：一方面，产能过剩行业企业是否进行多元化转型，积极发展自救业务是其未来还款能力的重要保障，故其披露的经营分部信息披露已然受到了授信方的重点关注，媒体关注对此很难起到锦上添花的作用；另一方面，尽管非产能过剩行业企业披露经营分部信息难免给授信方留下不务正业的形象，但在媒体报道中，往往会对非产能过剩行业企业实施多元化经营的理念、规划、意义进行概念性说明，对其多元化发展战略的正确性形成有力"背书"，解除人们对非产能过剩行业企业多元化经营就是不务正业的误解，起到良好的声誉作用，甚至部分相对专业的主流媒体还可解读出非产能过剩行业企业建立企业财务公司、金融租赁公司、推广大型制造设备、生产线等融资租赁服务等多元化经营行为是"裂变"专业优势，推动商业模式创新和业态创新的表现，符合国家战略的指示精神，极有可能帮助企业以更低的价格获得贷款（杨玉龙和汪峰，2020）。

表 7 – 9　　组织可见度（以媒体关注为代理）对不同行业类别企业
经营分部与债务融资成本关系的调节作用

变量	COD_{t+1}		COD_{t+1}		COD_{t+1}	
	（1）	（2）	（3）	（4）	（5）	（6）
	产能过剩	非产能过剩	产能过剩	非产能过剩	产能过剩	非产能过剩
$OPDQ_1$	– 0.0044 （– 0.749）	0.0014 （0.366）				
$OPDQ_2$			– 0.0012 （– 1.176）	– 0.0001 （– 0.066）		

续表

变量	COD_{t+1}		COD_{t+1}		COD_{t+1}	
	（1）	（2）	（3）	（4）	（5）	（6）
	产能过剩	非产能过剩	产能过剩	非产能过剩	产能过剩	非产能过剩
$OPDQ_3$					－0.0042 （－0.431）	0.0001 （0.311）
MA	0.0004 （0.139）	0.0014 （0.884）	0.0008 （0.357）	0.0014 （0.896）	－0.0010 （－0.245）	0.0019 （1.049）
$MA \times OPDQ_1$	0.0013 （0.404）	－0.0001 （－0.047）				
$MA \times OPDQ_2$			0.0001 （0.007）	－0.0001** （－2.133）		
$MA \times OPDQ_3$					0.0013 （0.189）	－0.0018*** （－3.647）
$SIZE$	－0.0002 （－0.045）	－0.0053* （－1.655）	0.0001 （0.027）	－0.0052 （－1.624）	－0.0036 （－0.385）	－0.0040 （－0.997）
ALR	0.0159 （0.881）	0.0351* （1.957）	0.0151 （0.857）	0.0351* （1.941）	0.0308 （0.955）	0.0283 （1.212）
TAR	0.0255 （0.630）	－0.0995** （－2.359）	0.0262 （0.656）	－0.1008** （－2.392）	0.0767 （1.427）	－0.1120** （－2.128）
CF	0.0001 （1.225）	0.0001 （1.036）	0.0001 （1.380）	0.0001 （1.026）	0.0001*** （2.928）	0.0001 （1.283）
ROA	－0.0530 （－1.482）	－0.0115 （－0.393）	－0.0560 （－1.632）	－0.0116 （－0.394）	－0.0790 （－1.617）	－0.0183 （－0.506）
$NPGR$	0.0001 （0.768）	－0.0001 （－0.672）	0.0001 （0.595）	－0.0001 （－0.686）	－0.0001 （－1.372）	－0.0001 （－0.792）
PMC	－0.0193 （－0.799）	0.0135 （0.476）	－0.0182 （－0.773）	0.0132 （0.466）	－0.0284 （－0.862）	0.0082 （0.221）

续表

变量	COD_{t+1}		COD_{t+1}		COD_{t+1}	
	（1）	（2）	（3）	（4）	（5）	（6）
	产能过剩	非产能过剩	产能过剩	非产能过剩	产能过剩	非产能过剩
β	0.0022 （0.421）	0.0043 （1.304）	0.0023 （0.441）	0.0043 （1.309）	− 0.0036 （− 0.508）	0.0036 （0.845）
EC	0.0006 （1.517）	− 0.0002 （− 1.308）	0.0005 （1.493）	− 0.0002 （− 1.300）	0.0002 （0.477）	− 0.0001 （− 0.487）
PID	− 0.0265 （− 1.131）	− 0.0271 （− 0.982）	0.0005 （1.493）	− 0.0271 （− 0.976）	− 0.0617 ** （− 2.394）	− 0.0428 （− 1.392）
$\_cons$	− 0.0220 （− 0.195）	0.2167 *** （2.938）	− 0.0279 （− 0.245）	0.2169 *** （2.931）	0.0343 （0.148）	0.2029 ** （2.192）
固定效应	个体/年份	个体/年份	个体/年份	个体/年份	个体/年份	个体/年份
$MA \times OPDQ_{i,i=1,2,3}$ 的经验 p 值	0.323		0.096		0.067	
R^2	0.111	0.144	0.115	0.144	0.148	0.156

7.1.5 对经营性现金流影响的异质性

7.1.5.1　不同行业类别企业经营分部信息披露对经营性现金流的影响

本节依照本书第6章式（6 - 5）进行回归，以考察不同行业类别企业经营分部信息披露质量对经营性现金流的影响是否存在差异。在此，本书同样采用 Bootstrap 组间差异检验方法，从统计上对关键变量回归结果组间差异的显著性进行检验，结果如表 7 - 10 所示。

首先，以 $OPDQ_1$ 和 $OPDQ_2$ 为解释变量时，列（1）～列（4）中的 $OPDQ_1$ 和 $OPDQ_2$ 的回归系数均无法通过显著性检验，表明对于两类企业而言，说明经营分部划分情况以及详尽披露各经营分部财务信息均不会恶化企业未来两期经营性现金流。接着，以 $OPDQ_3$ 为解释变量时，列（5）中 $OPDQ_3$ 的回归系数在5%的水平下显著为负，列（6）中 $OPDQ_3$ 的回归系数未通过显著性检验，且两列中 $OPDQ_3$ 的组间差异达到10%的显著水平，表明仅产能过剩行业企业提升经济特征差异性会对其未来两期经营性现金流造成负面影响。较为合理的解释是：企业的直接竞争对手往往存在于相同或相近行业中（杨兴全等，2016），对产能过剩行业企业而言，其直接竞争对手往往也面临产能过剩的困境，正寻找转型出路，渴望探索、进入具有超额利润的市场，故格外关注披露企业不同分部间经济特征差异所透出的"新动能"，并积极进行模仿和针对，给披露企业竞争地位造成了巨大影响。而对于非产能过剩行业企业而言，其竞争对手往往也存在产能不足等问题，正专注于主业扩张，就披露企业多元化业务进行针对性布局的意愿并不强烈，由此产生的专有成本也较小。

表 7 - 10　　　不同行业类别企业经营分部信息披露对经营性现金流的影响

变量	$OPCF_{t+2}$		$OPCF_{t+2}$		$OPCF_{t+2}$	
	（1）	（2）	（3）	（4）	（5）	（6）
	产能过剩	非产能过剩	产能过剩	非产能过剩	产能过剩	非产能过剩
$OPDQ_1$	-0.1593 (-0.906)	0.0992 (0.693)				
$OPDQ_2$			-0.0249 (-0.703)	0.0232 (0.728)		
$OPDQ_3$					-0.1795** (-2.126)	-0.1096 (-1.412)
$SIZE$	0.0689 (0.495)	0.1209 (1.061)	0.0755 (0.534)	0.1161 (1.019)	-0.1048 (-0.539)	0.1709 (1.451)
ON	0.1397 (0.519)	-0.2547 (-1.490)	0.1391 (0.504)	-0.2546 (-1.491)	0.2815 (0.801)	-0.4846*** (-4.417)
AL	0.9637 (1.202)	0.9265** (2.442)	0.9323 (1.154)	0.9365** (2.447)	0.4704 (0.404)	0.4585 (1.142)
ICR	0.0001 (0.018)	0.0001 (0.602)	0.0001 (0.018)	0.0001 (0.620)	0.0011*** (2.697)	0.0001 (0.086)
CS	0.4436 (0.810)	1.1525** (2.531)	0.4202 (0.777)	1.1577** (2.531)	0.4717 (0.603)	0.6351 (1.119)

变量	$OPCF_{t+2}$		$OPCF_{t+2}$		$OPCF_{t+2}$	
	（1）	（2）	（3）	（4）	（5）	（6）
	产能过剩	非产能过剩	产能过剩	非产能过剩	产能过剩	非产能过剩
EC	0.0017 (0.177)	−0.0207 ** (−2.447)	0.0019 (0.192)	−0.0207 ** (−2.442)	−0.0043 (−0.335)	−0.0309 *** (−3.296)
SBZ	−0.0839 (−0.640)	−0.1626 (−1.225)	−0.0827 (−0.631)	−0.1680 (−1.261)	−0.0187 (−0.101)	−0.2718 (−1.310)
MSR	−0.0127 (−0.018)	−0.3100 (−0.668)	−0.0261 (−0.037)	−0.2969 (−0.631)	−0.0844 (−0.074)	0.1065 (0.279)
$INST$	0.0045 (0.426)	−0.0114 (−1.051)	0.0044 (0.413)	−0.0112 (−1.048)	−0.0042 (−0.346)	−0.0162 (−1.510)
PMC	2.3698 ** (2.001)	1.2258 ** (2.529)	2.3316 * (1.957)	1.2380 ** (2.558)	2.3028 ** (2.157)	2.0158 ** (2.021)
_cons	−0.9498 (−0.287)	−1.2707 (−0.520)	−1.1180 (−0.329)	−1.1574 (−0.473)	2.9328 (0.638)	−1.2368 (−0.495)
固定效应	个体/年份	个体/年份	个体/年份	个体/年份	个体/年份	个体/年份
$OPDQ_{i,i=1,2,3}$ 的经验 p 值	0.342		0.540		0.094 *	
R^2	0.096	0.099	0.096	0.100	0.106	0.116

7.1.5.2 组织可见度对不同行业类别企业的调节作用

为进一步探究组织可见度对经营分部信息披露与经营性现金流关系的调节作用在不同行业类别间的差异，本书在此沿用上节的分组样本分别对式（6−6）进行回归，并对经营分部信息披露质量与组织可见度水平的乘积项（$OPDQ_{i,i=1,2,3} \times (AA，MA)$）进行组间差异的显著性检验，结果如表 7−11、表 7−12 所示。由表可见，$OPDQ_{i,i=1,2,3} \times (AA，MA)$ 的结果均未通过显著性检验，且 $OPDQ_{i,i=1,2,3} \times (AA，MA)$ 的经验 P 值也均未达到显著性水平，表明组织可见度对两类企业经营分部信息披露质量与经营性现金流的关系均无显著调节作用，与使用全样本书时结果一致，其原因可参考本书 6.2.2 节研究假设部分。

表 7 – 11　组织可见度（以分析师关注为代理）对不同行业类别企业

经营分部信息披露与经营性现金流关系的调节作用

变量	$OPCF_{t+2}$		$OPCF_{t+2}$		$OPCF_{t+2}$	
	（1）	（2）	（3）	（4）	（5）	（6）
	产能过剩	非产能过剩	产能过剩	非产能过剩	产能过剩	非产能过剩
$OPDQ_1$	– 0.1765 （ – 0.806）	– 0.1613 （ – 1.130）				
$OPDQ_2$			– 0.0440 （ – 1.016）	0.0011 （0.035）		
$OPDQ_3$					– 0.0828 （ – 0.502）	– 0.0829 （ – 0.829）
AA	– 0.0981 （ – 1.345）	0.0058 （0.135）	– 0.1136* （ – 1.684）	0.0593 （1.490）	– 0.0678 （ – 0.590）	0.0741 （1.582）
$AA \times OPDQ_1$	0.0178 （0.186）	0.0926 （1.438）				
$AA \times OPDQ_2$			0.0112 （0.771）	– 0.0035 （ – 0.285）		
$AA \times OPDQ_3$					– 0.0340 （ – 0.272）	– 0.0050 （ – 0.082）
$SIZE$	0.0884 （0.616）	0.1053 （0.808）	0.0925 （0.632）	0.0881 （0.680）	– 0.0090 （ – 0.039）	0.1651 （1.133）
ON	0.1566 （0.555）	– 0.2119 （ – 1.344）	0.1289 （0.447）	– 0.2188 （ – 1.207）	0.5290 （1.324）	– 0.3638*** （ – 3.628）
AL	0.8651 （1.092）	0.9039** （2.108）	0.8151 （1.025）	0.9657** （2.251）	0.2921 （0.0261）	0.4177 （0.879）
ICR	– 0.0001 （ – 0.059）	0.0001 （0.573）	– 0.0001 （ – 0.064）	0.0001 （0.577）	0.0011*** （2.591）	0.0001 （0.301）
CS	0.3860 （0.717）	1.1342** （2.215）	0.3699 （0.695）	1.2020** （2.342）	0.5167 （0.691）	0.5097 （0.775）
EC	0.0034 （0.346）	– 0.0194** （ – 2.073）	0.0038 （0.376）	– 0.0200** （ – 2.124）	0.0006 （0.042）	– 0.0309*** （ – 3.098）

续表

变量	$OPCF_{t+2}$		$OPCF_{t+2}$		$OPCF_{t+2}$	
	（1）	（2）	（3）	（4）	（5）	（6）
	产能过剩	非产能过剩	产能过剩	非产能过剩	产能过剩	非产能过剩
SBZ	-0.0883 （-0.655）	-0.1854 （-1.327）	-0.0890 （-0.659）	-0.1906 （-1.352）	-0.0345 （-0.177）	-0.2574 （-1.255）
MSR	0.0627 （0.090）	-0.3655 （-0.852）	0.0614 （0.086）	-0.4799 （-1.086）	0.0410 （0.036）	-0.0169 （-0.045）
$INST$	0.0063 （0.565）	-0.0055 （-0.550）	0.0056 （0.514）	-0.0042 （-0.425）	-0.0015 （-0.121）	-0.0163 （-1.512）
PMC	2.3341** （2.049）	1.1803** （2.426）	2.3278** （2.009）	1.1702** （2.449）	1.8629 （1.402）	1.4437** （2.019）
_cons	-1.2939 （-0.382）	-0.8399 （-0.295）	-1.3458 （-0.387）	-0.5076 （-0.179）	-1.2637 （-0.362）	-1.2759 （-0.406）
固定效应	个体/年份	个体/年份	个体/年份	个体/年份	个体/年份	个体/年份
$AA \times OPDQ_{i,i=1,2,3}$ 的经验 p 值	0.347		0.645		0.477	
R^2	0.100	0.104	0.101	0.101	0.129	0.120

表 7-12　组织可见度（以媒体关注为代理）对不同行业类别企业
经营分部信息披露与经营性现金流关系的调节作用

变量	$OPCF_{t+2}$		$OPCF_{t+2}$		$OPCF_{t+2}$	
	（1）	（2）	（3）	（4）	（5）	（6）
	产能过剩	非产能过剩	产能过剩	非产能过剩	产能过剩	非产能过剩
$OPDQ_1$	-0.1730 （-0.805）	-0.0305 （-0.241）				
$OPDQ_2$			-0.0259 （-0.718）	-0.0031 （-0.123）		
$OPDQ_3$					0.1395 （0.341）	-0.0324 （-0.390）

续表

变量	$OPCF_{t+2}$		$OPCF_{t+2}$		$OPCF_{t+2}$	
	(1)	(2)	(3)	(4)	(5)	(6)
	产能过剩	非产能过剩	产能过剩	非产能过剩	产能过剩	非产能过剩
MA	0.0167 (0.242)	-0.0695 (-1.229)	0.0198 (0.229)	-0.0427 (-0.805)	0.1012 (0.660)	0.0353 (0.569)
$MA \times OPDQ_1$	0.0208 (0.147)	0.0015 (0.021)				
$MA \times OPDQ_2$			0.0029 (0.149)	-0.0107 (-0.852)		
$MA \times OPDQ_3$					-0.1640 (-0.775)	-0.1056 (-0.938)
SIZE	0.0627 (0.442)	0.1144 (0.901)	0.0670 (0.458)	0.1144 (0.893)	-0.0401 (-0.180)	0.2001 (1.397)
ON	0.1377 (0.503)	-0.2638 (-1.362)	0.1413 (0.506)	-0.2749 (-1.426)	0.4808 (1.309)	-0.4430*** (-3.906)
AL	0.9487 (1.132)	0.9060** (2.122)	0.9162 (1.093)	0.9202** (2.152)	0.4820 (0.425)	0.3526 (0.741)
ICR	-0.0001 (-0.007)	0.0001 (0.530)	-0.0001 (-0.006)	0.0001 (0.489)	0.0012*** (3.290)	0.0001 (0.055)
CS	0.4405 (0.787)	1.1671** (2.281)	0.4188 (0.766)	1.1874** (2.321)	0.5800 (0.787)	0.5029 (0.765)
EC	0.0016 (0.163)	-0.0203** (-2.183)	0.0017 (0.174)	-0.0203** (-2.192)	-0.0021 (-0.160)	-0.0312*** (-3.135)
SBZ	-0.0906 (-0.758)	-0.1977 (-1.441)	-0.0891 (-0.711)	-0.1937 (-1.402)	-0.0444 (-0.250)	-0.2579 (-1.261)
MSR	0.0266 (0.037)	-0.3919 (-0.889)	0.0149 (0.021)	-0.3951 (-0.893)	-0.0851 (-0.077)	0.1311 (0.353)
INST	0.0050 (0.479)	-0.0040 (-0.406)	0.0049 (0.470)	-0.0038 (-0.381)	-0.0033 (-0.273)	-0.0154 (-1.403)

变量	$OPCF_{t+2}$		$OPCF_{t+2}$		$OPCF_{t+2}$	
	（1）	（2）	（3）	（4）	（5）	（6）
	产能过剩	非产能过剩	产能过剩	非产能过剩	产能过剩	非产能过剩
PMC	2. 3660 **	1. 1829 **	2. 3288 *	1. 1648 **	1. 9287	1. 3020 *
	（1. 961）	（2. 406）	（1. 922）	（2. 368）	（1. 429）	（1. 814）
_cons	− 0. 7919	− 0. 8650	− 0. 9121	− 0. 8859	1. 3641	− 1. 9022
	（− 0. 235）	（− 0. 312）	（− 0. 261）	（− 0. 316）	（0. 260）	（− 0. 618）
固定效应	个体/年份	个体/年份	个体/年份	个体/年份	个体/年份	个体/年份
$MA \times OPDQ_{i, i=1,2,3}$ 的经验 p 值	0. 354		0. 287		0. 458	
R^2	0. 097	0. 102	0. 096	0. 103	0. 127	0. 117

7.2 基于地区层面的异质性分析

7.2.1 研究背景

高质量的信息披露是市场资源配置功能发挥的基础，同时，上市公司所在地市场化水平是其信息披露得以改善资源配置的外部保障，只有在市场化进程相对完善的情况下，信息披露才能精确引导金融资源流向高效、朝阳企业。原因在于，市场化进程是市场发育程度、金融发展水平以及资源流动自由度的体现（曹玉珊和张越，2021；吴晓晖和叶瑛，2009），市场进程化较高的地区通常具备政府干预市场少、契约经济占比高、市场中介发育完全、投资者保护到位等特点，在此情况下上市公司自愿性披露可更好地协助其获取非关系型资源。相反，市场化水平较低的地区通常存在政府干预过度、关系经济泛滥等问题（李慧云等，2014；程新生等，2011），抑制了上市公司自愿性信息披露在获取资源方面的价值。

当前，我国主要直辖市、东部发达地区市场化建设已取得阶段性进展，但中西部地区相对落后（唐雪松等，2010；程新生等，2017），基于市场化水平的差异，各地上市公司及投资者会选择不同的股权、债务融资以及竞争等行为（夏立军和方轶强，2005），进而影响上市公司信息披露对权益资本成本、债务融资成本、经营性现金流的潜在影响。综上，经营分部信息披露的经济后果对不同地区的公司而言并非是同质的。故在不同的市场化进程地区，信息披露经济后果会受到不同的外部环境约束从而表现出一定的异质性（程新生等，2011）。

此外，对于市场化水平不同的地区而言，组织可见度所发挥的作用也存在一定差异。其一，公司所在地区的市场化程度越高，外部治理环境越好，政府干预程度越少，这意味着媒体和分析师对上市公司发布观点受到外部力量干预可能性较低，此时二者可充分按照市场机制发挥效能（方军雄，2014）。其二，在经济发达、市场化程度高的地区，媒体和分析师的声誉机制将更加有力，例如，分析师研报及媒体负面报道更能够引发地方政府的行政介入，对企业形象造成较大影响，且媒体及分析师发布的观点取向也更容易影响企业声誉，进而左右投资者价值判断过程。

综上，本书要进一步研究的问题是，经营分部信息披露、组织可见度对企业价值的影响是否因上市公司所在地市场化水平存在差异？该问题的研究对指导我国有关部门统筹兼顾、推动各地市场化建设、全面维护资本市场高效运转具有重要的理论价值和现实意义。

7.2.2　描述性统计

本章所采用的各地区市场化指数来源于王小鲁等（2019）出版的《中国分省份市场化指数报告》。由于在该书中发布市场化指数仅截至 2016 年，缺乏 2017～2019 年的相关数据，因此，本章以各地 2014～2016 年的市场化指数均值标准，参照钟马和徐光华（2015）将样本企业以注册地市场化指数的中位数分成了高市场化水平组和低市场化水平组两类[①]，分别研究

---

① 　高市场化水平组包含注册地在上海、浙江、江苏、天津、北京、广东、山东、重庆、湖北、河南、安徽、四川、湖南、江西和福建的上市公司；低市场化水平组包含注册地在西藏、青海、新疆、云南、宁夏、贵州、甘肃、海南、山西、内蒙古、黑龙江、广西、吉林、辽宁、河南以及河北的上市公司。

高市场化水平组与低市场化水平组中经营分部信息披露对企业价值的影响。本节提供了两类地区企业经营分部信息披露水平描述性统计分析的结果。

首先，如表 7 - 13 所示，2014～2019 年，对于不同市场化水平地区上市公司而言，其分部划分确定性水平均呈逐年上升趋势。同时，对二者进行横向比较可以发现，高市场化水平地区的企业在年报中明确经营分部划分情况及依据的程度明显高于低市场化水平地区的企业（2014～2018年二者均值组间差异的 T 检验 P 值均至少达到了 10% 的显著性水平），出现这一结果的原因可能是，对于分部划分情况及依据的披露要求，《企业会计准则解释第 3 号》已作出了较为明确的规定，在市场化水平高时，产品市场、资本市场、经理人市场和法治环境都比较健全，监管部门对于公司披露的会计信息审查更趋严格，因此，对公司高管的约束机制也会更加有效，故能促使上市公司在年报中披露分部划分情况的相关内容。

表 7 - 13 分部划分确定性描述性统计结果

年份	高市场化水平地区的企业		低市场化水平地区的企业		组间均值差异
	均值	标准差	均值	标准差	T 检验 P 值
2014	0.4421	0.4972	0.3000	0.4600	0.0022 ***
2015	0.4575	0.4987	0.3308	0.4722	0.0047 ***
2016	0.4787	0.5000	0.3802	0.4871	0.0185 **
2017	0.4656	0.4992	0.3862	0.4885	0.0414 **
2018	0.4668	0.4992	0.4014	0.4919	0.0786 *
2019	0.4764	0.4998	0.4436	0.4985	0.2395

其次，由表 7 - 14 可见，2014～2019 年，高市场化水平地区的企业和低市场化水平地区的企业会计信息完整性总体呈现不规律波动趋势。同时，在会计信息完整性方面，高市场化水平的企业均值略高，但由于 T 检验结果不显著，表明两类企业在会计信息完整性水平方面不存在显著差异。这与现有研究普遍认为高市场化地区的上市公司信息披露水平应普遍

高于低市场化地区（程新生等，2011）的结论存在出入，出现这一结果的原因可能是，就会计信息完整性披露要求而言，《企业会计准则解释第3号》和《公开发行证券的公司信息披露编报规则第15号》仅对财务信息按会计要素的归属分类作了披露要求，但并未说明会计科目核算信息的详略程度及组成。例如，《企业会计准则解释第3号》仅规定"企业需报告各分部的利润（亏损）总额相关信息，包括利润（亏损）总额组成项目及计量的相关会计政策信息"，但利润（亏损）总额组成项目十分复杂，该制度并未说明上市公司需报告会计科目的具体总分类科目和明细分类科目，导致两类地区的上市公司均缺乏明确的参考依据。

表 7 - 14　　　　　　　　　会计信息完整性描述性统计结果

年份	高市场化水平地区的企业		低市场化水平地区的企业		组间均值差异
	均值	标准差	均值	标准差	T 检验 P 值
2014	4.8571	2.4008	5.3589	2.3225	0.1191
2015	4.7474	2.2950	5.1111	2.3952	0.1716
2016	4.7741	2.3129	5.3703	2.3334	0.1382
2017	4.5402	2.3326	5.4642	2.3195	0.1345
2018	4.5878	2.3272	5.1929	2.2869	0.1362
2019	4.6776	2.2953	4.9888	2.4170	0.1552

最后，表7-15描述了两类企业经济特征差异性水平在2014~2019年的结果，值得关注的是，高市场化地区的企业经济特征差异性水平呈现逐年下降趋势，而这一趋势在低市场化地区企业中并不存在。本书认为，产生这一现象的主要原因在于，地处高市场化地区往往意味着企业面临着更激烈的竞争（姚震宇，2020；肖红军等，2020；钟马和徐光华，2015），在此情况下，各企业均会积极关注、跟踪同业对手的多元化运营动态。考虑到经济特征差异性通常会泄露企业多元化经营中的独特竞争优势（Harris，1998；Hayes and Lundholm，1996；Botosan and Stanford，2005），一旦公开，其他企业便会根据这些信息想方设法地模仿或制定针对性的竞争

策略，出于对此的顾忌，高市场化水平地区企业披露的各经营分部经济特征正趋近相似。

表 7 – 15 经济特征差异性描述性统计结果

年份	高市场化水平地区的企业		低市场化水平地区的企业		组间均值差异
	均值	标准差	均值	标准差	T 检验 P 值
2014	0.5286	0.9550	0.3814	0.4370	0.0159 **
2015	0.4439	0.5339	0.3969	0.3331	0.2367
2016	0.4202	0.8937	0.4253	0.3241	0.4523
2017	0.3904	0.3322	0.4188	0.3048	0.2847
2018	0.3536	0.6469	0.4254	0.3042	0.1250
2019	0.3268	0.6381	0.4764	0.6854	0.0684 *

7.2.3 对权益资本成本影响的异质性

7.2.3.1 不同市场化水平地区企业经营分部信息披露对权益资本成本的影响

表 7 – 16 展示了双向固定效应模型下式（4 – 12）的分组回归结果，在此，本书同样采用 Bootstrap 组间差异检验方法，从统计上对关键变量回归结果的组间差异显著性进行检验。

表 7 - 16 不同市场化水平地区企业经营分部信息披露对权益资本成本的影响

变量	COE		COE		COE	
	（1）	（2）	（3）	（4）	（5）	（6）
	高市场化水平	低市场化水平	高市场化水平	低市场化水平	高市场化水平	低市场化水平
$OPDQ_1$	0.0108 (0.308)	0.0118 (0.762)				
$OPDQ_2$			0.0081 (0.859)	0.0014 (0.407)		

续表

变量	COE		COE		COE	
	（1）	（2）	（3）	（4）	（5）	（6）
	高市场化水平	低市场化水平	高市场化水平	低市场化水平	高市场化水平	低市场化水平
$OPDQ_3$					0.0293 ** （2.302）	− 0.0035 （− 0.598）
EM	− 0.0262 * （− 1.699）	0.0069 * （1.770）	− 0.0246 * （− 1.664）	0.0069 * （1.766）	− 0.0349 ** （− 2.123）	0.0123 *** （4.294）
$SIZE$	0.0231 （0.472）	− 0.0089 （− 0.484）	0.0171 （0.350）	− 0.0085 （− 0.458）	0.1181 *** （3.193）	− 0.0235 （− 1.194）
EA	− 0.0953 （− 0.583）	− 1.1162 *** （− 4.814）	− 0.0884 （− 0.561）	− 1.1192 *** （− 4.800）	0.1099 （0.711）	− 1.1935 *** （− 4.621）
$GRTA$	0.0260 （0.669）	− 0.0405 *** （− 4.154）	0.0294 （0.756）	− 0.0407 *** （− 4.205）	− 0.0319 （− 1.165）	− 0.0300 ** （− 2.547）
EC	0.0005 （0.344）	0.0003 （0.290）	0.0004 （0.281）	0.0003 （0.283）	0.0005 （0.326）	0.0005 （0.442）
$DUAL$	− 0.0253 （− 1.129）	− 0.0010 （− 0.042）	− 0.0215 （− 0.969）	− 0.0009 （− 0.038）	− 0.0345 （− 1.339）	− 0.0224 （− 0.855）
BS	0.0075 （0.988）	0.0060 （0.799）	0.0073 （0.970）	0.0060 （0.804）	0.0030 （0.259）	0.0128 （1.589）
β	− 0.0272 （− 1.494）	0.0168 （0.947）	− 0.0298 （− 1.604）	0.0172 （0.962）	− 0.0236 （− 1.063）	0.0113 （0.543）
$INST$	− 0.0001 （− 0.041）	− 0.0001 （− 0.065）	− 0.0001 （− 0.080）	− 0.0001 （− 0.065）	− 0.0016 （− 0.879）	0.0010 （0.760）
_cons	− 0.4175 （− 0.396）	0.2571 （0.619）	− 0.2934 （− 0.278）	0.2486 （0.596）	− 2.4656 *** （− 2.978）	0.5021 （1.213）
固定效应	个体/年份	个体/年份	个体/年份	个体/年份	个体/年份	个体/年份
$OPDQ_{i,i=1,2,3}$ 的经验 p 值	0.250		0.314		0.043 **	
R^2	0.096	0.171	0.106	0.170	0.117	0.108

以 $OPDQ_1$、$OPDQ_2$ 为解释变量时，表 7 - 16 列（1）~ 列（4）中 $OPDQ_1$ 和 $OPDQ_2$ 的回归系数均无法通过显著性检验，该结果与本书第 4 章以全样本进行回归时一致，即分部划分确定性、会计信息完整性无法影响两类企业当期权益资本成本。但以 $OPDQ_3$ 为解释变量时，列（5）中 $OPDQ_3$ 的回归系数在 5% 的水平下显著为正，列（6）中 $OPDQ_3$ 的回归系数不显著，且列（5）和列（6）组间差异的经验 P 值为 0. 043，表明仅高市场化地区的企业突出经济特征差异性会提升权益资本成本。出现这一结果的原因在于，姚震宇等（2020）、肖红军等（2020）研究均认为，在市场化水平较高的地区，区域市场内部的信息沟通水平、市场公平性和竞争程度相对更大，即在市场化水平较高的地区，企业面临的竞争压力远大于市场化水平较低地区的企业，在此情况下，激烈的市场竞争给各企业造成巨大的生存压力，使他们在努力提升自身经营水平的同时也绞尽脑汁思考如何挤占竞争对手的生存空间（梁飞媛，2008）。经济特征差异性充分反映了企业实施多元化经营中形成的独特优势及利润增长点，是企业向投资者宣传过程中的巨大"卖点"，对外披露此信息相当于直接告诉其竞争对手相关信息，竞争对手可通过模仿，培育开发出具有相似或替代功能的供给品，并借此加大对投资者的宣传力度，转移投资者目光，降低投资者对披露企业的忠诚度，提升披露企业权益融资成本[①]。

7.2.3.2 组织可见度对不同市场化水平地区企业的调节作用

为进一步区分组织可见度对不同市场化地区企业经营分部信息披露与权益资本成本关系的调节作用，基于上节的分组样本，本书以双向固定效应模型对式（4 - 13）进行回归，并对经营分部信息披露质量与组织可见度的乘积项（$OPDQ_{i,i=1,2,3} \times (AA，MA)$）进行组间差异的显著性检验。

首先，以分析师关注为组织可见度的代理变量时，结果如表 7 - 17 所示。列（1）、列（3）以及列（5）中的 $AA \times OPDQ_1$、$AA \times OPDQ_2$ 以及

---

① 近年来，大批本不属于传统汽车制造的集团公司宣布以多元化的形式入局新能源汽车制造行业，如小米、华为、滴滴九号公司等。但"醉翁之意不在酒"，多家权威分析指出，各家企业相继发布新能源汽车样本、宣告投入涌入新能源汽车市场的本意并非以造车获取利润，更多的是为了短期内获得资本市场更高的估值以及更大的融资便利。

$AA \times OPDQ_3$ 的回归系数均显著为负，且通过了 5% 置信水平检验，同时列（1）、列（2）、列（3）与列（4）、列（5）与列（6）中 $AA \times OPDQ_1$、$AA \times OPDQ_2$、$AA \times OPDQ_3$ 的组间差异的经验 P 值至少在 5% 的置信水平下显著，表明分析师关注会协助高市场化水平地区企业分部划分确定性、会计信息完整性起到降低当期权益资本成本的效果，同时会减少经济特征差异性给高市场化地区企业权益资本成本的不利影响。

表 7-17　组织可见度（以分析师关注为代理）对不同市场化水平地区
企业经营分部信息披露与权益资本成本关系的调节作用

变量	COE		COE		COE	
	（1）	（2）	（3）	（4）	（5）	（6）
	高市场化水平	低市场化水平	高市场化水平	低市场化水平	高市场化水平	低市场化水平
$OPDQ_1$	0.0176 (0.552)	0.0151 (0.951)				
$OPDQ_2$			−0.0083 (−0.956)	0.0025 (0.691)		
$OPDQ_3$					0.0570*** (3.665)	−0.0028 (−1.000)
AA	0.0001 (0.012)	−0.0097 (−1.288)	0.0085 (1.343)	−0.0078 (−1.045)	0.0054 (0.496)	−0.0079 (−1.056)
$AA \times OPDQ_1$	−0.0431*** (−2.778)					
$AA \times OPDQ_2$		−0.0100 (−1.036)	−0.0118*** (−3.132)	−0.0016 (−0.940)		
$AA \times OPDQ_3$					−0.0382*** (−2.746)	0.0081 (1.604)
EM	−0.0295* (−1.906)	0.0067* (1.683)	−0.0248* (−1.716)	0.0062 (1.434)	−0.0306* (−1.910)	0.0061 (1.467)
$SIZE$	0.0228 (0.464)	−0.0080 (−0.434)	0.0374 (1.067)	0.0202 (1.026)	0.0202 (0.425)	−0.0110 (−0.588)

变量	COE		COE		COE	
	(1)	(2)	(3)	(4)	(5)	(6)
	高市场化水平	低市场化水平	高市场化水平	低市场化水平	高市场化水平	低市场化水平
EA	-0.1602 (-0.992)	-1.0516 *** (-4.462)	-0.1362 (-1.034)	-0.9430 *** (-3.917)	-0.1703 (-0.955)	-1.1329 *** (-4.057)
GRTA	0.0246 (0.707)	-0.0424 *** (-4.102)	0.0140 (0.497)	-0.0527 *** (-4.997)	0.0223 (0.670)	-0.0408 *** (-4.056)
EC	0.0006 (0.472)	0.0002 (0.176)	0.0003 (0.207)	-0.0002 (-0.164)	0.0003 (0.214)	0.0004 (0.420)
DUAL	-0.0213 (-1.117)	-0.0002 (-0.008)	-0.0185 (-0.909)	-0.0066 (-0.278)	-0.0206 (-1.025)	0.0001 (0.003)
BS	0.0131 * (1.737)	0.0061 (0.810)	0.0089 (1.149)	0.0049 (0.653)	0.0106 (1.332)	0.0057 (0.769)
β	-0.0241 (-1.343)	0.0182 (1.022)	-0.0134 (-0.838)	0.0461 *** (2.850)	-0.0258 (-1.368)	0.0202 (1.135)
INST	0.0001 (0.008)	0.0003 (0.274)	-0.0001 (-0.073)	0.0003 (0.260)	-0.0002 (-0.114)	0.0002 (0.193)
_cons	-0.4540 (-0.431)	0.2410 (0.578)	-0.7368 (-0.964)	-0.3839 (-0.868)	-0.3483 (-0.342)	0.3008 (0.712)
固定效应	个体/年份	个体/年份	个体/年份	个体/年份	个体/年份	个体/年份
$AA \times OPDQ_{i,i=1,2,3}$ 的经验 p 值	0.002 ***		0.001 ***		0.013 **	
R^2	0.148	0.176	0.153	0.152	0.157	0.179

出现这一结果的原因在于，分析师作为连接企业和市场的桥梁，在市场化程度较高的地区，更利于帮助外部投资者了解企业内部经营情况，降低信息不对称，在此情况下，尽管我国上市公司当前披露的经营分部信息质量无法满足普通投资者需要，但在分析师的协助下，该信息仍可帮助普通投资者改善估值及监督过程。同时，在市场化程度较高的地区，市场资

源优化配置程度以及企业产能利用率都会更高，商品流通过程中的交易成本会更低、信息的流通速度也会更快。在此情况下，投资者对分析师研报等观点关注度及接受度均更高（宋玉禄和陈欣，2019），若分析师通过经济特征差异性发现了企业多元化经营形成的新利润增长点，更容易获取投资者的认可；同时，分析师具备较高的专业性，可区别真正具有独特竞争优势的先进企业以及单纯模仿他人产品企图瓜分资本市场蛋糕的后进企业，进而保障优势披露企业在投资者心中的地位，加大对披露企业股票的需求量，提升流动性，降低权益融资成本。

其次，以媒体关注为组织可见度的代理变量时，结果如表 7 – 18 所示。列（1）~列（6）中 $MA \times OPDQ_1$、$MA \times OPDQ_2$、$MA \times OPDQ_3$ 的回归系数均未通过显著性检验。该结果与本书第 4 章使用全样本进行回归时一致，即媒体关注无法显著调节经营分部信息披露质量与企业当期权益资本成本的关系，原因在前文已有说明，不作赘述。

表 7 – 18　组织可见度（以媒体关注为代理）对不同市场化水平地区企业经营分部信息披露与权益资本成本关系的调节作用

变量	COE		COE		COE	
	（1）	（2）	（3）	（4）	（5）	（6）
	高市场化水平	低市场化水平	高市场化水平	低市场化水平	高市场化水平	低市场化水平
$OPDQ_1$	0.0085 （0.207）	0.0211 （1.152）				
$OPDQ_2$			0.0305 （1.083）	0.0115 （1.099）		
$OPDQ_3$					0.1329 ** （2.438）	– 0.0079 （– 0.281）
MA	– 0.0093 （– 0.752）	0.0120 （1.572）	– 0.0078 （– 0.667）	0.0125 （1.602）	0.0072 （0.696）	0.0232 ** （2.175）
$MA \times OPDQ_1$	– 0.0020 （– 0.157）	– 0.0075 （– 0.681）				

续表

变量	COE		COE		COE	
	（1）	（2）	（3）	（4）	（5）	（6）
	高市场化水平	低市场化水平	高市场化水平	低市场化水平	高市场化水平	低市场化水平
$MA \times OPDQ_2$			-0.0055 (-1.583)	-0.0017 (-0.965)		
$MA \times OPDQ_3$					-0.0167 (-1.132)	0.0029 (1.133)
EM	-0.0275* (-1.785)	0.0075* (1.818)	-0.0261* (-1.686)	0.0077* (1.892)	-0.0409** (-2.436)	0.0136*** (4.264)
SIZE	0.0229 (0.490)	-0.0117 (-0.637)	0.0085 (0.172)	-0.0108 (-0.591)	0.1085*** (2.987)	-0.0225 (-1.135)
EA	-0.0752 (-0.455)	-1.1697*** (-4.788)	-0.0993 (-0.630)	-1.1654*** (-4.738)	0.0713 (0.446)	-1.2594*** (-5.085)
GRTA	0.0004 (0.259)	-0.0388*** (-3.964)	0.0376 (0.942)	-0.0390*** (-3.954)	-0.0228 (-0.842)	-0.0318** (-2.454)
EC	0.0004 (0.259)	0.0003 (0.313)	0.0003 (0.214)	0.0003 (0.291)	0.0005 (0.332)	0.0003 (0.265)
DUAL	-0.0272 (-1.156)	-0.0006 (-0.023)	-0.0243 (-1.085)	-0.0004 (-0.016)	-0.0281 (-1.132)	-0.0232 (-0.842)
BS	0.0085 (1.046)	0.0061 (0.841)	0.0099 (1.260)	0.0061 (0.845)	-0.0006 (-0.057)	0.0134* (1.793)
β	-0.0278 (-1.520)	0.0163 (0.919)	-0.0335* (-1.842)	0.0168 (0.940)	-0.0274 (-1.231)	0.0095 (0.458)
INST	0.0001 (0.033)	-0.0001 (-0.062)	-0.0001 (-0.079)	-0.0001 (-0.080)	-0.0019 (-1.021)	0.0011 (0.906)
_cons	-0.4036 (-0.397)	0.3005 (0.737)	-0.1079 (-0.101)	0.2804 (0.689)	-2.2297*** (-2.764)	0.4609 (1.094)
固定效应	个体/年份	个体/年份	个体/年份	个体/年份	个体/年份	个体/年份
$MA \times OPDQ_{i,i=1,2,3}$ 的经验 p 值	0.154		0.233		0.387	
R^2	0.102	0.180	0.129	0.180	0.293	0.231

7.2.4 对债务融资成本影响的异质性

7.2.4.1 不同市场化水平地区企业经营分部信息披露对债务融资成本的影响

与上节一致，本书将样本分为高市场化水平地区的企业和低市场化水平地区的企业两组，依照第 5 章式（5-4）进行固定效应回归，考察不同行业类别企业经营分部信息披露质量对债务融资成本的影响是否存在差异。在此，本书同样采用 Bootstrap 组间差异检验方法，从统计上对关键变量回归结果组间差异的显著性进行检验，结果如表 7-19 所示。

表 7-19 不同市场化水平地区企业经营分部信息披露对债务融资成本的影响

变量	COD_{t+1}		COD_{t+1}		COD_{t+1}	
	（1）	（2）	（3）	（4）	（5）	（6）
	高市场化水平	低市场化水平	高市场化水平	低市场化水平	高市场化水平	低市场化水平
$OPDQ_1$	-0.0034 (-0.790)	0.0049 (1.314)				
$OPDQ_2$			-0.0015 * (-1.790)	0.0001 (0.096)		
$OPDQ_3$					-0.0009 * (-1.694)	-0.0013 (-0.459)
$SIZE$	-0.0085 * (-1.786)	-0.0047 * (-1.683)	-0.0079 (-1.626)	-0.0046 (-1.375)	0.0040 (0.724)	0.0005 (0.093)
EN	0.0016 (0.343)	-0.0275 (-1.387)	-0.0049 (-0.210)	-0.0273 *** (-3.073)	-0.0021 (-0.130)	-0.0049 (-0.322)
ALR	0.0289 (1.378)	0.0182 (0.744)	0.0276 * (1.924)	0.0193 (1.290)	0.0248 (0.886)	0.0160 (0.461)
TAR	-0.0609 (-1.536)	-0.1158 * (-1.675)	-0.0671 * (-1.923)	-0.1116 ** (-2.338)	-0.0616 (-1.186)	-0.0966 (-1.176)
CF	0.0001 * (1.819)	-0.0001 (-0.083)	0.0001 (0.988)	-0.0001 (-0.002)	0.0001 (1.462)	0.0001 (0.041)

变量	COD_{t+1}		COD_{t+1}		COD_{t+1}	
	(1)	(2)	(3)	(4)	(5)	(6)
	高市场化水平	低市场化水平	高市场化水平	低市场化水平	高市场化水平	低市场化水平
ROA	-0.0587* (-1.708)	0.0369 (1.086)	-0.0623* (-1.938)	0.0383 (1.240)	-0.0893** (-2.067)	0.0711 (1.199)
NPGR	-0.0001 (-1.227)	0.0001*** (4.487)	-0.0001 (-1.005)	0.0001* (1.694)	-0.0001 (-1.012)	-0.0002 (-0.649)
PMC	0.0252 (0.665)	-0.0303 (-1.454)	0.0247 (0.886)	-0.0322 (-1.615)	0.0329 (0.979)	-0.0333 (-0.702)
β	0.0080** (2.027)	-0.0068* (-1.952)	0.0084** (2.516)	-0.0068** (-1.963)	0.0111** (2.085)	-0.0060 (-1.385)
EC	-0.0001 (-0.384)	0.0001 (0.285)	-0.0001 (-0.330)	0.0001 (0.332)	-0.0002 (-0.647)	0.0002 (0.504)
PID	-0.0485* (-1.655)	0.0023 (0.066)	-0.0454 (-1.376)	0.0005 (0.017)	-0.0649* (-1.916)	-0.0026 (-0.062)
_cons	0.2562** (2.557)	0.2430*** (3.150)	0.2516** (2.129)	0.2396*** (2.681)	-0.0135 (-0.110)	0.0944 (0.718)
固定效应	个体/年份	个体/年份	个体/年份	个体/年份	个体/年份	个体/年份
$OPDQ_{i,i=1,2,3}$ 的经验 p 值	0.396		0.098*		0.074*	
R^2	0.157	0.172	0.162	0.166	0.084	0.062

表 7-19 列（1）和列（2）中 $OPDQ_1$ 的回归系数均未通过显著性检验，表明对市场化水平不同的企业而言，仅说明分部划分确定性无法降低债务融资成本，该结果与本书第 5 章使用全样本时一致，即分部确定性仅能帮助债权人获得企业经营业务或地区的大致轮廓，而商业银行授信业务需以更为详细的财务数据为支撑。在列（3）和列（4）、列（5）和列（6）中，仅列（3）中 $OPDQ_2$ 以及列（5）中 $OPDQ_3$ 的回归系数显著为负，并通过了组间差异的显著性检验，表明仅在市场化水平较高的地区，

提升会计信息完整性和经济特征差异性可降低债务融资成本。主要原因在于，一方面，低市场化水平地区银企间关系契约占比较高，上市公司自愿性信息披露获银行资源的效果受到了制约；另一方面，市场化水平较低的地区往往存在更高水平的盈余管理行为（王嘉鑫等，2020），且经营分部财务信息所受到的审计压力较小（Bradley et al.，2014），导致此类地区企业经营分部财务信息可信度相对较低，降低了经营分部财务信息的分析价值。

7.2.4.2　组织可见度对不同市场化水平地区企业的调节作用

与前文思路一致，在此，笔者沿用上节的分组样本分别对式（5－5）进行回归，并对经营分部信息披露质量与组织可见度水平的乘积项（$OPDQ_{i,i=1,2,3} \times (AA，MA)$）进行组间差异的显著性检验，探究在不同市场化水平的地区，组织可见度对经营分部信息披露与债务融资成本关系的调节作用是否存在异质性。

首先，以分析师关注为组织可见度的代理变量时，结果如表 7－20 所示。列（1）~列（6）中 $AA \times OPDQ_1$、$AA \times OPDQ_2$ 和 $AA \times OPDQ_3$ 的回归系数均未通过显著性检验，与全样本结果一致，即分析师关注对经营分部信息披露与债务融资成本间不存在调节效应，进一步印证了前文观点。原因在于分析师研报的受众多为资本市场投资者，而银行等金融机构授信人员具备一定的专业基础和明确的授信流程，并不需要依赖分析师研报等开展授信工作。

表 7－20　组织可见度（以分析师关注为代理）对不同市场化水平地区企业经营分部信息披露与债务融资成本关系的调节作用

变量	COD_{t+1}		COD_{t+1}		COD_{t+1}	
	（1）	（2）	（3）	（4）	（5）	（6）
	高市场化水平	低市场化水平	高市场化水平	低市场化水平	高市场化水平	低市场化水平
$OPDQ_1$	－ 0.0074 （－ 1.082）	0.0070 （1.070）				
$OPDQ_2$			－ 0.0019 （－ 1.168）	0.0003 （0.278）		

续表

变量	COD_{t+1}		COD_{t+1}		COD_{t+1}	
	(1)	(2)	(3)	(4)	(5)	(6)
	高市场化水平	低市场化水平	高市场化水平	低市场化水平	高市场化水平	低市场化水平
$OPDQ_3$					−0.0019 (−0.929)	−0.0011 (−0.267)
AA	−0.0047 * (−1.959)	0.0013 (0.716)	−0.0039 (−1.577)	0.0014 (0.829)	−0.0043 ** (−2.067)	0.0005 (0.187)
$AA \times OPDQ_1$	0.0023 (0.942)	−0.0015 (−0.464)				
$AA \times OPDQ_2$			0.0008 (1.136)	−0.0002 (−0.308)		
$AA \times OPDQ_3$					0.0008 (0.828)	−0.0004 (−0.210)
$SIZE$	−0.0066 (−1.358)	−0.0046 (−1.620)	−0.0029 (−0.447)	−0.0045 (−1.562)	−0.0072 (−1.305)	−0.0005 (−0.102)
EN	−0.0056 (−0.824)	−0.0267 (−1.390)	−0.0065 (−0.717)	−0.0265 (−1.368)	−0.0041 (−0.250)	−0.0067 (−0.407)
ALR	0.0243 (1.177)	0.0172 (0.701)	0.0458 * (1.856)	0.0184 (0.751)	0.0226 (0.866)	0.0180 (0.526)
TAR	−0.0596 (−1.501)	−0.1186 * (−1.717)	−0.0331 (−0.690)	−0.1142 * (−1.706)	−0.0682 (−1.250)	−0.1019 (−1.270)
CF	0.0001 (1.625)	−0.0001 (−0.007)	−0.0001 (−0.538)	−0.0001 (−0.003)	0.0001 ** (2.119)	0.0001 (0.403)
ROA	−0.0580 * (−1.712)	0.0359 (1.059)	−0.0692 (−1.631)	0.0376 (1.107)	−0.0729 * (−1.855)	0.0670 (1.160)
$NPGR$	−0.0001 (−1.221)	0.0001 *** (4.038)	−0.0001 (−0.928)	0.0001 *** (3.180)	−0.0001 (−1.327)	−0.0002 (−0.545)
PMC	0.0237 (0.588)	−0.0305 (−1.468)	0.0176 (0.343)	−0.0319 (−1.495)	0.0305 (0.874)	−0.0315 (−0.724)

续表

变量	COD_{t+1}		COD_{t+1}		COD_{t+1}	
	（1）	（2）	（3）	（4）	（5）	（6）
	高市场化水平	低市场化水平	高市场化水平	低市场化水平	高市场化水平	低市场化水平
β	0.0082 ** (2.089)	− 0.0071 * (− 1.965)	0.0043 (0.940)	− 0.0071 * (− 1.951)	0.0062 (1.299)	− 0.0091 * (− 1.796)
EC	− 0.0001 (− 0.377)	0.0001 (0.280)	0.0001 (0.028)	0.0001 (0.299)	0.0001 (0.210)	0.0001 (0.457)
PID	− 0.0545 * (− 1.905)	0.0024 (0.070)	− 0.1037 ** (− 2.450)	0.0016 (0.048)	− 0.0598 * (− 1.952)	0.0003 (0.007)
_cons	0.2271 ** (2.286)	0.2423 *** (3.202)	0.1281 (0.805)	0.2377 *** (3.102)	0.2379 ** (2.017)	0.1246 (1.044)
固定效应	个体/年份	个体/年份	个体/年份	个体/年份	个体/年份	个体/年份
$AA \times OPDQ_{i,i=1,2,3}$ 的经验 p 值	0.521		0.342		0.663	
R^2	0.171	0.175	0.222	0.169	0.222	0.101

其次，以媒体关注为组织可见度的代理变量时，结果如表 7 – 21 所示。列（3）和列（5）中 $MA \times OPDQ_2$ 的回归系数在 10%、$MA \times OPDQ_3$ 的回归系数在 5% 的置信水平下显著为负，同时，列（3）~列（4）与列（5）~列（6）中 $MA \times OPDQ_2$、$MA \times OPDQ_3$ 两个关键变量的经验 P 值也分别达到了 10% 和 5% 的显著性水平。该结果说明，媒体关注对经营分部信息披露质量两个维度（会计信息完整性、经济特征差异性）与债务融资成本之间的积极调节作用仅存在于高市场化水平地区。主要原因在于，市场化水平差异下各地区企业面临的法律环境、受到的政府监管力度也不完全相同（王小鲁等，2017）。以此为基础，第一，市场化水平高的地区法律监管体系较完善，经济发展和信息化水平较高，有利于媒体对公司的监督治理效应的发挥（许瑜等，2017）。第二，市场化水平更高的地区，市场参与者就媒体言论的关注程度也较高，媒体对企业行为的报道，会引发强烈的社会公众舆论，囿于企业形象和管理层声誉，媒体对企业行为的

影响将更为显著（赵莉和张玲，2020）。第三，在市场化水平高的地区，媒体行业具备更大的规模和更健康的竞争环境，其公正性和公信力相对较高，且公信力较高的媒体往往能起到更好的信息传递与监督作用，帮助企业解决融资问题（夏楸和郑建明，2015）。

表 7 – 21　组织可见度（以媒体关注为代理）对不同市场化水平地区
企业经营分部与债务融资成本关系的调节作用

变量	COD_{t+1}		COD_{t+1}		COD_{t+1}	
	（1）	（2）	（3）	（4）	（5）	（6）
	高市场化水平	低市场化水平	高市场化水平	低市场化水平	高市场化水平	低市场化水平
$OPDQ_1$	− 0. 0022 （− 0. 385）	0. 0032 （0. 755）				
$OPDQ_2$			− 0. 0002 （− 0. 163）	0. 0001 （0. 157）		
$OPDQ_3$					− 0. 0001 （− 0. 281）	0. 0008 （0. 271）
MA	0. 0024 （1. 061）	− 0. 0013 （− 0. 736）	0. 0034 （1. 033）	− 0. 0006 （− 0. 378）	0. 0011 （0. 533）	0. 0005 （0. 209）
$MA \times OPDQ_1$	− 0. 0010 （− 0. 502）	0. 0016 （0. 688）				
$MA \times OPDQ_2$			− 0. 0009 * （− 1. 741）	− 0. 0001 （− 0. 139）		
$MA \times OPDQ_3$					− 0. 0017 *** （− 3. 261）	− 0. 0030 （− 0. 849）
$SIZE$	− 0. 0089 * （− 1. 866）	− 0. 0044 （− 1. 531）	− 0. 0044 （− 0. 661）	− 0. 0046 （− 1. 587）	− 0. 0087 （− 1. 596）	− 0. 0002 （− 0. 051）
EN	0. 0032 （0. 645）	− 0. 0274 （− 1. 371）	− 0. 0012 （− 0. 137）	− 0. 0276 （− 1. 389）	0. 0021 （0. 457）	− 0. 0063 （− 0. 387）
ALR	0. 0288 （1. 379）	0. 0192 （0. 792）	0. 0475 * （1. 925）	0. 0197 （0. 816）	0. 0257 （0. 984）	0. 0189 （0. 567）
TAR	− 0. 0597 （− 1. 525）	− 0. 1155 * （− 1. 677）	− 0. 0298 （− 0. 629）	− 0. 1110 * （− 1. 651）	− 0. 0668 （− 1. 238）	− 0. 1027 （− 1. 265）

续表

变量	COD_{t+1}		COD_{t+1}		COD_{t+1}	
	（1）	（2）	（3）	（4）	（5）	（6）
	高市场化水平	低市场化水平	高市场化水平	低市场化水平	高市场化水平	低市场化水平
CF	0.0001 * (1.907)	-0.0001 (-0.115)	-0.0001 (-0.503)	0.0001 (0.041)	0.0001 ** (2.142)	0.0001 (0.390)
ROA	-0.0628 * (-1.840)	0.0346 (0.989)	-0.0755 * (-1.707)	0.0368 (1.050)	-0.0773 ** (-2.027)	0.0684 (1.169)
NPGR	-0.0001 (-1.116)	0.0001 *** (4.462)	-0.0001 (-0.843)	0.0001 *** (4.018)	-0.0001 (-1.287)	-0.0002 (-0.588)
PMC	0.0275 (0.753)	-0.0287 (-1.354)	0.0272 (0.612)	-0.0313 (-1.472)	0.0334 (0.979)	-0.0269 (-0.603)
β	0.0081 ** (2.045)	-0.0067 * (-1.907)	0.0044 (0.954)	-0.0067 * (-1.887)	0.0070 (1.410)	-0.0092 * (-1.914)
EC	-0.0001 (-0.368)	0.0001 (0.326)	0.0001 (0.279)	0.0001 (0.368)	0.0001 (0.068)	0.0001 (0.458)
PID	-0.0496 * (-1.689)	0.0046 (0.134)	-0.1005 ** (-2.305)	0.0019 (0.056)	-0.0584 * (-1.836)	0.0022 (0.056)
_cons	0.2607 *** (2.598)	0.2362 *** (2.978)	0.1396 (0.872)	0.2375 *** (3.030)	0.2375 *** (3.030)	0.1191 (0.983)
固定效应	个体/年份	个体/年份	个体/年份	个体/年份	个体/年份	个体/年份
$MA \times OPDQ_{i,i=1,2,3}$ 的经验 p 值	0.235		0.090 **		0.056 ***	
R^2	0.160	0.174	0.219	0.167	0.185	0.104

7.2.5 对经营性现金流影响的异质性

7.2.5.1 不同市场化水平地区企业经营分部信息披露对经营性现金流的影响

本节依照本书第 6 章式（6-5）进行回归，考察不同市场化水平地区企业经营分部信息披露质量对经营性现金流的影响是否存在差异。并利用 Bootstrap 组间差异检验方法，从统计上对关键变量回归结果组间差异的显著性进行检验，结果如表 7-22 所示。

表 7-22　　不同市场化水平地区企业经营分部信息披露对经营性现金流的影响

变量	$OPCF_{t+2}$		$OPCF_{t+2}$		$OPCF_{t+2}$	
	(1)	(2)	(3)	(4)	(5)	(6)
	高市场化水平	低市场化水平	高市场化水平	低市场化水平	高市场化水平	低市场化水平
$OPDQ_1$	-0.1217 (-1.322)	0.3423 (1.458)				
$OPDQ_2$			-0.0190 (-0.936)	0.0092 (0.226)		
$OPDQ_3$					-0.0894* (-1.716)	-0.1798 (-0.987)
SIZE	0.0963 (0.804)	0.0770 (0.484)	0.0964 (0.806)	0.1335 (0.879)	0.1540 (1.081)	-0.0337 (-0.183)
ON	-0.0244 (-0.109)	-1.0352** (-2.022)	-0.0244 (-0.109)	-1.0773** (-2.468)	0.0878 (0.269)	-1.2239*** (-3.028)
AL	0.4644 (1.127)	2.1051** (2.312)	0.4599 (1.120)	2.1350** (2.325)	0.2959 (0.632)	0.6883 (0.591)
ICR	-0.0001 (-0.040)	0.0006** (2.326)	-0.0001 (-0.052)	0.0006** (2.063)	-0.0001 (-0.401)	0.0006*** (3.154)
CS	0.6330 (1.358)	1.2936** (2.092)	0.6302 (1.361)	1.3537** (2.161)	0.4991 (0.893)	0.6871 (0.814)
EC	-0.0114 (-1.352)	-0.0146 (-1.427)	-0.0113 (-1.341)	-0.0174* (-1.730)	-0.0223** (-2.558)	-0.0067 (-0.432)
SBZ	-0.1287 (-1.170)	-0.0549 (-0.388)	-0.1254 (-1.137)	-0.0403 (-0.280)	-0.1034 (-0.590)	-0.1582 (-0.860)
MSR	-0.0778 (-0.209)	-1.9368* (-1.799)	-0.0870 (-0.233)	-2.0287** (-2.180)	0.2918 (0.869)	-1.4508 (-0.934)

续表

变量	$OPCF_{t+2}$		$OPCF_{t+2}$		$OPCF_{t+2}$	
	（1）	（2）	（3）	（4）	（5）	（6）
	高市场化水平	低市场化水平	高市场化水平	低市场化水平	高市场化水平	低市场化水平
INST	-0.0016 （-0.171）	-0.0051 （-0.493）	-0.0018 （-0.191）	-0.0055 （-0.549）	-0.0146 （-1.416）	-0.0049 （-0.392）
PMC	0.8462 （1.296）	3.6372*** （3.156）	0.8141 （1.251）	3.5456*** （3.035）	0.6002 （0.612）	2.8476*** （3.145）
_cons	-0.7915 （-0.293）	-1.0261 （-0.248）	-0.8218 （-0.304）	-2.1655 （-0.546）	-1.7972 （-0.567）	-0.1798 （-0.987）
固定效应	个体/年份	个体/年份	个体/年份	个体/年份	个体/年份	个体/年份
$OPDQ_{i,i=1,2,3}$ 的经验 p 值	0.244		0.332		0.083*	
R^2	0.072	0.195	0.071	0.190	0.100	0.173

首先，以 $OPDQ_1$ 和 $OPDQ_2$ 为解释变量时，列（1）~列（4）中 $OPDQ_1$ 和 $OPDQ_2$ 的回归系数均无法通过显著性检验，表明对于不同市场化水平地区的企业而言，说明经营分部划分情况以及详尽披露各经营分部财务信息均不会恶化企业未来两期经营性现金流，该结果与本书第 6 章使用全样本时一致，主要原因在于，在未体现经济特征差异性的情况下，仅明确经营分部划分情况和依据、提升分部信息会计科目完整性，相对于合并报表信息而言并未给竞争对手提供过多额外情报，产生的专有成本是相对较小的（Harris，1998；Hayes and Lundholm，1996）。同时，上述信息也可以提升企业面临的外部监督水平，对各类道德风险起到抑制作用，提高管理层投资和运营决策的质量，改善经营性现金流，抵销专有成本，故无法对经营性现金流造成显著影响。

其次，以 $OPDQ_3$ 为解释变量时，列（5）中 $OPDQ_3$ 的回归系数在 10% 的水平下显著为负，列（6）中 $OPDQ_3$ 的回归系数未通过显著性检验，且列（5）~列（6）中 $OPDQ_3$ 组间差异显著性达到了 10% 的水平，表明高市场化水平地区的企业提升经济特征差异性将对其未来两期经营性现金流产生负向影响，而低市场化水平地区的企业提升经济特征差异性对经营性现金流的影响并不明显。主要原因在于：在市场化水平较高地区的企业通常面临着更严峻的竞争（钟马和徐光华，2015），在此情况下，竞争者进入成本相对较低，公司超常利润水平普遍较低且更容易被新进入者瓜分（王雄元和刘焱，2008）；同时经济特征差异性通常会泄露企业多元化经营中的独特竞争优势（Harris，1998；Botosan and Stanford，2005；Hayes and Lundholm，1996），故一旦披露企业透出这一信息，其超额利润所产生的现金流极有可能受到竞争者的威胁。

7.2.5.2　组织可见度对不同市场化水平地区企业的调节作用

在前文研究中，组织可见度无法调节经营分部信息披露与经营性现金流的关系，那么，在按市场化水平对样本进行分组的情况下，这一结果是否会发生改变？在此，本书沿用上节的分组样本分别对式（6 - 6）进行回归，并对经营分部信息披露质量与组织可见度水平的乘积项（$OPDQ_{i,i=1,2,3} \times (AA，MA)$）进行组间差异的显著性检验，结果如表 7 - 23、表 7 - 24 所示。由表可见，$OPDQ_{i,i=1,2,3} \times (AA，MA)$ 的结果均无法通过显著性检验，且 $OPDQ_{i,i=1,2,3} \times (AA，MA)$ 的经验 P 值也均未达到显著性水平，表明组织可见度对不同市场化水平地区企业经营分部信息披露与经营性现金流的关系均无显著调节作用，与使用全样本时一致，原因不再赘述。

表 7 - 23　组织可见度（以分析师关注为代理）对不同市场化水平地区
企业经营分部信息披露与经营性现金流关系的调节作用

变量	$OPCF_{t+2}$		$OPCF_{t+2}$		$OPCF_{t+2}$	
	(1)	(2)	(3)	(4)	(5)	(6)
	高市场化水平	低市场化水平	高市场化水平	低市场化水平	高市场化水平	低市场化水平
$OPDQ_1$	- 0.0109 (- 0.070)	0.5079 (1.298)				
$OPDQ_2$			- 0.0361 (- 1.394)	0.0351 (0.549)		

变量	$OPCF_{t+2}$		$OPCF_{t+2}$		$OPCF_{t+2}$	
	（1）	（2）	（3）	（4）	（5）	（6）
	高市场化水平	低市场化水平	高市场化水平	低市场化水平	高市场化水平	低市场化水平
$OPDQ_3$					－0.2282 ** （－2.467）	0.2743 （0.867）
AA	－0.0371 （－0.723）	0.0040 （0.044）	0.0031 （0.089）	－0.0069 （－0.076）	0.0045 （0.088）	0.1366 （1.174）
$AA \times OPDQ_1$	0.0566 （0.828）	－0.1107 （－0.726）				
$AA \times OPDQ_2$			0.0106 （1.052）	－0.0164 （－0.682）		
$AA \times OPDQ_3$					0.1079 （1.464）	－0.2643 （－1.635）
$SIZE$	0.0276 （0.262）	0.0848 （0.514）	0.0928 （0.771）	0.1445 （0.902）	0.1581 （1.100）	－0.0415 （－0.225）
ON	－0.4706 （－1.220）	－1.1081 ** （－2.033）	－0.0122 （－0.061）	－1.1379 ** （－2.420）	0.0324 （0.117）	－1.2337 *** （－2.993）
AL	－0.6121 * （－1.678）	2.1397 ** （2.388）	0.4664 （1.132）	2.1860 ** （2.423）	0.2204 （0.487）	0.7246 （0.663）
ICR	0.0001 （0.108）	0.0006 *** （2.602）	0.0001 （0.120）	0.0007 ** （2.418）	－0.0001 （－0.628）	0.0006 *** （3.124）
CS	－1.0457 *** （－2.796）	1.2756 ** （2.108）	0.6225 （1.336）	1.3473 ** （2.187）	0.3903 （0.698）	0.6740 （0.850）
EC	0.0147 *** （2.598）	－0.0144 （－1.414）	－0.0111 （－1.328）	－0.0175 * （－1.802）	－0.0213 ** （－2.471）	－0.0072 （－0.472）
SBZ	0.1836 *** （2.710）	－0.0603 （－0.427）	－0.1219 （－1.101）	－0.0499 （－0.347）	－0.0958 （－0.572）	－0.1450 （－0.772）
MSR	0.7173 （1.168）	－1.9698 * （－1.648）	－0.0720 （－0.192）	－2.0769 * （－1.968）	0.5964 * （1.712）	－1.5482 （－1.074）

续表

变量	$OPCF_{t+2}$		$OPCF_{t+2}$		$OPCF_{t+2}$	
	（1）	（2）	（3）	（4）	（5）	（6）
	高市场化水平	低市场化水平	高市场化水平	低市场化水平	高市场化水平	低市场化水平
INST	−0.0024 （−0.288）	−0.0038 （−0.362）	−0.0025 （−0.267）	−0.0046 （−0.445）	−0.0097 （−0.961）	−0.0038 （−0.318）
PMC	−0.3894 （−0.829）	3.5466 *** （3.302）	0.8439 （1.297）	3.4991 *** （3.097）	0.5197 （0.521）	2.7257 *** （2.868）
_cons	−0.8302 （−0.353）	−1.1795 （−0.281）	−0.7766 （−0.287）	−2.3621 （−0.578）	−1.5834 （−0.503）	2.4697 （0.545）
固定效应	个体/年份	个体/年份	个体/年份	个体/年份	个体/年份	个体/年份
$AA \times OPDQ_{i,i=1,2,3}$ 的经验 p 值	0.210		0.451		0.207	
R^2	0.042	0.199	0.073	0.193	0.104	0.191

表 7 - 24　组织可见度（以媒体关注为代理）对不同市场化水平地区
　　　　　企业经营分部信息披露与经营性现金流关系的调节作用

变量	$OPCF_{t+2}$		$OPCF_{t+2}$		$OPCF_{t+2}$	
	（1）	（2）	（3）	（4）	（5）	（6）
	高市场化水平	低市场化水平	高市场化水平	低市场化水平	高市场化水平	低市场化水平
$OPDQ_1$	−0.1480 （−1.309）	0.3834 （1.441）				
$OPDQ_2$			−0.0166 （−0.776）	0.0164 （0.362）		
$OPDQ_3$					−0.0284 （−0.380）	−0.0198 （−0.067）
MA	−0.0110 （−0.181）	−0.0586 （−0.922）	0.0204 （0.309）	−0.0655 （−0.983）	0.0527 （0.732）	0.1278 （0.972）

续表

变量	$OPCF_{t+2}$		$OPCF_{t+2}$		$OPCF_{t+2}$	
	（1）	（2）	（3）	（4）	（5）	（6）
	高市场化水平	低市场化水平	高市场化水平	低市场化水平	高市场化水平	低市场化水平
$MA \times OPDQ_1$	0.0383 (0.481)	-0.1149 (-0.888)				
$MA \times OPDQ_2$			-0.0031 (-0.258)	-0.0207 (-0.980)		
$MA \times OPDQ_3$					-0.0577 (-1.062)	-0.1690 (-0.813)
$SIZE$	0.0960 (0.800)	0.0754 (0.469)	0.0939 (0.783)	0.1347 (0.870)	0.1474 (1.034)	-0.0236 (-0.128)
ON	-0.0202 (-0.091)	-1.1803** (-2.222)	-0.0273 (-0.123)	-1.1684*** (-2.585)	0.1065 (0.331)	-1.1600*** (-2.791)
AL	0.4606 (1.115)	2.2143** (2.366)	0.4638 (1.134)	2.2319** (2.394)	0.2785 (0.601)	0.6781 (0.562)
ICR	-0.0001 (-0.039)	2.2143** (2.366)	-0.0001 (-0.046)	0.0006*** (2.798)	-0.0001 (-0.364)	0.0006*** (3.021)
CS	0.6319 (1.356)	1.3482** (2.149)	0.6321 (1.369)	1.4007** (2.228)	0.4790 (0.867)	0.6800 (0.791)
EC	-0.0114 (-1.346)	-0.0163 (-1.573)	-0.0114 (-1.354)	-0.0194** (-1.970)	-0.0224*** (-2.599)	-0.0080 (-0.515)
SBZ	-0.1296 (-1.195)	-0.0516 (-0.369)	-0.1258 (-1.152)	-0.0363 (-0.255)	-0.1058 (-0.612)	-0.1565 (-0.831)
MSR	-0.0813 (-0.221)	-2.2640** (-1.985)	-0.0860 (-0.228)	-2.3526** (-2.432)	0.2724 (0.817)	-1.3925 (-0.919)
$INST$	-0.0017 (-0.181)	-0.0045 (-0.433)	-0.0017 (-0.185)	-0.0052 (-0.514)	-0.0143 (-1.381)	-0.0056 (-0.456)
PMC	0.8266 (1.250)	3.4362*** (3.462)	0.8095 (1.233)	3.3693*** (3.189)	0.5574 (0.570)	2.8083*** (3.112)

变量	$OPCF_{t+2}$		$OPCF_{t+2}$		$OPCF_{t+2}$	
	（1）	（2）	（3）	（4）	（5）	（6）
	高市场化水平	低市场化水平	高市场化水平	低市场化水平	高市场化水平	低市场化水平
_cons	- 0.7788 （- 0.288）	- 0.8325 （- 0.201）	- 0.7787 （- 0.289）	- 2.0485 （- 0.510）	- 1.6806 （- 0.534）	2.2327 （0.480）
固定效应	个体/年份	个体/年份	个体/年份	个体/年份	个体/年份	个体/年份
$MA \times OPDQ_{i,i=1,2,3}$ 的经验 p 值	0.354		0.287		0.458	
R^2	0.072	0.024	0.072	0.199	0.101	0.178

7.3 本章小结

　　本章分别从企业是否属于产能过剩行业以及企业所处地区市场化进程水平将样本分组，就经营分部信息披露、组织可见度对权益资本成本、债务融资成本、经营性现金流的影响进行异质性检验，是前文工作的拓展与延伸。

　　以企业是否属于产能过剩行业分组时的异质性研究结果如表 7 - 25 所示。

表 7 - 25　　以企业是否属于产能过剩行业分组时的异质性研究结果

实证结果汇总	对权益资本成本的影响		对债务融资成本的影响		对经营性现金流的影响	
	产能过剩	非产能过剩	产能过剩	非产能过剩	产能过剩	非产能过剩
分部划分确定性	负	正	无影响	无影响	无影响	无影响
会计信息完整性	负	正	负	无影响	无影响	无影响
经济特征差异性	无影响	无影响	负	无影响	负	无影响
分析师关注×分部划分确定性	无影响	负	无影响	无影响	无影响	无影响

续表

实证结果汇总	对权益资本成本的影响		对债务融资成本的影响		对经营性现金流的影响	
	产能过剩	非产能过剩	产能过剩	非产能过剩	产能过剩	非产能过剩
分析师关注×会计信息完整性	无影响	负	无影响	无影响	无影响	无影响
分析师关注×经济特征差异性	正	无影响	无影响	无影响	无影响	无影响
媒体关注×分部划分确定性	负	无影响	无影响	无影响	无影响	无影响
媒体关注×会计信息完整性	负	无影响	无影响	负	无影响	无影响
媒体关注×经济特征差异性	无影响	无影响	无影响	负	无影响	无影响

注：无影响代表未达到统计意义上的显著性水平，下同。

由表 7-25 可见：（1）产能过剩行业企业分部划分确定性、会计信息完整性对权益资本成本具有显著负向影响，而非产能过剩行业企业上述两个维度正向影响权益资本成本。组织可见度（以分析师关注为代理）可在一定程度上抑制分部划分确定性、会计信息完整性对非产能过剩行业企业权益资本成本的不利影响，也会加剧经济特征差异提升产能过剩行业企业权益资本成本的效果。（2）会计信息完整性、经济特征差异性对债务成本的负向影响主要体现在产能过剩行业企业中，组织可见度（以媒体关注为代理）可协助非产能过剩行业企业会计信息完整性、经济特征差异性以降低债务融资成本。（3）经济特征差异性对经营性现金流的负向影响仅存在于产能过剩行业企业中，且组织可见度无法调节经营分部信息披露质量与经营性现金流的关系。

以企业所在地市场化进程水平分组时的异质性研究结果如表 7-26 所示。

由表 7-26 可见：（1）高市场化水平地区的企业突出经济特征差异性会提升权益资本成本；组织可见度（以分析师关注为代理）会协助高市场化水平的地区企业分部划分确定性、会计信息完整性以降低权益资本成本，并在一定程度上抵消经济特征差异性抬高资本成本的作用。（2）高市场化水平地区的企业提升会计信息完整、经济特征差异性可有效降低债务融资成本；组织可见度（以媒体关注为代理）对会计信息完整、经济特征差异性与债务融资成本之间的积极调节作用也仅存在于高市场化水平地区。（3）仅高市场化水平地区的企业提升经济特征差异性会对经营性现金流产生负向影响，组织可见度无法调节两类企业经营分部信息披露质量与经营性现金流的关系。

表 7 – 26　　以企业所在地市场化进程水平分组时的异质性研究结果

实证结果汇总	对权益资本成本的影响		对债务融资成本的影响		对经营性现金流的影响	
	高市场化	低市场化	高市场化	低市场化	高市场化	低市场化
分部划分确定性	无影响	无影响	无影响	无影响	无影响	无影响
会计信息完整性	无影响	无影响	负	无影响	无影响	无影响
经济特征差异性	正	无影响	负	无影响	负	无影响
分析师关注×分部划分确定性	负	无影响	无影响	无影响	无影响	无影响
分析师关注×会计信息完整性	负	无影响	无影响	无影响	无影响	无影响
分析师关注×经济特征差异性	负	无影响	无影响	无影响	无影响	无影响
媒体关注×分部划分确定性	无影响	无影响	无影响	无影响	无影响	无影响
媒体关注×会计信息完整性	无影响	无影响	负	无影响	无影响	无影响
媒体关注×经济特征差异性	无影响	无影响	负	无影响	无影响	无影响

本章的边际贡献在于，制造业行业中的产能过剩问题以及地区市场化发展水平不均衡问题具有较强的中国特色，且当前经营分部信息披露与企业价值关系的相关研究均基于国外背景展开，尚未从上述角度进行深入，故本章异质性研究内容具备一定的理论创新。同时，本章工作还具备较强的现实意义：一方面，当前我国经济"供需错位"的结构性失衡问题突出，如何高效落实资源配置，已经成为提升内循环供血质量的重要课题。对此，本章为不同行业类别企业探索符合自身情况的经营分部信息披露策略，为自身转型自救或业态创新争取资源提供了依据，可推动资源流向有活力的企业，助力经济高质量发展。另一方面，受改革开放以来国家政策布局、经济基础、历史文化等因素的影响，我国各地市场化水平不一，导

致各地资源配置效率落差较大（唐雪松等，2010），已成为金融支持实体经济高质量发展的痼疾之一（资本市场改革课题组，2019）。本章结果表明，目前经营分部信息披露、组织可见度对企业价值的积极作用也多存在于高市场化水平地区的企业，进一步印证了市场化建设是提高资源配置效率、推动资本市场健康发展的基础，坚定了我国以市场化作为资本市场改革方向，以市场之手有序合理地引导证券化金融资产流动配置的决心。

第 8 章

经营分部盈余质量的内外部治理

8.1 研究背景

基于本书前文论述，经营分部信息已发挥重要的价值效应。因此，除披露本身的分部划分确定、会计信息完整以及经济特征差异外，经营分部的具体盈利能力也应该具备重要的分析价值。考虑到经营分部在企业日常经营中扮演的重要角色，分析师及投资者通常只会给予经营分部盈余较高的企业更高的估值，而选择性地忽略其他分部信息。因此，在不改变合并报表盈余的情况下，操控各分部间利润及费用分配的分部间盈余管理行为（即将本属于经营分部的费用划分至其他分部，或将本属于其他分部的利润划分至经营分部）成为管理层寻租的新方式，正严重干扰资本市场健康发展进程，但就如何采取有效的手段对其进行治理，现有研究尚未涉猎。

从公司治理视角出发，对管理层寻租行为的治理主要包括内部治理和外部治理两个方面。在内部治理方面，股权激励机制将管理层利益与公司股价挂钩，督促管理层为提升公司业绩而努力工作，是解决委托代理问题的重要措施。在外部治理方面，机构投资者作为流通股的大股东，既能通过股东大会、董事会等渠道监督上市公司的经营运作，又能借助"用脚投票"的策略向公司施压，迫使管理层持续改善公司经营效率并减少自利行为，是施加外部监督的重要力量。现有研究已就股权激励和机构投资者持股对盈余管理的治理作用分别提供了证据。但基于公司金融理论，上市公司内部及外部治理手段对管理层行为的影响并非相互独立，就盈余管理行为而言，机构投资者能利用资源及专业优势对其进行有效识别，并通过资源配置手段"惩罚"该公司的股价，降低股权激励机制下管理层实施该行为的期望收益，进而影响管理层股权激励的治理效果。故单独分析管理层股权激励或机构投资者持股对盈余管理的治理效果都可能是片面的，而现有研究忽视了这一问题。

综上，本章从公司内外部综合治理视角出发，首先构建理论模型考察管理层股权激励和机构投资者持股对经营分部盈余质量的影响，并分析所有权异质性结果，再利用我国制造业上市公司 2014～2018 年样本实证检验了理论推论。本章的潜在贡献包括三点：第一，我国学者对盈余管理行为的研究多聚焦于合并报表中的盈余管理，其尚未关注到分部报告中的盈余管理行为重要原因之一是国内如 CSMAR、WIND 等主流数据库均未提供规范二手数据，本章手工搜集整理了我国制造业上市公司披露的经营分部盈余数据，将我国盈余管理行为的研究视角由合并报表盈余管理向分部报告中"经营分部"与"其他分部"间的盈余管理进行了拓展；第二，国外学者虽然提供了管理层存在分部间盈余管理行为的证据，但尚未研究如何对其进行有效治理，本章工作填补了这一不足；第三，盈余管理治理领域的相关文献多单独讨论股权激励、机构投资者持股对盈余管理行为的治理效果，忽视了内外部治理手段间潜在的互动关系，可能得到片面的结果。而本章利用理论结合实证的方式较为严谨地论证了两种治理手段间的协同作用机制，弥补了现有文献中忽略内外部手段综合治理效果，尤其是股权激励和机构投资者对盈余管理行为影响的潜在互动关系的不足。

8.2　理论模型及研究假设

第一，简（Jean，2006）在《公司金融理论》一书中指出，上市公司内部及外部治理手段对管理层短视行为的影响并非相互独立的，外部大投资者的退出机制对现代薪酬体系下的管理层行为能起到积极的监督作用。基于本章研究框架，机构投资者的介入增加了管理层股权激励制度下的薪酬业绩敏感性，使管理者实际报酬与股价关联更紧密，进而使机构投资者可以通过交易持有股份的方式影响经理人行为。具体而言，当机构投资者察觉管理层存在盈余管理等寻租行为时，可能会大量抛售所持股票来表达不满，并发出退出的威胁信号，给股价带来巨大的下行压力，直接影响经理人的股权激励所得。在管理者追求自身利益最大化的动机下，机构投资者持股能有效威慑管理层的寻租举动，促使管理者专注于提升经营水平并对外披露高质量的盈余。

以此为基础，本章拟构建理论模型，探究以股权激励为代表的内部治理手段和以机构投资者为代表的外部治理手段对分部间盈余管理行为的协同治理效果。此前，孙彤和薛爽（2019）基于信息披露的博弈模型研究了外部监督对管理层自利行为的治理作用，为契合文章主题，本章在其静态博弈模型基础上作出如下调整。

孙彤和薛爽（2019）认为，管理层可通过多种方式为自己牟利，本章仅将管理层自利行为限定为通过分部间盈余管理虚增经营分部盈余、使公司得到偏高的估值的行为，后续分析均围绕它展开。

第二，与孙彤和薛爽（2019）研究监督部门的惩罚手段对管理层自利行为的影响不同，经营分部盈余的受众群体为市场投资者，故本章从管理层对经营分部盈余的披露和市场投资者的决策入手进行分析。此外，在市场投资者中，由于本章重点关注机构投资者的外部治理效果，故作出如下设计：其一，机构投资者不具备监管、处罚权力，而是在识别盈余管理的基础上发挥资源配置的功能来影响管理层行为；其二，考虑到机构投资者相较于个人投资者而言拥有更多的专业知识及公司内部信息，对企业盈余管理行为有更强的辨别能力，故本章将机构投资者与个人投资者进行了区分，并单独赋予了机构投资者察觉管理层虚增经营分部盈余行为的能力，该能力使其在特定情况下作出与个人投资者不同的决策。

第三，孙彤和薛爽（2019）并未对管理层收益进行细分，而本章需重点关注股权激励的治理效果，且在多数薪酬契约中，管理层收益主要包含股权激励与固定薪酬两部分，故本章将管理层总薪酬设为固定薪酬和股权激励两个部分。

在建立该理论模型前，本章还作出以下一般性假设：市场的参与主体均是理性经济人且风险中性，各投资者均独立作出决策行为，不受其他投资者影响；市场是有效的，不考虑人为操控股票的情况，也不考虑非正常市场因素及不可抗力造成的股价波动，忽略股票交易税费。

具有多个业务分部的甲上市公司在 T_0 时雇用一位高管签订一个会计期间的经营管理合同，始于 T_0，终于 T_1；甲公司的所有资本均靠发行股票向投资者筹集，甲公司为实现公司价值最大化，降低代理成本，规定在 T_1 时高管所获得的期望薪酬 E 由两部分组成：固定薪酬 w 和由其持有甲公司股票带来的收益 $\alpha(V_{T_1} - V_{T_0})$，其中，$\alpha$ 为该高管持股的比例，$\alpha \geqslant 0$，V_{T_1} 和 V_{T_0} 分别代表甲公司在 T_1 和 T_0 时的股票价格，则 $E = w + \alpha(V_{T_1} - V_{T_0})$。高管以实现自身期望薪酬最大化为目的。

T_1 时，高管向投资者披露经营分部盈余信息的策略为：（1）真实地报告经营分部的盈余信息，使公司得到合理的估值，记为策略 S_1。（2）通过分部间利润及费用操作行为，调高经营分部盈余，给投资者以更好的发展假象，取得偏高的估值，记为策略 S_2。

甲公司有两类投资者，一类是个人投资者，另一类是机构投资者。二者有相同之处，也有不同之处，基于程书强（2006）的观点，本章认为，两类投资者的不同之处在于：当甲公司高管采用策略 S_2 时候，个人投资者无法察觉，而机构投资者依据自身所具备的专业知识及监督经验，有 $f(\mu)$ 的概率能鉴别高管是否采取了 S_2 策略（μ 为机构投资者持股比例，随着机构投资者持股比例的增加，其发现高管是否采用策略 S_2 的概率也会增加，即 $\partial f/\partial \mu > 0$），若机构投资者发现该高管使用策略 S_2，则会大量抛售该公司股票。相同之处则在于：若机构投资者未发现该高管使用策略 S_2，两类投资者都根据上市公司披露的经营分部盈余判断企业价值并进行投资决策，且当上市公司披露某一水平的经营分部盈余时，二者将作出一致的决策，表现为（满意，持有）或（不满意，部分减持）。

结合李心愉等（2018）的观点，本章认为，当高管采用策略 S_1 进行披露时，两类投资者作出（满意，持有）决策的概率均为 p_1；当高管采用策略 S_2 进行披露且未被机构投资者察觉时，由于此时高管披露的经营分部盈余大于使用策略 S_1 时，故两类投资者作出（满意，持有）决策的概率为 p_2，$p_2 > p_1$。

甲公司 T_0 时的股价为 V_0，T_1 时的股价视以下情况而定。

（1）如果高管选择策略 S_1，根据投资者决策可能出现以下两种结果，分别记为 R_1、R_2，各情况下的投资者决策、T_1 时股价及相关参数取值说明如表 8-1 所示。

表 8-1　　高管策略 S_1 时的投资者决策、T_1 时股价及相关参数取值说明

高管策略	结果	对应的投资者决策		T_1 时股价	参数取值的相关说明
S_1	R_1	机构投资者	满意，持有	V_1	$V_1 > 0$
		个人投资者			
	R_2	机构投资者	不满意，部分减持	$V_1 - \beta_1$	$\beta_1 > 0$，代表股价因两类投资者不满意其经营情况而部分减持的下跌值
		个人投资者			

（2）如果高管选择策略 S_2，根据投资者决策则可能出现以下四种结果，记为 R_3、R_4、R_5、R_6，各情况下的投资者决策、T_1 时股价及参数取值的相关说明如表 8-2 所示。

由于机构投资者持有大量流通股份，本章认为，一旦上市公司管理层采用策略 S_2 被机构投资者察觉，导致股票遭到大量抛售的股价损失应大于虚增经营分部盈余产生的年报披露效应带来的股价上升值，故 $\beta_3 > \gamma_2$；此外，考虑到盈利能力信息是影响股票价格的基本会计信息，当高管选择策略 S_2 时候，虚增经营分部盈余产生的年报披露效应使股价上升的值应大于投资者部分减持造成的股价损失，故 γ_1，$\gamma_2 > \beta_1$，β_2，结合上述分析可得各参数间关系为 $\beta_4 > \beta_3 > \gamma_1 > \gamma_2 > \beta_1 > \beta_2$。高管采取不同策略时各结果发生的概率及高管的期望收益如表 8-3 所示。

表 8－2　　高管策略 S_2 时的投资者决策、T_1 时股价及相关参数取值说明

高管策略	结果	对应的投资者决策		T_1 时股价	参数取值的相关说明
S_2	R_3	机构投资者	未能鉴别；满意，持有	$V_1 + \gamma_1$	$\gamma_1 > 0$，代表虚增经营分部盈余产生的年报披露效应，使股价上涨的值
		个人投资者	满意，持有		
	R_4	机构投资者	未能鉴别；不满意，部分减持	$V_1 + \gamma_1 - \beta_2$	$0 < \beta_2 < \beta_1$，β_2 代表股价因两类投资者不满意其经营情况而部分减持时的下跌值，由于此时披露的经营分部盈余大于结果 R_2，故投资者此时抛售的股票量应小于结果 R_2，有 $\beta_2 < \beta_1$
		个人投资者	不满意，部分减持		
	R_5	机构投资者	成功鉴别；大量抛售	$V_1 + \gamma_2 - \beta_3$	β_3 代表股价因机构投资者发现管理层采用策略 S_2 而大量抛售造成下跌值；γ_2 代表由虚增经营分部盈余产生的年报披露效应使股价上涨的值，由于此时机构投资者察觉管理层策略，故此时虚增经营分部盈余带来的股价上升值小于结果 R_3、R_4，故 $\gamma_2 < \gamma_1$
		个人投资者	满意，持有		
	R_6	机构投资者	成功鉴别；大量抛售	$V_1 + \gamma_2 - \beta_4$	β_4 代表股价遭机构投资者大量抛售以及个人投资者部分减持时候的下跌值，故 $\beta_4 > \beta_3$
		个人投资者	不满意，部分减持		

表 8－3　　高管采取不同策略时各结果发生的概率及高管的期望收益

高管策略		发生概率	T_1 时高管期望收益 E
S_1	R_1	p_1	$w + \alpha(V_1 - V_0)$
	R_2	$1 - p_1$	$w + \alpha(V_1 - \beta_1 - V_0)$
S_2	R_3	$(1 - f(\mu)) \times p_2$	$w + \alpha(V_1 + \gamma_1 - V_0)$
	R_4	$(1 - f(\mu)) \times (1 - p_2)$	$w + \alpha(V_1 + \gamma_1 - \beta_2 - V_0)$
	R_5	$f(\mu) \times p_2$	$w + \alpha(V_1 + \gamma_2 - \beta_3 - V_0)$
	R_6	$f(\mu) \times (1 - p_2)$	$w + \alpha(V_1 + \gamma_2 - \beta_4 - V_0)$

由表 8-3 计算可得，高管采取策略 S_1 和 S_2 时所取得的期望薪酬分别为：

$$E_{S1} = p_1 \times [w + \alpha(V_1 - V_0)] + (1 - p_1) \times [w + \alpha(V_1 - \beta_1 - V_0)]$$
$$= w + \alpha(V_1 - V_0) - \alpha(1 - p_1)\beta_1 \tag{8-1}$$

$$E_{S2} = (1 - f(\mu))p_2 \times [w + \alpha(V_1 + \gamma_1 - V_0)] + (1 - f(\mu))(1 - p_2)$$
$$\times [w + \alpha(V_1 + \gamma_1 - \beta_2 - V_0)] + f(\mu)p_2 \times [w + \alpha(V_1 + \gamma_2 - \beta_3 - V_0)]$$
$$+ f(\mu)(1 - p_2) \times [w + \alpha(V_1 + \gamma_2 - \beta_4 - V_0)]$$
$$= w + \alpha(V_1 - V_0 + \gamma_1 - \beta_2) + f(\mu)p_2\alpha(\beta_4 - \beta_3 - \beta_2)$$
$$+ f(u)\alpha(\gamma_2 - \gamma_1 + \beta_2 - \beta_4) + \alpha p_2\beta_2 \tag{8-2}$$

本章用 $\Delta E(\alpha, u)$ 表示高管采用策略 S_2 与策略 S_1 之间的期望薪酬差异，

$$\Delta E(\alpha, u) = E_{S2} - E_{S1} = f(u)p_2\alpha(\beta_4 - \beta_3 - \beta_2) + f(u)\alpha(\gamma_2 - \gamma_1 + \beta_2 - \beta_4)$$
$$+ \alpha(p_2\beta_2 - p_1\beta_1) + \alpha(\gamma_1 - \beta_2 + \beta_1) \tag{8-3}$$

结合研究内容，本章作出如下分析。

第一，为研究机构投资者持股比例对高管采用策略 S_2 与策略 S_1 之间的期望薪酬差异的影响，本章对 $\Delta E(\alpha, u)$ 求 u 的一阶偏导数。

$$\frac{\Delta E(\alpha, u)}{\partial \mu} = \frac{\partial f}{\partial \mu} \times \alpha[(\gamma_2 - \gamma_1) + (1 - p_2)(\beta_2 - \beta_4) - p_2\beta_3] \tag{8-4}$$

因为 $p_1 < p_2$、$\beta_4 > \beta_3 > \gamma_1 > \gamma_2 > \beta_1 > \beta_2$、$\partial f/\partial \mu > 0$、$\alpha \geq 0$，故 $\partial \Delta E/\partial u \leq 0$，即随着机构投资者持股比例的增加，高管采用策略 S_2 所获得的超额收益不断减少，其更倾向于采用策略 S_1，而当高管选择策略 S_1 时候，其披露的经营分部盈余往往质量较高。故本章首先提出如下假设。

假设 $H_{8.1}$：机构投资者持股正向影响经营分部盈余质量。

第二，为研究管理层持股比例与管理层采用策略 S_2 与策略 S_1 之间的期望薪酬差异的影响，接着，本章对 $\Delta E(\alpha, u)$ 求 α 的一阶偏导数。

$$\frac{\Delta E(\alpha, u)}{\partial \alpha} = f(u)p_2(\beta_4 - \beta_3 - \beta_2) + f(u)(\gamma_2 - \gamma_1 + \beta_2 - \beta_4)$$
$$+ (p_2\beta_2 - p_1\beta_1) + (\gamma_1 - \beta_2 + \beta_1) \tag{8-5}$$

令式 (8-5) 取零值，化简得：

$$f(\mu) = \frac{\gamma_1 - \beta_2(1 - p_2) + \beta_1(1 - p_1)}{\gamma_1 - \beta_2(1 - p_2) - \gamma_2 + \beta_3 p_2 + (1 - p_2)\beta_4} \tag{8-6}$$

设当 u 等于 u_0 时，$f(u_0) = \dfrac{\gamma_1 - \beta_2(1 - p_2) + \beta_1(1 - p_1)}{\gamma_1 - \beta_2(1 - p_2) - \gamma_2 + \beta_3 p_2 + (1 - p_2)\beta_4}$，此

时式（8－5）取 0 值。由于 $\partial f/\partial \mu > 0$，即当 u 大于 u_0 时，股权激励比例增加可以降低高管采取策略 S_2 时的超额收益，使其更倾向于选取策略 S_1，披露高质量的经营分部盈余；反之，若 u 小于 u_0，则 $\Delta E(\alpha, u)/\partial \alpha < 0$，股权激励比例增加会提升高管采取策略 S_2 时的超额收益，促使其选取策略 S_2，披露低质量的经营分部盈余。据此，本章提出如下假设。

假设 $H_{8.2}$：管理层股权激励与经营分部盈余质量的关系受机构投资者持股的影响，具体表现为门槛效应：当机构投资者持股比例达到一定门槛时，管理层股权激励能提升经营分部盈余质量；反之，管理层股权激励会降低经营分部盈余质量。

第三，由上述分析可知，机构投资者持股水平是否达到特定门槛值（u_0）直接影响管理层股权激励对经营分部盈余质量的作用。而对于不同性质的企业而言，其 u_0 值往往存在较大差异：基于式（8－6），在其他条件不变的情况下，机构投资者在鉴别其高管采取了策略 S_2 时抛售股票导致股价下跌值（β_3 和 β_4）是影响 u_0 值的重要因素，考虑到国有企业的历史背景及管理层政治关联，政府会运用政治力量影响机构投资者"用脚投票"的行为，保护自身利益，故因机构投资者识别盈余管理而抛售股票造成国有企业股价下跌幅度应小于其造成非国有企业股价下跌幅度，即 $\beta_{3国有} < \beta_{3非国有}$，$\beta_{4国有} < \beta_{4非国有}$，故有 $u_{0国有} > u_{0非国有}$。根据上述分析，本章进一步提出如下假设。

假设 $H_{8.3}$：对于国有企业而言，机构投资者持股能使管理层股权激励提升经营分部盈余质量的门槛值大于非国有企业。

为检验上述假设在现实中的适用性，本章在接下来的章节中将通过实证对其逐一进行论证。

8.3　实证研究设计

8.3.1　研究思路与模型构建

首先，为检验机构投资者持股（ipt）对经营分部盈余质量（$|\Delta OI_{ijt}|$）

的影响（假设 $H_{7.1}$），本章构建如式（8-7）所示的模型1：

$$\left| \Delta OI_{ijt} \right| = \alpha_0 + \alpha_1 ipt + \alpha_2 mei + \alpha_4 X + \delta \qquad (8-7)$$

其次，为验证假设 $H_{8.2}$，在管理层股权激励（mei）对经营分部盈余质量的影响中，机构投资者持股比例的大小极其重要，具体表现为门槛效应。本章参考汉森（Hansen，1999）的门槛回归分析模型，借鉴何兴强等（2014）的方法，通过引入定义指示函数 θ 构建如模型2所示的门槛回归模型（见式（8-8）），实证检验上市公司机构投资者持股比例在管理层股权激励影响经营分部盈余质量中存在的门槛效应。θ 为指示函数，当机构投资者持股比例与待估计门槛值 λ 满足特定条件时，θ 取值为1，否则为0。

$$\left| \Delta OI_{ijt} \right| = \alpha_0 + \alpha_1 mei \times \theta(ipt \leqslant \lambda) + \alpha_2 mei \times \theta(ipt > \lambda) + \alpha_3 X + \delta$$

$$(8-8)$$

最后，为检验所有权性质对上述结论造成的潜在差异（假设 $H_{7.3}$），本章将样本分为国有企业和非国有企业，对式（8-7）、式（8-8）再次进行回归。

8.3.2　变量定义

8.3.2.1　被解释变量

经营分部盈余质量 $\left| \Delta OI_{ijt} \right|$。首先，本章依据《企业会计准则解释第3号》及莱尔等（Lail et al.，2014）对上市公司"经营分部"与"其他分部"的区分方法，整理出样本企业经营分部盈余数据，考虑到上市公司可能报告多个经营分部，且不同公司报告的经营分部名称不一，在此，本章不单独研究某一经营分部的盈余质量，而是将特定样本企业报告的所有经营分部视为一个统一的经营分部进行研究。

其次，如何量化盈余质量是本章研究的关键，现有衡量盈余质量的指标主要包括盈余反应系数、盈余误报说明以及盈余平稳度三类。基于以下三个原因，本章以盈余平稳度作为度量盈余质量的指标：其一，尽管阿尔塔穆罗等（Altamuro et al.，2005）利用盈余反应系数评价盈余质量，但德修等（Dechow et al.，2010）指出，利用该指标衡量盈余质量存在严重的内生性问题；其二，李春涛等（2018）利用是否发布财务重述来反映上市公司的盈余质量，但尚未有上市公司针对分部报告中的盈余信息发布财务重述，与本章主题契合度较低；其三，德修等（Dechow et al.，2010）和弗朗西斯等（Francis et al.，2004）均认为，盈余质量的高低取决于盈余所能提供的决策信息质量，而盈余平稳度对于投资者依据盈余数据进行估值、决策的准确性至关重要，因此，盈余平稳度是盈余质量的重要特征。

最后，现有研究尚未就盈余平稳与否和盈余质量高低的对应关系达成统一。大部分研究认为，盈余平稳即意味着质量较高，也有部分研究认为，盈余平稳度与盈余质量呈负相关关系。对此，本章认为，具有较高的盈余平稳度是高质量盈余的重要特征，原因如下：一方面，勒兹等（Leuz et al.，2003）和巴塔查里亚（Bhattacharya，2004）认为，平稳度高的盈余质量较低的原因是，盈余平稳可能是盈余管理的结果；而伦诺克斯等（Lennox et al.，2016）的研究表明，盈余平稳度较高通常是年末审计调整的结果，而非盈余管理的结果，且审计后的盈余往往比审计前的盈余包含更高质量的应计项目，代表了更真实的业绩。另一方面，权责发生制的基本原则之一是有助于缓和现金流的暂时性波动，帮助投资者更准确地利用折现模型评估公司价值，换言之，提高盈余平稳度符合权责发生制的初衷。

在此基础上，本章使用如下公式对样本公司经营分部盈余平稳度进行衡量：$\left| \Delta OI_{ijt} \right| = \left| \sum_{j=1}^{n} OI_{ijt} - \sum_{j=1}^{n} OI_{ijt-1} \right|$，其中，$\sum_{j=1}^{n} OI_{ijt}$ 为公司 i 的 n 个经营分部在 t 期形成的盈余之和与公司 i 在 t 期末资产总额的比值，$\left| \Delta OI_{ijt} \right|$ 为 $\sum_{j=1}^{n} OI_{ijt}$ 与 $\sum_{j=1}^{n} OI_{ijt-1}$ 差的绝对值，该指标的值越小，则表明其经营分部盈余波动性越小，平稳度越高，质量越高。

8.3.2.2 解释变量

管理层股权激励程度 mei。本章借鉴刘宝华等（2016）的衡量方式，以股价上涨 1% 高管权益价值增量占总薪酬的比例衡量股权激励强度，考虑到高管权益薪酬中股票期权成分较少，已持有股份往往是股权激励的主要部分，故使用如下公式衡量管理层股权激励强度，

$$mei_{it} = \frac{0.01 \times PRICE_{it} \times SHARE_{it}}{0.01 \times PRICE_{it} \times SHARE_{it} + CASHPAY_{it}}$$ ；其中，mei_{it}、$PRICE_{it}$、$SHARE_{it}$、$CASHPAY_{it}$ 分别代表 i 公司在 t 年的管理层股权激励强度、年末股票价格、管理层期末持股数量和管理层固定薪酬总额。机构投资者持股比例 ipt，本章使用机构投资者持股数和公司总股本的比值进行衡量。

8.3.2.3　控制变量

为准确考察管理层股权激励、机构投资者持股对经营分部盈余质量的影响，本章首先参考张璇等（2016）的研究控制公司内部特征，设置企业规模、总资产收益率、两职合一情况、独董占比、股权集中度 5 个控制变量；由于外部竞争对盈余管理也会产生一定影响，故进一步引入行业竞争程度这一控制变量；同时，考虑到审计对盈余质量的重要作用，本章选取与李春涛等（2018）一致的方法纳入审计师事务所类型变量以控制审计质量。具体被解释变量、解释变量及控制变量的名称和计算方法如表 8-4 所示。在式（8-7）、式（8-8）中，X 为控制变量向量，包含上述 7 个控制变量。

表 8-4　　　　　　　　　　各变量的定义、符号及计算方法

变量性质	变量名称及符号	计算方法
被解释变量	经营分部盈余质量 $\lvert \Delta OI_{ijt} \rvert$	$\left\lvert \Delta OI_{ijt} \right\rvert = \left\lvert \sum\limits_{j=1}^{n} OI_{ijt} - \sum\limits_{j=1}^{n} OI_{ijt-1} \right\rvert$，其中 $\sum\limits_{j=1}^{n} OI_{ijt} =$ 公司 i 的 n 个经营分部在 t 期形成的利润总和/公司 i 在 t 期末的资产总额
解释变量	管理层股权激励 mei	$mei_{it} = \dfrac{0.01 \times PRICE_{it} \times SHARE_{it}}{0.01 \times PRICE_{it} \times SHARE_{it} + CASHPAY_{it}}$
	机构投资者持股比例 ipt	机构投资者持股数/总股本
	指示函数 θ	当机构投资者持股比例与待估计门槛值 λ 满足特定条件时，该函数值为 1，否则为 0
控制变量	管理层固定薪酬 $lnac$	高级管理人员当年固定薪酬之和的对数
	企业规模 $size$	企业总资产取对数
	总资产收益率 roa	上市公司的净利润/总资产

变量性质	变量名称及符号	计算方法
控制变量	两职合一情况 $dual$	若董事长担任总高管则为 1，否则为 0
	独董比例 ind	独立董事人数/董事会人数
	股权集中度 so	公司第一大股东的持股数/总股数
	行业竞争程度 hhi	赫芬达尔 – 赫希曼指数 $hhi = \sum\limits_{i=1}^{n} (X_i/X)^2$ $X = \sum X_i$；X_i 为企业 i 当年主营业务收入
	审计事务所类型 bf	如果当年该公司审计者为"四大"会计师事务所，则取值为 1；否则为 0

8.3.3　样本数据选择

制造业上市公司主营业务相对明确，其经营分部盈余可为投资者判断公司价值提供较高的依据，管理层操作经营分部盈余的动机相对较强，故本章以证监会 2012 年行业分类中的上证 A 股制造业企业为研究样本。在收集整理 2014～2018 年样本企业分部信息数据的基础上，本章作出以下处理：（1）剔除当年新上市的公司及 ST 公司；（2）剔除分部数据披露不全的公司及在相关指标上出现异常的样本公司。本章研究所用经营分部数据通过手工整理上市公司年报获得，其余数据均来源于国泰安和万德数据库。

8.4　实证结果分析

8.4.1　描述性统计

本章被解释变量及解释变量的描述性统计如表 8 – 5 所示：$|\Delta OI_{ijt}|$ 的均值为 0.0302，标准差为 0.0419，机构投资者持股比例为 28.60%，方差为 22.67%，表明不同样本企业披露的盈余质量和机构投资者持股比

例存在一定差距。mei 的均值为 0.3046，表明股票价值上涨对管理层收益影响较大。

表 8 – 5　　　　　　　　　各变量的描述性统计

变量名	最大值	最小值	均值	标准差
$|\Delta OI_{ijt}|$	0.8192	0	0.0302	0.0419
mei	0.9845	0	0.3046	0.3382
ipt（%）	89.61	0	28.60	22.67

8.4.2　实证结果分析

在 Hausman 检验的基础上，本章选择固定效应模型对实证模型 1 进行检验，并同时控制个体和时间效应；同时，对模型 2 进行回归，结果如表 8 – 6、表 8 – 7 所示。

表 8 – 6　　　　　　　　　门槛检验的结果

门槛变量	假设检验	F 值	P 值
ipt	不存在门槛值	5.53	0.0000
	存在单一门槛 6.68%		

表 8 – 7　　　　　　　　模型 1、模型 2 的回归结果

变量名	模型 1	模型 2
	（1）　$|\Delta OI_{ijt}|$	（2）　$|\Delta OI_{ijt}|$
mei	– 0.0054 （– 0.88）	
mei（ipt 低于门槛值）		0.0002 （0.05）
mei（ipt 高于门槛值）		– 0.0165 *** （– 2.81）

续表

变量名	模型 1	模型 2
	(1) $\left\vert \Delta OI_{ijt} \right\vert$	(2) $\left\vert \Delta OI_{ijt} \right\vert$
ipt	− 0.0002 ** (− 2.52)	
lnac	− 0.0080 *** (− 2.57)	− 0.0106 *** (− 3.43)
size	0.0106 *** (3.65)	0.0066 ** (2.60)
roa	0.0002 *** (3.33)	0.0002 *** (3.78)
dual	0.0018 (0.57)	0.0024 (0.77)
so	0.0001 (0.90)	0.0002 (1.17)
ind	0.0238 (0.99)	0.0196 (0.81)
bf	− 0.0056 (− 0.48)	− 0.0073 (− 0.63)
hhi	0.0666 (0.88)	0.1005 (1.35)
个体效应	YES	
时间效应	YES	
Adj. R – Square	0.0371	0.0211
_cons	− 0.0866 (− 1.14)	0.0262 (0.43)

在表 8 - 7 列 (1) 的回归结果中,机构投资者持股比例 ipt 的系数显著为负,证实了本章假设 $H_{8.1}$ 的观点。原因如下:一方面,机构投资者可以通过参与重大事项决策,推荐董事、监事人选,监督董事、监事履职情况等途径在上市公司治理中发挥积极作用,抑制管理层短视行为;另一方面,机构投资者具有更强的专业能力,可在一定程度上甄别管理层盈余管

理行为，起到外部监督作用。此外，管理层股权激励程度 mei 的回归系数不显著，表明在其他条件不变的情况下，管理层持股比例增加不会影响上市公司的经营分部盈余质量。可能的原因是，尽管股权激励制度使上市公司管理层和股东间形成了一定的利益趋同效应，抑制了管理层的盈余管理动机，但同时也将管理层薪酬与股价挂钩，使管理层倾向于进行分部间的盈余管理以增加自身收益，表现为机会主义效应。利益趋同效应与机会主义效应产生的影响相互抵消，使股权激励对经营分部盈余质量的影响并不明显。

在列（2）的回归结果中，机构投资者持股比例在管理层股权激励对经营分部盈余质量的影响中存在单门槛效应，95% 置信水平下的门槛值为 6.68%。当机构投资者持股比例低于门槛值 6.68% 时，管理层股权激励的回归结果并不显著；而当机构投资者持股比例大于 6.68% 时，股权激励能显著提升经营分部盈余质量，印证了本章假设 $H_{8.2}$ 的观点。基于上节分析，机构投资者有能力在股权激励制度下通过资源配置功能影响管理层收益，从这一机制出发，该门槛存在的原因主要在于以下两点：第一，机构投资者有能力识别管理层盈余管理行为是该机制有效的前提，而机构投资者在参与公司治理、判断管理层行为时，需要单独承担大量的信息处理成本、时间成本和智力投入成本，若机构投资者对特定公司持股比例较低，则其主动甄别该公司盈余管理行为的意愿不足，将更倾向于选择"搭便车"的消极策略，故机构投资需至少持有一定比例的股份才具有盈余管理甄别能力。第二，在有效甄别盈余管理行为的基础上，机构投资者的资源配置功能使股权激励发挥治理作用的又一必要条件是，机构投资者"用脚投票"对股价产生的负面影响应大于管理层虚增盈余对股价的积极作用，这同样需要机构投资者持股比例至少达到一定水平。接着，在机构投资者持股比例达到该门槛的情况下，管理层股权激励能提升经营分部盈余质量，主要原因在于管理层受制于机构投资者的监督及资源配置压力，一旦盈余管理行为被察觉，其收益将受到巨大的损失，此时股权激励制度将使管理层更倾向于采取披露真实盈余信息的策略。

其余控制变量的回归结果也符合一般经济意义解释。管理层固定薪酬

lnac 的回归系数为负，说明上市公司给予管理层更高的固定薪酬金额会提升经营分部盈余质量，表明上市公司高级管理人员在拥有高额的固定收入情况下，为了保持长期任职的机会，规避虚增经营分部盈余带来的相关风险，往往会真实披露各分部盈余。企业规模的回归结果为正，表明规模较大的企业内部组织结构、业务分部更加复杂，为分部间的盈余管理行为提供了较强的可行性。企业总资产收益率的回归结果均显著为正，这印证了曼努埃拉和费尔迪南多（Manuela and Ferdinando，2016）的观点，即经营绩效优良的企业披露的经营分部平稳度较低，一方面说明当公司处于快速成长期时，其经营分部利润增长较快，波动较大，另一方面则可能由于此类企业为了避免专有成本的不利影响，通常会调整经营分部盈余信息来实施"障眼法"，迷惑竞争对手。

8.5 进一步研究及稳健性检验

8.5.1 基于不同所有权性质的进一步研究

国有企业和非国有企业并存是我国重要的体制背景，对二者而言，管理层股权激励、机构投资者持股的治理效果可能存在差异：一方面，国有企业的股权激励水平在薪酬管制背景下受到了较多限制，[①] 治理能力会受到一定影响；另一方面，国有企业机构投资者影响公司运营决策的能力，以及通过资源配置影响股价，进而影响管理层收益的作用机制均会受到相对较多的政府干预。为给不同所有制企业治理分部间的盈余管理行为提供依据，全面推动资本市场的公平竞争，本章依据国泰安数据库中样本企业的实际控制人性质将其划分为国有企业和非国有企业再作进一步研究。

如表 8 - 8 所示，国有企业与非国有企业的主要变量特征具有显著差异：

---

① 《国有控股上市公司（境内）实施股权激励试行办法》第十六条规定："在股权激励计划有效期内，高级管理人员个人股权激励预期收益水平，应控制在其薪酬总水平（含预期的期权或股权收益）的30%以内"。

首先，国有企业管理层受到的股权激励程度较低，*mei* 的均值为 0.0320，而非国有企业给予了其高管更大的股权激励强度，*mei* 的均值为 0.3987。此外，在机构投资者持股比例方面，机构投资者持有国有企业股份的平均比重相对较高。

表 8 - 8　　　　　分所有权性质情况下相关主要变量的描述性统计

变量名	国有企业		非国有企业	
	均值	标准差	均值	标准差
$\lvert \Delta OI_{ijt} \rvert$	0.0288	0.0349	0.0304	0.0434
mei	0.0320	0.1005	0.3987	0.339
ipt（%）	42.83	19.29	23.52	21.55

接着，本章对两类企业按前文模型 1 与模型 2 进行回归，结果如表 8 - 9 及表 8 - 10 所示。

表 8 - 9　　　　　分所有权性质情况下门槛检验的结果

企业性质	门槛变量	假设检验	F 值	P 值
国有企业	*ipt*	不存在门槛值	3.27	0.01
		存在单一门槛 67.29%		
非国有企业	*ipt*	不存在门槛值	7.79	0.00
		存在单一门槛 5.29%		

表 8 - 10　　　　　分所有权性质情况下模型 1 与模型 2 的回归结果

变量名	模型 1	模型 2	模型 1	模型 2
	国有企业	国有企业	非国有企业	非国有企业
	（1）$\lvert \Delta OI_{ijt} \rvert$	（2）$\lvert \Delta OI_{ijt} \rvert$	（3）$\lvert \Delta OI_{ijt} \rvert$	（4）$\lvert \Delta OI_{ijt} \rvert$
mei	0.0124 (0.34)		-0.0067 * (-1.70)	
mei（*ipt* 低于门槛值）		0.100 (0.27)		-0.0014 (-0.22)

续表

变量名	模型 1 国有企业 （1）$\mid\Delta OI_{ijt}\mid$	模型 2 国有企业 （2）$\mid\Delta OI_{ijt}\mid$	模型 1 非国有企业 （3）$\mid\Delta OI_{ijt}\mid$	模型 2 非国有企业 （4）$\mid\Delta OI_{ijt}\mid$
mei（ipt 高于门槛值）		- 0.3585 ** (- 2.29)		- 0.0182 *** (- 2.96)
ipt	- 0.0002 (- 1.47)		- 0.0002 *** (- 2.72)	
lnac	- 0.0050 (- 0.95)	- 0.0072 (- 1.35)	- 0.0103 *** (- 2.62)	- 0.0121 *** (- 3.17)
size	0.0016 (0.30)	- 0.0038 (- 0.81)	1.0004 *** (2.97)	0.0084 *** (2.77)
roa	0.0001 (0.55)	0.0001 (1.09)	0.0008 *** (6.27)	0.0008 *** (6.45)
dual	0.0058 (0.77)	0.0078 (1.02)	0.0009 (0.26)	0.0019 (0.56)
so	0.0001 (0.19)	0.0001 (0.24)	0.0001 (0.73)	0.0001 (0.70)
ind	0.1857 (0.44)	0.0139 (0.33)	- 0.0088 (- 0.03)	- 0.0032 (- 0.11)
bf	0.0168 (1.10)	0.0187 (1.20)	- 0.0231 (- 1.47)	- 0.0239 (- 1.51)
hhi	0.1001 (0.68)	0.1499 (1.03)	0.1020 (1.08)	0.1132 (1.25)
个体效应	YES		YES	
时间效应	YES		YES	
Adj. R - Square	0.0468	0.0246	0.0536	0.0397
_cons	0.0677 (0.47)	0.2064 (1.61)	- 0.0433 (- 0.51)	0.0188 (0.27)

由表 8 - 9、表 8 - 10 可见，首先，机构投资者持股比例对两类企业经

营分部盈余质量均能起到一定的正向影响。其次，机构投资者持股比例在管理层股权激励对经营分部盈余质量的影响中皆存在门槛效应（见表 8 – 10 中列（2）和列（4）），但在具体门槛值方面，不同所有权性质的企业存在较大差异：对国有企业而言，该门槛值为 67.29%，对非国有企业而言，该门槛值仅为 5.29%（见表 8 – 9），验证了本章假设 $H_{8.3}$。该结果表明在非国有企业中，机构投资者仅需持有少量股份，便可使公司的股权激励在分部报告中发挥较好的治理效果；而在国有企业中，机构投资者需要较高的持股比例才能影响其管理层行为，这印证了曾德明和姚璇（2006）的观点。最后，如表 8 – 10 列（3）所示，非国有企业样本下管理层股权激励的回归系数在 90% 的置信水平下显著为负，而在国有企业中，管理层股权激励的回归结果并不显著，表明仅非国有企业的股权激励政策对管理层分部间的盈余管理行为起到了较好的治理效果。导致该差异的可能原因是，第一，受制于薪酬管制政策，国有企业对管理层股权激励水平低于非国有企业，影响管理者行为的能力相对较弱；第二，非国有企业机构投资能使其股权激励提升经营分部盈余质量的门槛值仅为 5.29%，基于描述性统计结果，非国有企业机构投资者的平均持股比例 23.52%，方差为 21.55%，可知大多数非国有企业均达到了此门槛值，而国有企业机构投资者平均持股比例离 67.29% 的门槛值仍有较大差距。

8.5.2　稳健性检验

为保证上述结果的稳健性，本章对主要变量进行了替换。（1）经营分部盈余质量的替换。考虑到管理层分部间的盈余管理行为会同时影响经营分部和其他分部间的盈余质量，故本章用其他分部盈余质量替代经营分部盈余质量。（2）股权激励水平的替换。利用管理层持股比例（管理层持股数/公司总股本）衡量上市公司对管理层的股权激励强度。（3）机构投资者持股水平的替换。许立志（2017）认为，机构投资者中主要发挥治理作用的为稳定型机构投资者，故在此本章参考其方法仅统计稳定型机构投资者持股比例。对模型 1 和模型 2 进行再次回归。主要解释变量回归系数及显著性并未发生变化，限于篇幅本章不再一一赘述。

8.6 本章小结

提升上市公司披露的经营分部盈余质量对充分发挥资本市场的资源配置功能意义重大。本章从治理分部报告中的盈余管理行为发点，研究管理层股权激励、机构投资者持股比例对经营分部盈余质量的影响。研究发现：（1）机构投资者持股比例对经营分部盈余质量具有正向影响；股权激励治理作用的发挥依赖于机构投资者对该公司的持股水平，只有当机构投资者持股比例达到特定门槛时，管理层股权激励才能提升经营分部盈余质量。一方面说明在我国尚不发达的资本市场背景下，机构投资者在上市公司治理实践中的作用不容忽视，另一方面说明公司治理水平的改善是多种机制联动的结果。（2）异质性研究表明，机构投资者持股对国有企业和非国有企业经营分部盈余质量均存在正向影响，但就其使股权激励发挥治理作用的门槛值而言，国有企业大于非国有企业，表明政府干预在一定程度上影响了机构投资者对国有企业的治理作用。

本章理论价值主要体现在：与现有文献或聚焦于合并报表中的盈余管理行为，或单独研究内部、外部治理手段对盈余质量的影响不同，本章构建了以股权激励为代表的内部治理手段和以机构投资者持股为代表的外部治理手段协同影响经营分部盈余质量数理模型，并利用我国上市公司经验进行了验证，为日后相关研究的深入提供了理论及实践支持。

本书可能的政策启示主要包括四点：（1）财政部、证监会等相关部门应持续完善分部报告相关制度，为分部间利润及费用的分配规则提供更加具体的指导意见，适度削减管理层在分部报告中的自由裁量权，引导其披露高质量的经营分部盈余，另外，审计部门也应该给予分部报告信息更大的关注。（2）建议上市公司方面应积极扩大保险公司、证券公司、银行等专业机构投资者持股比例，同时依法主动发挥机构投资者在重大事项决策、人事任选、监事履职监督等方面的作用，充分利用各类机构投资者的专业能力提升公司治理水平；同时，政府应优化国内以养老基金、住房公积金为代表的长期机构投资者进入证券市场的制度，并继续探索发展诸如"沪港通"等开放制度，大力引进高质量境外机构投资者。（3）上市公司在实施股权激励制度时应充分将自身机构投资者持股水平纳入考量，避免事倍功半的盲目举动。（4）建议有关部门继续加快职能转变，简政放权，创新监管等相关进程，提高国有企业经营决策以及持股机构投资者市场行为的自主性，使机构投资者的外部治理效果得以充分发挥。

第 9 章

结论、启示与展望

9.1 结 论

上市公司充分披露投资者作出价值判断所必需的信息，是助力资本市场健康发展、完善社会主义市场经济体制的重要根基。在上市公司普遍实施多元化经营的背景下，财政部制定并不断完善经营分部信息披露制度的初衷是改善投资者价值判断的过程，提高资源配置效率，使金融更好地服务实体经济。然而，由于披露此类信息对企业价值的影响尚不可知，我国上市公司披露实践呈现出"犹抱琵琶半遮面"的现状，制约了市场资源配置功能的发挥。

为给政策修订完善、企业行动决策提供依据，首先，本书搭建出由分部划分确定性、会计信息完整性、经济特征差异性逐层递进的经营分部信息披露质量评价体系，并手工收集制造业上市公司 2014～2019 年经营分部数据且开展了描述性统计工作。其次，基于企业价值理论，从权益资本成本、债务融资成本、经营性现金流三个机制出发，构建理论模型分析经营分部信息披露对企业价值的潜在影响，并利用双向固定效应模型进行实证检验。再次，鉴于我国资本市场尚不完善，投资者能否对信息作出全面、及时的反映，对经营分部信息披露与企业价值间的关系以及市场的资源配置效率尤为关键，为提高资本市场透明度与活跃度，本书引入组织可见度的概念，并从分析师关注和媒体关注两个维度对其进行刻画，实证检验组织可见度对经营分部信息披露与企业价值关系的调节作用，以得到进一步提升企业披露积极性、深化金融服务实体经济质效的启示。又次，考虑到企业组织作为开放的系统，其面临的行业及地区因素会对信息披露的经济后果造成影响，为细化研究结论，本书依据企业是否属于产能过剩行业以及企业所处地区市场化进程水平将样本分组进行异质性检验。最后，除披露本身的分部划分确定、会计信息完整以及经济特征差异外，经营分部的具体盈利能力也应该具备重要的分析价值。在不改变合并报表盈余的情况下，操控各分部间利润及费用分配的分部间盈余管理行为（即将本属于经营分部的费用划分至其他分部，或将本属于其他分部的利润划分至经营分部）成为管理层寻租的新方式，正严重干扰资本市场健康发展进程，本书就如何对此采取有效的内外部治理措施也将进行补充分析。

研究结果表明：（1）2014～2019年，我国制造业上市公司经营分部信息的分部划分确定性、会计信息完整性水平虽呈上升趋势，但增长势头缓慢；不同分部间经济特征差异性水平呈下降趋势。总体而言，当前我国上市公司经营分部信息披露质量距政策要求差距较大，制约了市场资源配置效率。

（2）在经营分部信息披露以权益资本成本影响企业价值的机制上，经营分部信息披露质量的三个维度均无法直接影响当期权益资本成本及企业价值，表明我国普通投资者对经营分部信息的处理成本较高。以分析师关注衡量组织可见度时，组织可见度可协助分部划分确定性、会计信息完整性降低权益资本成本，但使经济特征差异性来提升权益资本成本；表明分析师关注可切实改善投资者对经营性分部信息的解读水平、提高信息使用效率，是使经营分部信息披露作用于权益资本成本的重要条件。以媒体关注衡量企业组织可见度时，组织可见度无法在经营分部信息披露与权益资本成本的关系间起到有效调节作用。异质性结果表明，企业是否属于产能过剩行业以及企业所在地市场化水平对其经营分部信息披露、组织可见度与权益资本成本的关系都尤为重要：具体表现为产能过剩行业企业可通过提升分部划分确定性、会计信息完整性降低权益资本成本，非产能过剩行业企业采取该行动结果将南辕北辙；组织可见度（以分析师关注为代理）可抑制分部划分确定性、会计信息完整性对非产能过剩行业企业权益资本成本的不利影响，也会加剧经济特征差异性给产能过剩行业企业带来的专有成本。高市场化水平地区企业突出经济特征差异性会提升权益资本成本；组织可见度（以分析师关注为代理）会协助高市场化水平地区企业分部划分确定性、会计信息完整性降低权益资本成本，同时抵消经济特征差异性抬高权益资本成本的作用。

（3）在经营分部信息披露以债务融资成本影响企业价值的机制上，会计信息完整性和经济特征差异性可降低未来一期债务融资成本，进而提升未来一期企业价值，说明经营分部信息是债权人信贷决策的重要依据，其披露质量对企业债务融资有一定积极意义。以媒体关注衡量组织可见度时，组织可见度进一步提升会计信息完整性、经济特征差异性降低债务融资成本的效果，表明在上市公司债务融资过程中，媒体可发挥积极的声誉及监督作用。以分析师关注衡量组织可见度时，组织可见度无法在经营分部信息披露与债务融资成本的关系间发挥调节作用。异质性结果表明，会计信息完整性、经济特征差异性对债务成本的负向影响主要体现在产能过剩行业企业或高市场化水平地区企业；组织可见度（以媒体关注为代理）可强化非产能过剩行业企业、高市场化水平地区企业会计信息完整、经济特征差异性降低债务融资成本的作用。

（4）在经营分部信息披露以经营性现金流影响企业价值的机制上，分部划分确定性、会计信息完整性不会对未来两期经营性现金流造成显著影响；尽管提升不同分部间经济特征差异性将恶化企业未来两期经营性现金流量，但这并未降低未来两期企业价值。该结果表明，经营分部信息披露给企业带来专有成本的关键在于经济特征差异性，同时经济特征差异性产生的专有成本也可被其降低债务融资成本等正面作用抵销。以分析师关注或媒体关注衡量组织可见度时，组织可见度均不会在经营分部信息披露与经营性现金流间起到显著调节作用，说明竞争对手本就对上市公司经营分部信息高度关注，组织可见度并不会加剧经营分部信息披露给企业带来的不利影响。异质性研究结果说明，经济特征差异性对经营性现金流的负向影响仅存在于产能过剩行业企业或高市场化地区企业中，且不管对何种企业，组织可见度均无法调节经营分部信息披露与经营性现金流的关系。

（5）在经营分部盈余质量的内外部治理方面，机构投资者持股对经营分部盈余质量具有正向影响；股权激励治理作用的发挥依赖于机构投资者对该公司的持股水平，只有当机构投资者持股比例达到特定门槛时，管理层股权激励才能提升经营分部盈余质量。一方面说明在我国尚不发达的资本市场背景下，机构投资者在上市公司治理实践中的作用不容忽视，另一方面说明公司治理水平的改善是多种机制联动的结果。

综上所述：其一，当前我国上市公司披露的经营分部信息无法满足制度要求和市场需要，相关政策有待完善，监管力度仍需加强。其二，会计信息完整性、经济特征差异性可显著降低企业债务融资成本，提升企业价值；尽管经济特征差异性会对企业经营性现金流造成不利影响，但该影响并未使企业价值受损。其三，组织可见度对经营分部信息披露与企业价值的关系具备积极调节作用：在分析师关注下，分部划分确定性、会计信息完整性可协助企业降低权益资本成本；在媒体关注下，会计信息完整性、经济特征差异性降低债务融资成本的效果被显著增强；组织可见度不会使经济特征差异性对经营性现金流产生更大的负面影响。其四，企业是否属于产能过剩行业是影响其经营分部信息披露经济后果的重要因素。其五，经营分部信息披露、组织可见度对企业价值的显著影响均存在于高市场化水平地区。其六，可发挥内外部联动治理机制，在提高分部报告质量的同时，关注分部盈余的准确性。

9.2 启 示

第一，为相关政策修订完善提供依据。本书描述性统计结果表明，我国上市公司披露实践存在"犹抱琵琶半遮面"问题，表明尽管我国财政部、证监会出台的《企业会计准则解释第 3 号》以及《公开发行证券的公司信息披露编报规则第 15 号》已搭建出经营分部信息披露的总体框架，但现有制度在完善性、执行力方面仍存在一定不足，无法为投资者带来全面、规范的经营分部信息，亟待补充修订。同时，通过对分部信息披露制度及已有文献的梳理不难发现，我国分部信息披露制度的修订一直以美国财务会计委员会和国际财务会计委员会率先实施的准则为参照，但目前国外有关部门并未就进一步完善分部报告制度提供参考。综上，我国财政部、证监会等有关部门需要在缺乏"引路人"的情况下进一步修订经营分部信息披露制度，对披露的具体要求作出更详细的补充说明，为企业的披露实践提出更有执行力和可操作性的要求。

首先，在分部划分确定性方面，我国上市公司执行情况较差，故应加大要求上市公司说明分部划分情况的执行力度，对违反编报规则的上市公司采取适当处罚措施。其次，在会计信息完整性方面，现有制度仅对会计科目核算的归属分类作了概括，并未说明会计科目核算信息的详略程度，导致上市公司的披露行为具有较强的随意性和不规范性。对此，相关制度应进一步细化经营分部财务信息的会计科目核算详略程度，如阐明具体的总分类科目及细分类科目披露要求，为上市公司提供清晰的操作依据。最后，《企业会计准则解释第 3 号》对经济特征差异性的界定较为模糊，虽已提出"应将存在相似经济特征的两个或多个经营分部进行合并"，但却未对"经济特征相似"作出界定，导致大量企业在披露过程中刻意利用自由裁量权隐瞒各业务的差异。对此，相关部门可结合各行业上市公司多元化经营的具体情况，进一步明确经济特征差异性边界，并要求仍未达标的上市公司说明原因。

第二，为上市公司经营分部信息披露实践提供依据。本书研究表明，提升会计信息完整性可起到降低债务融资成本、提升企业价值的直接效果；同时，在分析师关注下，分部划分确定性、会计信息完整性还可以帮助企业降低权益资本成本；此外，二者均不会对经营性现金流造成不利影响。因此，上市公司对分部划分确定性、会计信息完整性会产生专有成本，不利于企业价值的担忧实属"杞人忧天"。因此，上市公司首先应严格参照《企业会计准则解释第 3 号》及《公开发行证券的公司信息披露编报规则第 15 号》等文件的制度要求，披露明确的经营分部划分及完整的财务信息，助力改善资本市场环境。此外，尽管经济特征差异性会对经营性现金流产生一定不利影响，但由于该信息具有帮助企业降低债务融资成本的作用，可抵消其经营性现金流效应对企业价值产生的负面作用，故管理层可在信息披露时结合自身需要选择适当的披露策略，无须对其讳莫如深。

第三，为上市公司主动提升自身组织可见度提出指导。基于本书研究，在分析师关注下，上市公司分部划分确定性、会计信息完整性可降低权益资本成本；媒体关注可优化会计信息完整性、经济特征差异性降低债务融资成本的效果，同时组织可见度并不会对企业经营性现金流造成额外不利影响。基于这一结果，上市公司可积极提升组织可见度，主动与分析师及媒体建立合作机制，强化经营分部信息披露的积极作用。具体而言，上市公司可主动邀请证券分析师实地调研、参与发布会，同时加强与主流新闻媒体打交道能力，并积极利用多样化的新媒体工具宣传近期经营成果，"双管齐下"增强信息披露的及时性、广泛性和有效性。在此情况下，我国上市公司所受关注程度及监督水平将不断提高，公平、公开、意识逐渐完备，成为长期规范、透明、开放、有活力、有韧性的资本市场主体。

第四，为不同行业类别企业提供了差异化行动依据。产能过剩行业企业应积极参照现有制度要求，披露高质量的经营分部信息，将其主动实施战略转型的信号传递给市场投资者，同时加强与媒体、分析师合作力度，争取更低的融资成本；非产能过剩行业企业可在经营分部划分情况中加强各经营分部均为帮助主业提质增效、拔高竞争优势的说明，避免投资者对其形成"不务正业"的误解，同时可利用分析师效能强化信息披露的正面作用。

第五，为我国全面推动各地市场化建设坚定了决心。研究结果显示，经营分部信息披露、组织可见度对企业价值的显著影响均存在于高市场化水平地区。表明在我国当前的社会制度背景下，要想全面提升上市公司信息披露的积极性，还要高度重视外部条件的改善。故市场化进程较低地区的各级政府及监管部门需加强改革力度，加速法治进程及契约经济导向建设、加强信息披露监管力度，同时保障媒体、分析师等信息中介权益，全面提升市场有效性。

9.3 展　　望

其一，在经营分部信息披露质量的评价方面，尽管本书已取得一定突破，但随着未来制度的不断完善，后续学者还有进一步细化的空间。例如，本书构建的会计信息完整指标体系基于《企业会计准则解释第 3 号》《公开发行证券的公司信息披露编报规则第 15 号》制度要求而来，上述制度仅对财务信息科目按会计要素的归属分类作了披露要求，即企业需披露资产、负债、利润、收入、成本的总体情况和组成项目及计量。但上述规定在对"组成项目及计量"一处并未说明会计科目核算信息的详略程度及组成，导致本书无法对上市公司"组成项目及计量"的细分水平进行精细区分。随着未来制度的进一步完善，相关研究也应进一步细化评价标准。

其二，在组织可见度量化方面，还可进一步深入。媒体关注是衡量组织可见度的重要指标，部分研究使用网络媒体报道数、纸质媒体报道数和对数值对其进行衡量，其网络媒体报道数是基于百度引擎以 Python 的技术手法获得（杨广青等，2020）。但自 2018 年开始，百度关闭了网络媒体报道数的"爬虫"通道，使这一数据获取方式不再可行，因此，为保持研究数据的时效性，本书基于梁上坤（2017）、赖黎等（2016）等的研究，使用《中国重要报纸全文数据库》中重要纸媒的报道量作为替代。随着互联网的蓬勃发展，网络媒体在资本市场中扮演的角色将更加重要，故后续可继续拓展数据收集渠道，以得到更全面的结果。

其三，在样本企业选择方面，还可以进一步拓展。经营分部信息主要反映企业多元化经营成果，本书选取制造业上市公司样本的经营分部信息与企业价值的关系具有较强的现实意义和研究价值。但资本市场上市公司涵盖面较广，其他大类行业在经营模式、经济特征、投资者关系等方面与制造业上市公司存在差异，贸然将本书研究结果推广到非工业企业难免存在一定片面性，后续研究可进一步丰富不同大类行业的经验。

参 考 文 献

［1］张鹏．影响我国分部信息披露作用发挥的因素分析［J］．财务与会计，2012（5）：34.

［2］张纯，高吟．多元化经营与企业经营业绩——基于代理问题的分析［J］．会计研究，2010（9）：73-77.

［3］徐欣，唐清泉．技术研发、技术引进与企业主营业务的行业变更——基于中国制造业上市公司的实证研究［J］．金融研究，2012（10）：193-206.

［4］Blanco B，Garcia J，Lara M，et al. Segment Disclosure and Cost of Capital［J］. Journal of Business Finance & Accounting，2015，42（3-4）：367-411.

［5］Hope O，Kang T，Thomas W B，et al. The effects of SFAS 131 Geographic Segment Disclosures by US Multinational Companies on the Valuation of Foreign Earnings［J］. Journal of International Business Studies，2009，40（3）：421-443.

［6］Chen P F，Zhang G. Heterogeneous investment opportunities in multiple-segment firms and the incremental value relevance of segment accounting data［J］. The Accounting Review，2003，78（2）：397-428.

［7］Harris M S. The association between competition and managers' business segment reporting decisions［J］. Journal of Accounting Research，1998，36（1）：111-128.

［8］Hayes R M，Lundholm R. Segment reporting to the capital market in the presence of a competitor [J]. Journal of Accounting Research, 1996, 34 (2): 261 – 279.

[9] Botosan C A, Stanford M. Managers' Motives to Withhold Segment Disclosures and the Effect of SFAS No. 131 on Analysts' Information Environment [J]. Accounting Review, 2005, 80 (3): 751 – 771.

[10] Lucchese M, Di C F. The Impact of IFRS 8 on Segment Disclosure Practice: Panel Evidence from Italy [J]. International Journal of Accounting and Financial Reporting, 2016, 6 (1): 96 – 126.

[11] Kang H, Gray S J. Segment reporting practices in Australia: Has IFRS 8 made a difference? [J]. Australian Accounting Review, 2013, 23 (3): 232 – 243.

[12] Modigliani F, Miller M. The cost of capital, corporation finance and the theory of investment [J]. The American Economic Review, 1958, 48 (3): 261 – 297.

[13] Talha M, Sallehhuddin A, Madani H H. Segmental reporting and competitive disadvantage: a study of Malaysian companies [J]. International Journal of Managerial and Financial Accounting, 2009, 1 (3): 305 – 319.

[14] Zhou Y, Impink J, Reppenhagen D, et al. Disclosure Regulation and the Competition between Public and Private Firms: The Case of Segment Reporting [C]//the University of Florida accounting workshop, January. 2014: 1 – 3.

[15] André P, Filip A, Moldovan R. Segment Disclosure Quantity and Quality under IFRS 8: Determinants and the Effect on Financial Analysts' Earnings Forecast Errors [J]. The International Journal of Accounting, 2016, 51 (4): 443 – 461.

[16] Ettredge M, Kwon S Y, Smith B D, et al. The Impact of SFAS No. 131 Business Segment Data on the Market's Ability to Anticipate Future Earnings [J]. Accounting Review, 2006, 80 (3): 773 – 804.

[17] 王雄元, 高曦. 年报风险披露与权益资本成本 [J]. 金融研究,

2018（1）：174 – 190.

［18］Bowen F E. Environmental visibility：a trigger of green organisational responsiveness？［J］. Business Strategy and the Environment，2000，9（2）：92 – 107.

［19］肖奇，屈文洲. 投资者关注、资产定价与股价同步性研究综述［J］. 外国经济与管理，2017（11）：120 – 137.

［20］Bushee B J，Miller G S. Investor Relations，Firm Visibility，and Investor Following［J］. The Accounting Review，2007，87（3）：867 – 897.

［21］李冬伟，万娜，朱晓妹. 组织可见度：概念，维度测量，形成与作用［J］. 科技进步与对策，2015（13）：6 – 12.

［22］杨广青，杜亚飞，刘韵哲. 环境信息披露对上市公司企业价值的影响——组织可见度是否起到中介作用［J］. 商业研究，2020（2）：120 – 130.

［23］张清海. 企业竞争情报架构对情报价值实现影响研究［J］. 情报杂志，2015（1）：23 – 26.

［24］Verrecchia R. Information quality and discretionary disclosure［J］. Journal of Accounting and Economics，1990（12）：365 – 380.

［25］Henriques I，Sadorsky P. The Determinants of an Environmentally Responsive Firm：An Empirical Approach［J］. Journal of Environmental Economics and Management，1996，30（3）：381 – 395.

［26］Sharma S，Nguan O. The Biotechnology Industry and Strategies of Biodiversity Conservation：The Influence of Managerial Interpretations and Risk Propensity［J］. Business Strategy & the Environment，1999，8（1）：46 – 61.

［27］Brammer S，Millington A. Firm size，organizational visibility and corporate philanthropy：an empirical analysis［J］. Business Ethics A European Review，2010（15）：6 – 18.

［28］Brockman P，Subasi M，Uzmanoglu C. Investor Conferences，Firm Visibility，and Stock Liquidity［J］. Financial Review，2017，52（4）：661 – 699.

［29］Wang Z. Firm Visibility and Voluntary Environmental Behavior：Evidence from Hydraulic Fracturing ［J］. Land Economics，2017，93（4）：654 – 666.

［30］Omaima A，Hassan G. The impact of voluntary environmental disclosure on firm value：Does organizational visibility play a mediation role? ［J］. Business Strategy and Environment，2018（27）：1567 – 1582.

［31］杜亚飞，杨广青，汪泽镕. 管理层股权激励、机构投资者持股与经营分部盈余质量 ［J］. 现代财经，2020（12）：33 – 49.

［32］Baker H，Kent G，Powell E，et al. Does NYSE listing affect firm visibility? ［J］. Financial Management，1999：46 – 54.

［33］Bhattacharya U，Daouk H，Welker M. The World Price of Earnings Opacity ［J］. The Accounting Review，2003，78（3）：641 – 678.

［34］Dechow P M，Sloan R G，Sweeney A P. Detecting Earnings Management ［J］. Accounting Review，1995，70（2）：193 – 225.

［35］黄政，吴国萍. 信息透明度对资本配置效率的影响——来自中国制造业上市公司的经验证据 ［J］. 财经理论与实践，2014（5）：40 – 45.

［36］黎文靖，孔东民. 信息透明度、公司治理与中小股东参与 ［J］. 会计研究，2013（1）：42 – 49.

［37］林有志，张雅芬. 信息透明度与企业经营绩效的关系 ［J］. 会计研究，2007（9）：26 – 34.

［38］杜浩阳. 公司综合信息透明度，分析师预测精度与信息不对称性 ［J］. 金融经济学研究，2016，31（3）：70 – 84.

［39］吴可夫. 基于公允价值计量的企业价值评估 ［J］. 商业研究，2010（1）：72 – 74.

［40］Liu，X.，Zhang，C. Corporate governance，social responsibility information disclosure，and enterprise value in China ［J］. Journal of Cleaner Production，2017（142）：1075 – 1084.

［41］Lien Y C，Li S. Does Diversification Add Firm Value in Emerging Economies? Effect of Corporate Governance ［J］. Journal of Business Research，

2013，66（12）：2425 – 2430.

［42］孙维峰，孙华平 . 多元化战略、企业研发支出与企业绩效的关系［J］. 技术经济，2013（3）：35 – 38.

［43］庄颖 . 新准则下分部报告披露质量的实证研究［J］. 统计与决策，2008（21）：139 – 141.

［44］Franco F，Urcan O，Vasvari F P. Corporate Diversification and the Cost of Debt：The Role of Segment Disclosures［J］. Social ence Electronic Publishing，2016（4）：1139 – 1165.

［45］申香华 . 银行风险识别，政府财政补贴与企业债务融资成本——基于沪深两市 2007 ~ 2012 年公司数据的实证检验［J］. 财贸经济，2014（9）：62 – 71.

［46］Flora Muiño，Manuel NúñEz – Nickel. Multidimensional Competition and Corporate Disclosure［J］. Journal of Business Finance & Accounting，2016，43（3 – 4）：298 – 328.

［47］Amal，Aouadi，Sylvain，et al. Do ESG Controversies Matter for Firm Value? Evidence from International Data［J］. Journal of Business Ethics，2018（151）：1027 – 1047.

［48］Wu W，Liu Y，Chin T，et al. Will Green CSR Enhance Innovation? A Perspective of Public Visibility and Firm Transparency［J］. International Journal of Environmental Research & Public Health，2018，15（2）：268.

［49］Heo K，S. Doo. Segment Reporting Level And Analyst Forecast Accuracy［J］. Journal of Applied Business Research，2018，34（3）：471 – 486.

［50］Birt J，Shailer G. Forecasting Confidence under Segment Reporting［J］. Accounting Research Journal，2011，24（3）：245 – 267.

［51］许年行，于上尧，伊志宏 . 机构投资者羊群行为与股价崩盘风险［J］. 金融研究，2013（17）：31 – 43.

［52］Ross S A，Westerfield R W，Jordan B D. Corporate Finance Fundamentals［M］//Corporate finance fundamentals. Mc Graw – Hill/Irwin，2008.

［53］许志勇，邓超．利益冲突视角下金融化对企业社会责任信息披露的影响研究［J］.中国软科学，2019（5）：168 – 176.

［54］Spence M. Job Market Signaling［J］. Quarterly Journal of Economics，1973，87（3）：355 – 374.

［55］Grossman S J，Hart O D. An Analysis of Principal – Agent Problem［J］. Econometrica，1983，51（1）：7 – 45.

［56］Chen K C W，Chen Z，Wei K C J. Agency Costs of Free Cash Flow and the Effect of Shareholder Rights on the Implied Cost of Equity Capital［J］. Journal of Financial and Quantitative Analysis，2011，46（3）：171 – 207.

［57］Jensen M C，Meckling W H. Theory of the Firm：Managerial Behavior，Agency Costs and Ownership Structure［J］. Journal of Financial Economics，1976，3（4）：305 – 360.

［58］马宁．风险投资，企业会计信息透明度和代理成本［J］.管理评论，2019（10）：222 – 233.

［59］Bushman R M，Piotroski J D，Smith A J. What Determines Corporate Transparency?［J］. Journal of Accounting Research，2004，42（2）：207 – 252.

［60］Joe J R，Louis H，Robinson D. Managers' and Investors' Responses to Media Exposure of Board Ineffectiveness［J］. Journal of Financial and Quantitative Analysis，2009，44（3）：579 – 605.

［61］翟胜宝，徐亚琴，杨德明．媒体能监督国有企业高管在职消费么?［J］.会计研究，2015（5）：57 – 63.

［62］陈克兢．媒体监督、法治水平与上市公司盈余管理［J］.管理评论，2017（7）：3 – 18.

［63］严若森，钱晶晶，祁浩．公司治理水平、媒体关注与企业税收激进［J］.经济管理，2018（7）：20 – 38.

［64］Jovanovic B. Truthful disclosure of information［J］. Bell Journal of Economics，1982（13）：36 – 44.

［65］Dye R A. Proprietary and nonproprietary disclosures［J］. Journal of

Business, 1986 (59): 331 – 336.

[66] Darrough M. Disclosure policy and competition: Cournotvs. Bertrand [J]. The Accounting Review, 1993 (68): 534 – 561.

[67] Kahneman D. Attention and effort [M]. Prentice – Hall (Englewood Cliffs, N. J), 1973.

[68] Hirshleifer D, Teoh S H. Limited Attention, Information Disclosure and Financial Reporting [J]. Journal of Accounting & Economics, 2003, 36 (1 – 3): 0 – 386.

[69] Barber B M, Odean T. All That Glitters: The Effect of Attention and News on the Buying Behavior of Individual and Institutional Investors [J]. Review of Financial Studies, 2008, 21 (2): 785 – 818.

[70] Joseph K, Wintoki M B, Zhang Z. Forecasting Abnormal Stock Returns and Trading Volume Using Investor Sentiment: Evidence from Online Search [J]. International Journal of Forecasting, 2011, 27 (4): 1116 – 1127.

[71] 郦金梁, 何诚颖, 廖旦, 等. 舆论影响力、有限关注与过度反应 [J]. 经济研究, 2018 (3): 128 – 143.

[72] 吴璇, 田高良, 李玥婷, 等. 经营信息披露与股票收益联动——基于财务报告文本附注的分析 [J]. 南开管理评论, 2019 (3): 173 – 186 + 224.

[73] 桑士俊, 吕斐适. 分部报告的分析与利用——兼论我国有关企业分部信息披露的要求 [J]. 会计研究, 2002 (8): 46 – 49.

[74] 聂萍, 陈共荣. 分部信息质量特征研究: 来自中国上市公司分部信息披露的经验证据 [J]. 会计研究, 2007 (9): 19 – 25 + 95.

[75] Alanezi F S, Alfraih M M, Alshammari S S. Operating Segments (IFRS 8) – Required Disclosure and the Specific – Characteristics of Kuwaiti Listed Companies [J]. International Business Research, 2016, 9 (1): 136 – 153.

[76] Bugeja M, Czernkowski R, Moran D. The Impact of the Management Approach on Segment Reporting [J]. Journal of Business Finance and Accounting, 2015, 42 (3 – 4): 310 – 366.

［77］ Nichols N B, Street D L, Tarca A. The Impact of Segment Reporting Under the IFRS 8 and SFAS 131 Management Approach: A Research Review ［J］. Journal of International Financial Management and Accounting, 2013, 24 （3）: 261 –312.

［78］ Moldovan, Rucsandra. Post – Implementation Reviews for IASB and FASB Standards: A Comparison of the Process and Findings for the Operating Segments Standards ［J］. Accounting in Europe, 2014, 11 （1）: 113 –137.

［79］ 李杰, 陈超美. CiteSpace: 科技文本挖掘及可视化 ［M］. 北京: 首都经济贸易大学出版社, 2016.

［80］ 肖海林, 董慈慈. 突破性技术创新研究: 现状与展望——基于 SSCI 和 CSSCI 期刊的文献计量分析 ［J］. 经济管理, 2020 （2）: 192 – 208.

［81］ Bens D A, Berger P G, Monahan S J. Discretionary Disclosure in Financial Reporting: An Examination Comparing Internal Firm Data to Externally Reported Segment Data ［J］. Working Papers, 2009, 86 （2）: 417 –449.

［82］ Nichols N B, Street D L, Cereola S J. An analysis of the impactof adopting IFRS 8 on the segment disclosures of European blue chip companies ［J］. Journal of International Accounting Auditing & Taxation, 2012, 21 （2）: 79 –105.

［83］ Berger P G, Hann R N. Segment Profitability and the Proprietary and Agency Costs of Disclosure ［J］. The Accounting Review, 2007, 82 （4）: 869 –906.

［84］ Leung E, Arnt, et al. The Impact of IFRS 8 on Geographical Segment Information ［J］. Journal of Business Finance & Accounting, 2015, 42 （3 –4）: 273 –309.

［85］ HOPE O K, Thomas W B. Managerial Empire Building and Firm Disclosure ［J］. Journal of Accounting Research, 2008, 46 （3）: 591 –626.

［86］ Berger P G, Hann R. The Impact of SFAS No. 131 on Information and Monitoring ［J］. Journal of Accounting Research, 2003, 41 （2）: 163 –223.

[87] Ali A, Klasa S, Yeung E. Industry concentration and corporate disclosure policy [J]. Journal of Accounting & Economics, 2014, 58 (2 – 3): 240 – 264.

[88] Shehata N F. Theories and determination of voluntary disclosure [J]. Accounting and Finance Research, 2014, 3 (1): 18 – 26.

[89] Brown S, Hillegeist S A. How disclosure qualityaffects the level of information asymmetry [J]. Review of Accounting Studies, 2007 (12): 443 – 447.

[90] Tsakumis G T, Doupnik T S, Seese L P. Competitive harm and geographic area disclosure under SFAS 131 [J]. Journal of International Accounting, Auditing, and Taxation, 2006, 15 (1): 32 – 47.

[91] Fama E F, Jensen M C. Separation of ownership and control [J]. Journal of Law & Economics, 1983 (26): 301 – 325.

[92] Greenstein M M, Sami H. The Impact of the SEC's Segment Disclosure Requirement on the Bid – Ask Spread [J]. The Accounting Review, 1994, 69 (1): 179 – 199.

[93] Bens D A, Monahan S J. Disclosure Quality and the Excess Value of Diversification [J]. Journal of Accounting Research, 2004, 42 (4): 691 – 730.

[94] Haight T. Earnings Disappointments and Strategic Profit Allocations in Segment Reporting [D]. Dissertations & Theses – Gradworks, 2014.

[95] Lail B E, Thomas W B, Winterbotham G J. Classification Shifting Using the "Corporate/Other" Segment [J]. Accounting Horizons, 2014, 28 (3): 455 – 477.

[96] 冯丽霞. 论合并会计报表的分部报告 [J]. 财会通讯, 1998 (2): 9 – 11.

[97] 周宇, 廖丹, 李淑花. 对我国分部信息披露制度的几点建议 [J]. 财会月刊, 2001 (8): 25 – 28.

[98] 王珮, 李阳阳. 上市公司分部信息决策相关性研究——基于风险评估的视角 [J]. 会计之友, 2012 (13): 71 – 73.

［99］ Pardal P, Morais A I, Curto J D. Competitive harm and business segment reporting under IFRS 8：Evidence from European Union listed firms ［C］//EAA 38th Annual Congress. 2015.

［100］ McVay S E. Earnings Management Using Classification Shifting：An Examination of Core Earnings and Special Items ［J］. The Accounting Review, 2006, 81 (3)：501 – 531.

［101］ You H F. Valuation – Driven Profit Transfer Among Corporate Segments ［J］. Review of Accounting, 2014 (2)：805 – 838.

［102］ Yu J, Lo C W, Li P H Y. Organizational Visibility, Stakeholder Environmental Pressure and Corporate Environmental Responsiveness in China ［J］. Business Strategy and the Environment, 2017, 26 (3)：371 – 384.

［103］ 曾辉祥, 李世辉, 周志方, 肖序. 水资源信息披露、媒体报道与企业风险 ［J］. 会计研究, 2018 (4)：89 – 96.

［104］ 方颖, 郭俊杰. 中国环境信息披露政策是否有效：基于资本市场反应的研究 ［J］. 经济研究, 2018, 53 (10)：160 – 176.

［105］ 全怡. IPO 公司董秘职业背景、分析师首次跟踪与公司市值管理 ［J］. 经济管理, 2018, 40 (2)：140 – 161.

［106］ Bitektine A. Toward a Theory of Social Judgments of Organizations：The Case of Legitimacy, Reputation, and Status ［J］. Academy of Management Review, 2011, 36 (1)：151 – 179.

［107］ Zavyalova A, Pfarrer M, Reger R K, et al. Managing the Message：The Effects of Firm Actions and Industry Spillovers on Media Coverage Following Wrongdoing ［J］. The Academy of Management Journal, 2012, 55 (5)：1079 – 1101.

［108］ Ashcraft K L, Kuhn T, Cooren F. Constitutional amendments："Materializing" organizational communication ［J］. The Academy of Management Annals, 2009 (3)：1 – 64.

［109］ Lange D, Lee P M, Ye D. Organizational Reputation：A Review ［J］. Journal of Management, 2011, 37 (1)：153 – 184.

［110］ Robert C M. A Simple Model of Capital Market Equilibrium with Incomplete Information ［J］. The Journal of Finance, 1987, 42 (3): 483 – 510.

［111］ Lehavy R, Sloan R G. Investor recognition and stock returns ［J］. Review of Accounting Studies, 2008, 13 (2 – 3): 327 – 361.

［112］ Chen J. Socioemotional Wealth and Corporate Responses to Institutional Pressures: Do Family – Controlled Firms Pollute Less? ［J］. Social & Environmental Accountability Journal, 2011, 31 (2): 170 – 171.

［113］ Brighenti A. Visibility: A Category for the Social Sciences ［J］. Current Sociology, 2007, 55 (3): 323 – 342.

［114］ Yu M. Analyst forecast properties, analyst following and governance disclosures: A global perspective ［J］. Journal of International Accounting, Auditing and Taxation, 2010, 19 (1): 1 – 15.

［115］ Gavana G, Gottardo P, Moisello A M, et al. What Form of Visibility Affects Earnings Management? Evidence from Italian Family and Non – Family Firms ［J］. Administrative Sciences, 2019 (9): 1 – 20.

［116］ Sundgren S, J Mäki, A Somoza – López. Analyst Coverage, Market Liquidity and Disclosure Quality: A Study of Fair – value Disclosures by European Real Estate Companies Under IAS 40 and IFRS 13 ［J］. The International Journal of Accounting, 2018, 53 (1): 54 – 75.

［117］ Oh H, Bae J, Currim I S, et al. Marketing spending, firm visibility, and asymmetric stock returns of corporate social responsibility strengths and concerns ［J］. European Journal of Marketing, 2016, 50 (5 – 6): 838 – 862.

［118］ 刘新仕, 曾丽雅. 中外分部报告准则对比研究 ［J］. 财会月刊, 2011 (19): 58 – 60.

［119］ Nichols N B, Donna L S. The Relationship between Competition and Business Segment Reporting Decisions under the Management Approach of IAS 14 Revised. ［J］. Journal of international accounting, auditing and taxatio. 2007, 16 (1): 51 – 68.

［120］ Blanco B，J M G Lara，J Tribó. The Relation Between Segment Disclosure and Earnings Quality ［J］. Journal of Accounting and Public Policy，2014，33（5）：449 – 469.

［121］ Carlo F D，Lucchese M. The Impact of IFRS 8 on Segment Disclosure Practice：Panel Evidence from Italy ［J］. Social ence Electronic Publishing，2016，6（1）：96 – 126.

［122］ 余玉苗，郑敏. 上市公司子公司会计信息披露的现状及改进 ［J］. 财务与会计（综合版），2008（3）：17 – 18.

［123］ 张铁山，赵鑫. 制造业上市公司财务危机刍议 ［J］. 财会通讯 （理财版），2008（12）：102 – 103.

［124］ 李小荣，董红晔. 高管权力、企业产权与权益资本成本 ［J］. 经济科学，2015（4）：67 – 80.

［125］ 任力，洪喆. 环境信息披露对企业价值的影响研究 ［J］. 经济管理，2017（3）：34 – 47.

［126］ He L，Evans E，He R. The impact of AASB 8 operating segments on analysts' earnings forecasts：Australian evidence ［J］. Australian Accounting Review，2016，26（4）：330 – 340.

［127］ 窦欢，张会丽，陆正飞. 企业集团、大股东监督与过度投资 ［J］. 管理世界，2014（7）：134 – 143.

［128］ 王晓亮，王荻，蒋勇. 高管团队学历异质性、真实盈余管理与审计收费研究 ［J］. 中国软科学，2019（9）：175 – 184.

［129］ 张润宇，余明阳，张梦林. 社会资本是否影响了上市家族企业过度投资？——基于社会资本理论和高阶理论相结合的视角 ［J］. 中国软科学，2017（9）：114 – 126.

［130］ 曾颖，陆正飞. 信息披露质量与股权融资成本 ［J］. 经济研究，2006（2）：69 – 79.

［131］ Botosan C A，M A Plumlee. A Re – Examination of Disclosure Level and the Expected Cost of Equity Capital ［J］. Journal of Accounting Research，2002，40（1）：21 – 40.

[132] 蒋琰，陆正飞. 公司治理与股权融资成本——单一与综合机制的治理效应研究 [J]. 数量经济技术经济研究，2009 (2): 60 - 75.

[133] Saini, J S, D Hermann. Cost of equity capital, information asymmetry, and segment disclosure [J]. Advances in Quantitative Analysis of Finance and Accounting, 2012 (11): 143 - 173.

[134] Lambert R, Leuz C, Verrecchia R E. Information Asymmetry, Information Precision and the Cost of Capital [J]. Review of Finance, 2012, 16 (1): 1 - 29.

[135] 韩乾，洪永淼. 国家产业政策，资产价格与投资者行为 [J]. 经济研究，2014 (12): 143 - 158.

[136] 李平，付一夫，张艳芳. 生产性服务业能成为中国经济高质量增长新动能吗 [J]. 中国工业经济，2017 (12): 5 - 21.

[137] 傅传锐，王美玲. 智力资本自愿信息披露、企业生命周期与权益资本成本——来自我国高科技 A 股上市公司的经验证据 [J]. 经济管理，2018 (4): 170 - 186.

[138] Choi H M, Gupta - Mukherjee S. Analysts' Use of Industry - level and Firm - Specific Information: Implications for Information Production [R]. Loyola University Chicago, 2017.

[139] 曹新伟，洪剑峭，贾琬娇. 分析师实地调研与资本市场信息效率——基于股价同步性的研究 [J]. 经济管理，2015 (8): 141 - 150.

[140] Yu F. Analyst Coverage and Earnings Management [J]. Journal of Financial and Quantitative Analysis, 2008, 88 (2): 589 - 627.

[141] 胡玮佳，张开元. 投资者关注与年报问询函市场反应——价格压力还是信息传递 [J]. 经济管理，2019 (10): 162 - 177.

[142] 潘越，戴亦一，林超群. 信息不透明、分析师关注与个股暴跌风险 [J]. 金融研究，2011 (9): 138 - 151.

[143] 刘星，陈西婵. 证监会处罚、分析师跟踪与公司银行债务融资——来自信息披露违规的经验证据 [J]. 会计研究，2018 (1): 60 - 67.

［144］Jin L, Myers C. R – Squared Around the World：New Theory and New Tests ［J］. Journal of Financial Economics，2006，79（2）：257 – 292.

［145］胡松明，邓衢，江婕，等. 股价崩盘风险与企业资本成本——基于公司价值和破产风险的中介效应检验 ［J］. 金融论坛，2019（9）：69 - 80.

［146］陈作华，王守海. 市场风险会驱动高管择机性减持吗？［J］. 证券市场导报，2020，341（12）：49 – 59.

［147］陈少晖，陈平花. 基于 WACC 的国有垄断企业分红比例优度检验——以能源型国有上市公司为例 ［J］. 福建论坛（人文社会科学版），2018（1）：27 – 38.

［148］杨广青，杜亚飞，刘韵哲. 企业经营绩效、媒体关注与环境信息披露 ［J］. 经济管理，2020（3）：55 – 72.

［149］温忠麟，张雷，侯杰泰. 中介效应检验程序及其应用 ［J］：心理学报，2004，36（5）：614 – 620.

［150］温忠麟，叶宝娟. 中介效应分析：方法和模型发展 ［J］. 心理科学进展，2014，22（5）：731 – 745.

［151］Preacher，K J，Hayes，A F. Asymptotic and resampling strategies for assessing and comparing indirect effects in multiple mediator models ［J］. Behavior Research Methods，2008（40）：879 – 891.

［152］Easton P D. PE Ratios，PEG Ratios，and Estimating the Implied Expected Rate of Return on Equity Capital ［J］. The Accounting Review，2004，79（1）：73 – 95.

［153］毛新述，叶康涛，张頔. 上市公司权益资本成本的测度与评价——基于我国证券市场的经验检验 ［J］. 会计研究，2012（11）：12 – 22.

［154］代昀昊. 机构投资者、所有权性质与权益资本成本 ［J］. 金融研究，2018（9）：143 – 159.

［155］张新民，祝继高. 经营资产结构影响高商誉企业的市场价值吗——基于 A 股上市公司的实证研究 ［J］. 南开管理评论，2019，22（2）：114 – 127.

［156］林野萌．内部控制缺陷、公司价值与债务资本成本书［D］．天津：天津财经大学，2014.

［157］伊志宏，朱琳，陈钦源．分析师研究报告负面信息披露与股价暴跌风险［J］．南开管理评论，2019，22（5）：194－208.

［158］梁上坤．媒体关注、信息环境与公司费用粘性［J］．中国工业经济，2017（2）：154－173.

［159］赖黎，马永强，夏晓兰．媒体报道与信贷获取［J］．世界经济，2016（9）：124－148.

［160］Boujelbene M A, Affes H. The Impact of Intellectual Capital Disclosure on Cost of Equity Capital：A Case of French Firms［J］. Journal of Economics, Finance and Administrative Science, 2013, 18（34）：45－53.

［161］叶陈刚，王孜，武剑锋，等．外部治理，环境信息披露与股权融资成本［J］．南开管理评论，2015（5）：85－96.

［162］刘冰，方政．公司内部治理机制与股权融资成本——股权性质差异条件下的影响因素分析［J］．经济管理，2011，33（12）：135－140.

［163］王化成，张修平，侯粲然，等．企业战略差异与权益资本成本——基于经营风险和信息不对称的中介效应研究［J］．中国软科学，2017（9）：99－113.

［164］谢宇．回归分析（第2版）［M］．社会科学文献出版社，2013.

［165］Herrmann D, Thomas W B. An Analysis of Segment Disclosures under SFAS No. 131 and SFAS No. 14［J］. Accounting Horizons, 2000, 14（3）：287－302.

［166］Street D L, Nichols N B, Gray S J. Segment disclosures under SFAS no. 131：Has business segment reporting improved？［J］. Accounting Horizons, 2000, 14（3）：259－285.

［167］Franco D G, Hope O, Larocque S. Analysts' Choice of Peer Companies［J］. Review of Accounting Studies, 2015, 20（1）：82－109.

［168］刘昌阳，刘亚辉，尹玉刚．上市公司产品竞争与分析师研究报

告文本信息［J］. 世界经济，2020，43（2）：124 –148.

［169］于忠泊，田高良，齐保垒，等. 媒体关注的公司治理机制——基于盈余管理视角的考察［J］. 管理世界，2011（9）：127 –140.

［170］Almeida H，Campello M，Weisbach M S. The Cash Flow Sensitivity of Cash［J］. The Journal of Finance，2004（59）：1777 –1804.

［171］连玉君，彭方平，苏治. 融资约束与流动性管理行为［J］. 金融研究，2010（10）：158 –171.

［172］李世辉，刘一洁，雷新途."水十条"与企业水信息披露水平——基于高水敏感性行业的准自然实验［J］. 中南大学学报：社会科学版，2021，27（3）：88 –99.

［173］Stock J H，Yogo M. Testing for Weak Instruments in Linear IV Regression，Identification and Inference for Econometric Models：Essay in Honor of ThomasRothenberg，Ed. D. W. Andrews And J. H. Stock，2005：80 – 118，Cambridge University Press.

［174］张宗新，杨万成. 声誉模式抑或信息模式：中国证券分析师如何影响市场？［J］. 经济研究，2016（9）：104 –117.

［175］Kravet T，Muslu V. Textual Risk Disclosures and Investors Risk Perceptions［J］. Review of Accounting Studies，2013，18（4）：1088 – 1122.

［176］黄波，王满，于浩洋. 分析师预测质量影响了债务融资成本吗？——来自我国上市公司的经验证据［J］. 金融评论，2018（2）：60 – 76 + 128.

［177］倪娟，彭凯，胡熠. 连锁董事的"社会人"角色与企业债务成本［J］. 中国软科学，2019（2）：98 –114.

［178］李志军，王善平. 货币政策、信息披露质量与公司债务融资［J］. 会计研究，2011（10）：56 –62.

［179］王艺霖，王爱群. 内控缺陷披露，内控审计与债务融资成本——来自沪市 A 股上市公司的经验证据［J］. 中国软科学，2014（2）：150 –160.

［180］佟孟华，张国建，栾玉格. 我国中小企业融资及其对影子银行

的风险溢出效应研究［J］．投资研究，2018，37（3）：50-65．

［181］Admati A. A Noisy Rational Expectations Equilibrium for Multiasset Securities Markets［J］．Econometrica，1985（53）：629-658．

［182］王静，张天西．税收规避、公司治理与债务契约定价［J］．经济管理，2017（4）：159-175．

［183］方军雄，伍琼，傅颀．有限注意力，竞争性信息与分析师评级报告市场反应［J］．金融研究，2018（7）：193-206．

［184］周开国，杨海生，伍颖华．食品安全监督机制研究——媒体、资本市场与政府协同治理［J］．经济研究，2016（9）：58-72．

［185］刘常建，许为宾，蔡兰，等．环保压力与重污染企业的银行贷款契约——基于"PM2.5 爆表"事件的经验证据［J］．中国人口·资源与环境，2019（12）：121-130．

［186］伊志宏，杨圣之，陈钦源．分析师能降低股价同步性吗——基于研究报告文本分析的实证研究［J］．中国工业经济，2019（1）：156-173．

［187］黄静如，刘永模．媒体关注对企业债务融资成本的影响研究——基于会计稳健性的中介效应检验［J］．投资研究，2020（2）：113-133．

［188］Dyck A，Volchkova N，Zingales L. The corporate governance role of the media：evidence from Russia［J］．Journal of Finance，2008（3）：1093-1135．

［189］李培功，沈艺峰．媒体的公司治理作用：中国的经验证据［J］．经济研究，2010（4）：14-27．

［190］Watts R L. Conservatism in Accounting Part II：Evidence and Research Opportunities［J］．Accounting Horizons，2003（4）：287-301．

［191］吴鲲．基于风险视角下信息质量披露对资本成本影响的机理分析［J］．中国集体经济，2011（25）：152-153．

［192］顾小龙，徐莉萍，施燕平，夏雪．崩盘风险预期与公司银行债务结构［J］．会计研究，2018（8）：35-41．

［193］张亚洲．内部控制有效性，融资约束与企业价值［J］．财经问

题研究，2020，444（11）：112 – 120.

［194］吴世农，王建勇，黄世忠．应收项目，应付项目的信息含量差异及其影响——以融资成本与公司价值为视角的实证研究［J］．厦门大学学报（哲学社会科学版），2019（5）：51 – 62.

［195］贺小刚，彭屹，郑豫容，等．期望落差下的组织搜索：长期债务融资及其价值再造［J］．中国工业经济，2020（5）：176 – 194.

［196］王营，曹廷求．董事网络增进企业债务融资的作用机理研究［J］．金融研究，2014（7）：189 – 206.

［197］苏灵，王永海，余明桂．董事的银行背景、企业特征与债务融资［J］．管理世界，2011（10）：176 – 177.

［198］陈汉文，周中胜．内部控制质量与企业债务融资成本［J］．南开管理评论，2014（3）：103 – 111.

［199］顾乃康，周艳利．卖空的事前威慑、公司治理与企业融资行为——基于融资融券制度的准自然实验检验［J］．管理世界，2017（2）：120 – 134.

［200］潘爱玲，刘昕，吴倩．跨所有制并购，制度环境与民营企业债务融资成本［J］．会计研究，2019（5）：3 – 10.

［201］范小云，方才，何青．谁在推高企业债务融资成本——兼对政府融资的"资产组合效应"的检验［J］．财贸经济．2017（1）：51 – 65.

［202］Jabbouri I, Naili M. Does ownership concentration affect cost of debt? Evidence from an emerging market［J］. Review of Behavioral Finance, 2019（3）：282 – 296.

［203］王运通，姜付秀．多个大股东能否降低公司债务融资成本［J］．世界经济，2017（10）：119 – 143.

［204］杨昌辉，张可莉．民营企业债务融资成本书——基于利率市场化和会计稳健性双重视角［J］．中国管理科学，2016（S1）：405 – 412.

［205］张淑惠，史玄玄，文雷．环境信息披露能提升企业价值吗？——来自中国沪市的经验证据［J］．经济社会体制比较，2011（6）：166 – 173.

［206］Marshall S, Brown D, Plumlee M. The Impact of Voluntary Environmental Disclosure Quality on Firm Value ［C］. Academy of Management Annual Meeting Proceedings，2009.

［207］骆嘉琪，匡海波，冯涛，等. 基于两阶段博弈模型的高铁民航竞合关系研究［J］. 系统工程理论与实践，2019，39（1）：152－166.

［208］叶飞，令狐大智. 双寡头竞争环境下的碳配额分配策略研究［J］. 系统工程理论与实践，2015，35（12）：48－56.

［209］王曙光，郭凯. 要素配置市场化与双循环新发展格局——打破区域壁垒和行业壁垒的体制创新［J］. 西部论坛，2021，31（1）：24－31.

［210］徐建中，贯君，林艳. 基于 Meta 分析的企业环境绩效与财务绩效关系研究［J］. 管理学报，2018，15（2）：246－254.

［211］王雄元，刘焱，全怡. 产品市场竞争、信息透明度与公司价值——来自 2005 年深市上市公司的经验数据［J］. 财贸经济，2009（10）：32－38.

［212］Emmanuel C R，Garrod N. Segment reporting：international issues and evidence ［J］. Journal of applied ecology，1992（5）：16－23.

［213］Nagarajan N J，Sridhar S S. Corporate responses to segment disclosure requirements ［J］. Journal of Accounting and Economics，1996，21（2）：253－275.

［214］王雄元，喻长秋. 专有化成本与公司自愿性信息披露——基于客户信息披露的分析［J］. 财经研究，2014，40（12）：27－38.

［215］沈宏斌. 试论竞争情报及其作为企业部门的设置模式［J］. 图书馆，2008（3）：85－87.

［216］傅传锐，洪运超. 公司治理，产品市场竞争与智力资本自愿信息披露——基于我国 A 股高科技行业的实证研究［J］. 中国软科学，2018（5）：123－134.

［217］王雄元，刘焱. 产品市场竞争与信息披露质量的实证研究［J］. 经济科学，2008，30（1）：92－103.

［218］Richardson A J，Welker M，Hutchinson I R. Managing Capital Market Reactions to Corporate Social Resposibility ［J］. International Journal of

Management Reviews，1999（1）：17–43.

［219］张思宁. 我国上市公司盈利水平与市场价值关系的实证检验［J］. 证券市场导报，2006（6）：28–31.

［220］谢赤，樊明雪，胡扬斌. 创新型企业成长性、企业价值及其关系研究［J］. 湖南大学学报（社会科学版），2018，32（5）：58–64.

［221］陈志斌，王诗雨. 产品市场竞争对企业现金流风险影响研究——基于市场竞争强度和企业竞争地位的双重考量［J］. 中国工业经济，2015（3）：96–108.

［222］乔睿蕾，陈良华. 税负转嫁能力对"营改增"政策效应的影响——基于现金—现金流敏感性视角的检验［J］. 中国工业经济，2017（6）：117–135.

［223］周冬华，赵玉洁. 半强制性分红政策与经营活动现金流操控［J］. 会计研究，2014（9）：37–44.

［224］刘生龙，王亚华，胡鞍钢. 西部大开发成效与中国区域经济收敛［J］. 经济研究，2009，44（9）：94–105.

［225］曾世宏，向国成. 技术型服务业高获利能力：市场势力还是创新红利——兼论结构性减税和协同创新对技术型服务业创新的作用［J］. 财贸经济，2013（10）：118–126.

［226］韩国高，高铁梅，王立国，等. 中国制造业产能过剩的测度、波动及成因研究［J］. 经济研究，2011（12）：18–31.

［227］余东华，吕逸楠. 政府不当干预与战略性新兴产业产能过剩——以中国光伏产业为例［J］. 2015（10）：53–68.

［228］王自锋，白玥明. 产能过剩引致对外直接投资吗？——2005～2007 中国的经验研究［J］. 管理世界，2017（8）：27–35+63.

［229］Vroom V H. Work and Motivation［M］. New York：John Wiley and Sons，1964.

［230］杨玉龙，汪峰. 去杠杆政策是否与产业政策相冲突？——基于企业债务融资视角的实证考察［J］. 中南财经政法大学学报，2020（2）：3–13.

［231］杨兴全，尹兴强，孟庆玺．谁更趋多元化经营：产业政策扶持企业抑或非扶持企业？［J］.经济研究，2018，53（9）：133－150.

［232］曹玉珊，张越."营改增"，市场化进程与经济效应——来自中国外贸上市企业的经验证据［J］.财贸研究，2021，32（3）：85－97.

［233］吴晓晖，叶瑛．市场化进程、资源获取与创业企业绩效——来自中国工业企业的经验证据［J］.中国工业经济，2009（5）：77－86.

［234］李慧云，张林，吕文超．市场化进程对自愿披露与公司价值调节效应的统计验证［J］.统计研究，2014，31（4）：97－101.

［235］程新生，谭有超，许垒．公司价值、自愿披露与市场化进程——基于定性信息的披露［J］.金融研究，2011（8）：111－127.

［236］唐雪松，周晓苏，马如静．政府干预、GDP增长与地方国企过度投资［J］.金融研究，2010（9）：99－112.

［237］程新生，谭有超，刘建梅．非财务信息、外部融资与投资效率——基于外部制度约束的研究［J］.管理世界，2017（7）：137－150＋188.

［238］夏立军，方轶强．政府控制、治理环境与公司价值——来自中国证券市场的经验证据［J］.经济研究，2005（5）：40－51.

［239］方军雄．信息公开、治理环境与媒体异化——基于IPO有偿沉默的初步发现［J］.管理世界，2014（11）：95－104.

［240］王小鲁，樊纲，胡李鹏．中国分省份市场化指数报告［M］.北京：社会科学文献出版社，2019.

［241］钟马，徐光华．强制型社会责任披露与公司投资效率——基于准自然实验方法的研究［J］.经济管理，2015（9）：146－154.

［242］姚震宇．区域市场化水平与数字经济竞争——基于数字经济指数省际空间分布特征的分析［J］.江汉论坛，2020（12）：25－35.

［243］肖红军，黄速建，王欣．竞争中性的逻辑建构［J］.经济学动态，2020（5）：65－84.

［244］梁飞媛．专有性成本与公司自愿性信息披露策略［J］.审计与经济研究，2008（6）：89－92.

［245］宋玉禄，陈欣．信息的中介抑或遮掩：企业家精神与公司估值——基于分析师跟踪视角［J］．技术经济，38（10）：25-42.

［246］王嘉鑫，汪芸倩，张龙平．利率管制松绑，企业会计信息披露质量与融资约束［J］．经济管理，2020（4）：139-157.

［247］Bradley E L, Thomas W B, Winterbotham G. Classification Shifting Using the "Corporate/Other" Segment［J］. Accounting Horizons, 2014（3）：455-477.

［248］王小鲁，樊纲，余静文．中国分省份市场化指数报告［M］．北京：社会科学文献出版社，2017.

［249］许瑜，冯均科，杨菲．媒体关注、内部控制有效性与企业创新绩效［J］．财经论丛，2017，33（12）：88-96.

［250］赵莉，张玲．媒体关注对企业绿色技术创新的影响：市场化水平的调节作用［J］．管理评论，2020（9）：132-141.

［251］夏楸，郑建明．媒体报道、媒体公信力与融资约束［J］．中国软科学，2015（2）：155-165.

［252］资本市场改革课题组．创新驱动高质量发展要深化资本市场改革——兼谈科创板赋能创新发展［J］．经济学动态，2019（10）：93-100.

［253］程敏英，郑诗佳，刘骏．供应商/客户集中度与企业盈余持续性：保险抑或风险［J］．审计与经济研究，2019（4）：75-86.

［254］Alves S. Executive Stock Options and Earnings Management in the Portuguese Listed Companies［J］. Revista de Contabilidad, 2012, 15（2）：211-235.

［255］李春涛，薛原，惠丽丽．社保基金持股与企业盈余质量：A股上市公司的证据［J］．金融研究，2018，457（7）：124-142.

［256］程书强．机构投资者持股与上市公司会计盈余信息关系实证研究［J］．管理世界，2006（9）：129-136.

［257］Givoly D, HaynC, Souza D J. Measurement Errors and Information Content of Segment Reporting［J］. Review of Accounting Studies, 1999（4）：15-43.

[258] 雷新途, 汪宏华. 政府反腐风暴提高企业盈余质量了吗——来自中国上市公司的证据 [J]. 会计研究, 2019 (12): 40-45.

[259] 徐沛勣. 高管薪酬、董事会治理与分类转移 [J]. 审计研究, 2020, 41 (3): 80-99.

[260] 路军伟, 张珂, 于小偶. 上市公司 IPO 与分类转移盈余管理——来自我国 A 股市场的经验证据 [J]. 会计研究, 2019 (8): 25-31.

[261] 王生年, 朱艳艳. 股权激励影响了资产误定价吗——基于盈余管理的中介效应检验 [J]. 现代财经: 天津财经大学学报, 2017 (7): 91-103.

[262] 陈军梅. 股权激励、内部控制与会计稳健性 [J]. 现代财经: 天津财经大学学报, 2015 (4): 81-92.

[263] 赵华伟. 经理人股权激励与盈余管理 [J]. 财经问题研究, 2017 (10): 78-84.

[264] 徐雪霞, 王珍义, 郭丹丹. 股权激励与盈余管理关系的实证研究——以企业生命周期为调节变量 [J]. 当代经济研究, 2013 (7): 81-86.

[265] 续芹, 叶陈刚. 机构投资者对上市公司作用的实证研究——依据我国 A 股市场的经验证据 [J]. 审计与经济研究, 2009, 24 (5): 94-98.

[266] 梅洁, 张明泽. 基金主导了机构投资者对上市公司盈余管理的治理作用? ——基于内生性视角的考察 [J]. 会计研究, 2016 (4): 55-60.

[267] 孙光国, 刘爽, 赵健宇. 大股东控制, 机构投资者持股与盈余管理 [J]. 南开管理评论, 2015, 18 (5): 75-84.

[268] 冯慧群. 私募股权投资对控股股东 "掏空" 的抑制效应 [J]. 经济管理, 2016 (6): 41-58.

[269] Almazan A, J C Hartzell, L T Starks. Active Institutional Shareholders and Costs of Monitoring: Evidence from Executive Compensation [J]. Financial Management, 2005, 34 (4): 5-34.

[270] Aggarwal R., I Erel, M Ferreira, P Matos. Does Governance

Travel Around the World？Evidence from Institutional Investors ［J］. Journal of Financial Economics，2011，100（1）：154－181.

［271］Admati，A R，P Pfleiderer. The "Wall Street Walk" and Shareholder Activism：Exit as a form of Voice ［J］. Review of Financial Studies，2009，22（7）：2645－2685.

［272］孙彤，薛爽. 管理层自利行为与外部监督——基于信息披露的信号博弈 ［J］. 中国管理科学，2019（2）：187－196.

［273］李心愉，赵景涛，段志明. 盈余管理行为与股票定价——基于中国 A 股市场的检验 ［J］. 金融论坛，2018（3）：66－80.

［274］薄仙慧，吴联生. 国有控股与机构投资者的治理效应：盈余管理视角 ［J］. 经济研究，2009（2）：81－91.

［275］何兴强，欧燕，史卫，等. FDI 技术溢出与中国吸收能力门槛研究 ［J］. 世界经济，2014（10）：52－76.

［276］陈旭霞，吴溪. 收入确认方法与盈余质量——来自软件业上市公司业务分部的证据 ［J］. 中央财经大学学报，2017（6）：58－66.

［277］刘宝华，罗宏，周微. 股权激励行权限制与盈余管理优序选择 ［J］. 管理世界，2016（11）：144－155.

［278］柴才，黄世忠，叶钦华. 竞争战略、高管薪酬激励与公司业绩——基于三种薪酬激励视角下的经验研究 ［J］. 会计研究，2016（7）：45－52＋96.

［279］张璇，周鹏，李春涛. 卖空与盈余质量——来自财务重述的证据 ［J］. 金融研究，2016，434（8）：175－190.

［280］曾伟强，李延喜，张婷婷，等. 行业竞争是外部治理机制还是外部诱导因素——基于中国上市公司盈余管理的经验证据 ［J］. 南开管理评论，2016，19（4）：75－86.

［281］甄红线，王谨乐. 机构投资者能够缓解融资约束吗？——基于现金价值的视角 ［J］. 会计研究，2016（12）：51－57.

［282］Manuela L，Ferdinando D C. The Impact of IFRS 8 on Segment Disclosure Practice：Panel Evidence from Italy ［J］. International Journal of Accounting and Financial Reporting, 2016 (1): 96 – 126.

[283] Wei Z, Varela O. State Equity Ownership and Firm Market Per-formance: Evidence from China's Newly Privatized Firms [J]. Global Finance Journal, 2003, 14 (1): 65 – 82.

[284] 李万福, 曹丽梅. 政府权力的自我约束与规范: 困境与超越 [J]. 福州大学学报（哲学社会科学版）, 2014 (5): 15 – 23.

[285] 曾德明, 姚璇. 机构投资者、董事会与经营者股票期权激励问题研究 [J]. 经济经纬, 2006 (2): 107 – 109 + 149.

[286] 许立志. 机构投资者异质性、内部控制和资本配置效率 [J]. 现代财经: 天津财经大学学报, 2017 (3): 69 – 79 + 94.

后　　记

　　我国分部报告的发展，是一个长期的、不断完善的过程。自 2009 年起，我国分部信息披露准则与国际标准趋于一致，均规定企业以"管理法"确定经营分部并进行报告，至今已约 15 年。后续，财政部又发布了《中国企业会计准则与国际财务报告准则持续趋同路线图》，路线图强调中国企业会计准则已经实现了与国际财务报告准则（IFRS）的趋同，为国内投资者价值判断过程提供了大量值得深挖的基础数据。

　　但实际上，我国的分部报告制度仍不完善，信息有用性依然较低。目前证监会和财政部发布的分部报告相关的准则规范对于企业需要披露的分部信息的形式和内容的规定仍较为宽泛，尤其是在推进与国际准则一致的"管理法"进行分部披露后，在实际操作中公司的自主选择权较大，再加上编制成本和商业机密的考量，很多公司往往选择偏保守态度处理分部信息的披露。为了避免企业编制的随意性，应明确以投资者的需求为导向，监管部门通过制定更加详细的指引等方式对分部报告的披露作出一定的强制性规范。由于不同类型上市公司业务的复杂性和特殊性，对于不同类型的金融投资及交易、子公司经营、分部间交易等业务的归属关系亟待明确，目前业内的划分通常依据内部管理经验判断，存在较大的归属差异，外部投资者理解难度较大，无法准确在企业间进行精准比较，亟须监管制定更加详细的分行业的分部报告披露指引，在为企业提供特异化展示灵活性的同时，对上市公司分部报告的披露内容进行进一步规范，确保实现分部报告规范、完整、有效的编报，便于信息使用者进行比较和作出决策，强化经营分部信息披露的价值效应。